東アジア戦略概観 2021

防衛研究所 編

AST ASIAN STRATEGIC REVIEW

はしがき

『東アジア戦略概観』は、我が国唯一の国立の安全保障シンクタンクである防衛研究所が、冷戦後に周辺諸国との相互理解と信頼醸成に向けた当時の防衛庁の取り組みの一翼を担うべく刊行したものである。本書が、防衛研究所を代表する定期刊行物として定着し、刊行25年を迎えるに至ったのは、読者、専門家諸氏の励ましとご指導の賜物である。

刊行から25年の間に、「東アジア」の戦略的地理は拡大し、日本の安全保障課題も複雑化、多様化した。しかし、本書の内容が、研究者の立場からの独自の分析・記述であり、日本政府あるいは防衛省の見解を示すものではないという編集方針は、創刊当時と変わらない。近年は、執筆者の氏名および分析根拠を示す脚注を明示することにより、学術専門書としての性格をより明確にしている。

2020年は、新型コロナウイルス感染症の発生に明け、いまだ世界は感染拡大の封じ込めに成功していない。我々の生活を一変させた新型コロナウイルスが、安全保障環境にはどのような作用を及ぼすのか。このテーマを正面から扱う第1章（トピック章）では、新型コロナウイルスが米中の大国間競争から生じる「分断」を加速させている側面だけではなく、「多元化」の現象を分析する。そして太平洋や欧州における米中以外の諸国の役割に着目して「多元化」や「戦略的自律」の方向を提示する。続く第2章から第6章（地域章）では、米中の競争に対する各国の対応、新型コロナウイルスが内政や外交に与えたインパクトに留意しつつも、それにとどまらない2020年（1月から12月）の重要な事象を分析している。本年は、習近平政権の外交姿勢と軍事行動、脅しを強める北朝鮮との融和を模索する韓国、ASEAN諸国の感染症対応と南シナ海問題への対応、プーチン政権の憲法修正、米国の対中政策とバイデン政権の展望などが扱われている。また第7章（日本章）では、日米安全保障条約60周年の節目に当たり、その意義を振り返っている。

本書の執筆は、石原雄介・田中亮佑（第1章）、飯田将史（第2章）、渡邊

武（第3章)、松浦吉秀・富川英生（第4章)、長谷川雄之・坂口賀朗（第5章)、菊地茂雄（第6章)、塚本勝也（第7章）が担当した。また、編集作業は、助川康、増田雅之、栗田真広、押手順一、浅見明咲が担当した。

新型コロナウイルス感染症後の世界の動向をめぐる議論が始まる中、本書が、東アジアの戦略環境に対する関心と理解を深め、日本がよりよい安全保障環境を追求するための知的議論の材料となれば幸甚である。

令和3年（2021年）3月

防衛研究所　理論研究部長

『東アジア戦略概観2021』編集長

伊豆山真理

目次

略語一覧

A2/AD	Anti-access/Area denial	接近阻止・領域拒否
ACSA	Acquisition and cross-servicing agreement	物品役務相互提供協定
ADB	Asian Development Bank	アジア開発銀行
AIIB	Asian Infrastructure Investment Bank	アジアインフラ投資銀行
AIS	Automatic identification system	船舶自動識別装置
ARF	ASEAN Regional Forum	ASEAN地域フォーラム
ASBM	Anti-ship ballistic missile	対艦弾道ミサイル
ASEAN	Association of Southeast Asian Nations	東南アジア諸国連合
AWACS	Airborne warning and control system	早期警戒管制機
BTF	Bomber task force	爆撃機任務部隊
CIS	Commonwealth of Independent States	独立国家共同体
CISA	Cybersecurity and Infrastructure Security Agency	国土安全保障省サイバーセキュリティ・インフラストラクチャーセキュリティ庁（米国）
CLCS	Commission on the Limits of the Continental Shelf	大陸棚限界委員会
COC	Code of Conduct	（南シナ海における）行動規範
CSDP	Common Security and Defence Policy	共通安全保障防衛政策
CSG	Carrier strike group	空母打撃群
CSTO	Collective Security Treaty Organization	集団安全保障条約機構
DFE	Dynamic force employment	動的戦力運用
DOC	Declaration on the Conduct of Parties in the South China Sea	南シナ海行動宣言
EAS	East Asia Summit	東アジア首脳会議
EDI	European Deterrence Initiative	欧州抑止イニシアティブ
EEZ	Exclusive economic zone	排他的経済水域
EU	European Union	欧州連合

FBI	Federal Bureau of Investigation	連邦捜査局（米国）
FDI	Foreign direct investment	海外直接投資
FONOPs	Freedom of navigation operations	航行の自由作戦
FSB	Federal Security Service	連邦保安庁（ロシア）
GDP	Gross domestic product	国内総生産
HA/DR	Humanitarian assistance/Disaster relief	人道支援・災害救援
HGV	Hypersonic glide vehicle	極超音速滑空飛翔体
HIMARS	High mobility artillery rocket system	高機動ロケット砲システム
HVP	Hypervelocity projectile	超高速発射弾
ICBM	Intercontinental ballistic missile	大陸間弾道ミサイル
IMF	International Monetary Fund	国際通貨基金
INF	Intermediate-range nuclear forces	中距離核戦力
ISR	Intelligence, surveillance and reconnaissance	情報収集・警戒監視・偵察
JADC2	Joint all-domain command and control	統合全ドメイン指揮統制
JADO	Joint all-domain operations	統合全ドメイン作戦
JWC	Joint warfighting concept	統合戦闘コンセプト
LCS	Littoral combat ship	沿海域戦闘艦
LRASM	Long-range anti-ship missile	長距離対艦ミサイル
MDC2	Multi-domain command and control	マルチドメイン指揮統制
MDO	Multi-domain operations	マルチドメイン作戦
MDTF	Multi-domain task force	マルチドメイン任務部隊
MRL	Multiple rocket launcher	多連装ロケット
NATO	North Atlantic Treaty Organization	北大西洋条約機構
NDS	National Defense Strategy	国家防衛戦略（米国）
NLL	Northern Limit Line	北方限界線
NPT	Treaty on the Non-Proliferation of Nuclear Weapons	核兵器不拡散条約
NSC	National Security Council	国家安全保障会議（日本）

NSS	National Security Secretariat	国家安全保障局（日本）
OAS	Organization of American States	米州機構
PESCO	Permanent Structured Cooperation	常設軍事協力枠組み
PIF	Pacific Islands Forum	太平洋諸島フォーラム
RIMPAC	Rim of the Pacific	環太平洋合同演習
SAREX	Search and rescue exercise	捜索・救難共同訓練
SARS	Severe acute respiratory syndrome	重症急性呼吸器症候群
SCM	Security Consultative Meeting	安全保障協議会（米韓）
SCO	Shanghai Cooperation Organisation	上海協力機構
SLBM	Submarine-launched ballistic missile	潜水艦発射弾道ミサイル
SMA	Special Measures Agreement	防衛費分担特別協定（米韓）
SNS	Social networking service	ソーシャル・ネットワーキング・サービス
SRBM	Short-range ballistic missile	短距離弾道ミサイル
START	Strategic Arms Reduction Treaty	戦略兵器削減条約
SVR	Foreign Intelligence Service	対外諜報庁（ロシア）
THAAD	Terminal high altitude area defense	ターミナル段階高高度地域防衛
UAV	Unmanned aerial vehicle	無人航空機
UNCLOS	United Nations Convention on the Law of the Sea	国連海洋法条約
UNESCO	United Nations Educational, Scientific and Cultural Organization	国連教育科学文化機関
WFP	World Food Programme	世界食糧計画
WHO	World Health Organization	世界保健機関
WSE	White supremacy extremist	白人至上主義者
WTO	World Trade Organization	世界貿易機関

第1章

大国間競争に直面する世界

コロナ禍の太平洋と欧州を事例に

執筆者

石原雄介（代表執筆者、第1節・第2節）
田中亮佑（第3節）

2019年に実施された日仏豪米共同訓練（ラ・ペルーズ）（フランス海軍提供）

Summary

2020年に新型コロナウイルス感染症が引き起こしたパンデミックは、国際秩序の将来に関する既存の議論を一層活発化させた。本章では、このテーマの議論を往々にして独占しがちな米中両国および両大国の関係ではなく、それ以外の主要国、中小国の動向に焦点を当てる。今後の国際秩序を占う上で、米中両国以外の諸国がどのような選択肢を有し、どのような役割を果たすのかについては、論者の間で見解が分かれている。

本章の第1節では、米中以外の諸国の役割に関する、2つの主要な見解を紹介、分析する。一方で、多くの論者は、世界政治は米中二極に分断されつつあり、両大国以外の諸国は、究極的には、米国と連携して中国に対抗するか、あるいは中国との関係を重んじて米国と距離を取るか、旗幟を鮮明にする以外に選択肢は少ないとする。これに対して、世界政治はむしろ多極化、もしくは「多元」化しつつあり、米中以外の諸国の選択肢はより多様で、能動的なものだと指摘する論者も多い。同節では、近年米中競争と分断の圧力が拡大する中でも、引き続き国際政治の「多元」化傾向が観察できること、そしてその背後に自らの自律性の擁護に取り組む多くの諸国の意気込みが存在することを指摘する。

第2節および第3節では、米中以外の諸国が取り組む「多元」化や自律性の模索の事例として、オーストラリアをはじめとする太平洋地域および欧州連合（EU）を中心とした欧州の国際関係にそれぞれ焦点を当てて分析する。太平洋地域においてオーストラリアは、米中競争の影響を被りつつも、独自の地域主義の発展や新型コロナ感染症への対応に係る地域連携の推進を継続している。また、欧州諸国はその「戦略的自律」を模索する上で、争点が複雑化する米中両大国との関係管理に取り組んでいる。なお、太平洋および欧州以外の国や地域における、米中関係をめぐる議論や新型コロナ感染症関連の動向については第2章以降の分析を参照されたい。

1　分断か、多元化か

(1) 世界政治の変容と新型コロナ危機

2020年に拡大した新型コロナ危機は、戦後国際秩序の転換に関する既存の論争をさらに先鋭化させている[1]。この文脈でとりわけ多くの論者が指摘するトレンドが、米国の指導力の後退である。米外交問題評議会長のリチャード・ハースは、中国を筆頭とする権威主義国家の台頭によって従来の「リベラルな世界秩序」を支えてきた米国の力と指導力が溶解しつつあり、「最善の管理を施してきた国際秩序であっても必ず終焉を迎える」と断言した[2]。そして、新型コロナウイルスに係る危機の発生は、米国の「指導力の後退」を含めた既存のトレンドをさらに「加速化」させていると指摘する。また、元インド国家安全保障諮問委員で、現シンガポール国立大学南アジア研究所所長のラジャ・モハンは、より経済的な側面に焦点を当てて、米国の指導力の後退を指摘している。いわく、第二次世界大戦後に構築された国際制度に基づく経済の自由化とグローバル化を基調とするいわゆる「ワシントン・コンセンサス」を見直す動きが、すでに21世紀初頭から米国の内部を含めて進行しており、新型コロナ危機はこのような長期的なトレンドを加速化させ、従来の「ボーダーレスな世界」に未曾有の「ストレス」を与えている[3]。

もちろん、第二次世界大戦終結後の過去75年を振り返れば国際秩序の「危機」や米国の指導力の「後退」が指摘されること自体は決して今回が初めてではない。例えば1970年代も、第二次世界大戦後維持されてきた「米国主導の秩序」が危機を迎え、その広範な変容が活発に議論された時代であった[4]。米国は大戦終結直後、世界経済の4割を占め、その圧倒的な国力で西側経済の発展と安全保障体制を支えたが、1970年代末までに国内総生産（GDP）の世界シェアは約25%にまで低下し、代わって戦災から復興し、台頭した日本およびドイツがそれぞれ約10%を占めるまでに至った[5]。また、1970年代は、安全保障分野においても、ソ連が核兵器や海軍力を含む広範な軍備拡張を継続した結果、「米国が戦略核，戦域核，海空軍力等あらゆる分野において優位にあるとは必ずしもいえない状態」となった（1979年『防衛白書』）[6]。このような背景から、1970年代は米国主導の秩序が動揺した時代として現在でも重要な研究対象となっている。ただ、今日論じられる国際秩序の変容は、以下2つの観点から1970年代のそれとは大きく異なるものである。

第1に、米国の主な競争相手の国力とその国際経済上の立場が大きく異なる。1970年代に米国は欧州諸国や日本といった同盟国の経済的台頭に直面し、同時にソ連の軍事力増強に向き合ったが、2020年においては経済および安全保障の両分野共に最大の競争相手は中国である[7]。世界銀行によれば、今世紀開始当初2001年において世界全体の名目GDPにおける米国および中国のシェアは、それぞれ約32％と約4％という圧倒的な格差が存在していたが、2019年においてはそれぞれ約24％と約16％に変化し、対米7割に達しつつある[8]。これに対して、ソ連経済は1970年代半ばの最盛期に（高く見積もったとしても）対米5割台でピークアウトしたと評価されており、その後ソ連経済の低下傾向は明らかとなっていった[9]。

第2の相違は、多国間主義に対する米国の振る舞いである。とりわけ、ドナルド・トランプ政権下において、既存の多国間制度を軽視する米国の姿勢は際立っていた。2017年の発足以来、トランプ政権は環太平洋パートナーシップ協定やイラン核合意から、同盟国の懸念を顧みずに離脱するとともに、世界貿易機関（WTO）の紛争処理上級委員会の欠員補充を阻み続けるなど、既存の多国間主義に対して後ろ向きな姿勢を鮮明にしてきた。このほかにも、トランプ政権は国連人権理事会や国連教育科学文化機関（UNESCO）からの離脱を決定するなど、多くの既存の制度を軽視し、しかも代替する多国間協力のビジョンを全く示さなかった。これに比べて、1970年代の米国の各政権は少なくとも通貨、通商、先進国間連携といった分野で新たな多国間協力を構築する重要な役割を果たし続けた。

2020年に拡大した新型コロナウイルス感染症とこれをめぐる国際関係の展開は、以上の2つの傾向を生じさせたというよりも、その継続をあらためて確認したものと評価できよう。第1に、米中両国の経済的国力のギャップが縮小する傾向は、新型コロナウイルス感染症が生起した後も大きく変化していない[10]。中国経済は新型コロナ危機の影響もあり2020年第1四半期は、前年同月比6.8%のマイナス成長となった。しかし、その後、感染拡大に歯止めをかけた2020年第2四半期において中国は前年同月比3.2%のプラス成長に復帰し、第3四半期、第4四半期においても4.9%、6.5%の成長となり、通年で2.3%とプラス成長を実現した。他方、本稿執筆時点で世界最大のコロナ罹患者を出した米国は、第1四半期に前期比でマイナス1.3%、第2四半期に同じくマイナス9.0%という記録的な経済的影響を被っている[11]。第3四半期においては、7.4%と急速に回復する兆しを見せたものの（前年同期比ではマイナス2.9%）、米国の新規感染者数は再び拡大する傾向にあり、第4四半期で回復傾向が継続するか現時点では不透明である。2020年に国際通貨基金（IMF）が発表した見通しによれば、中国は2020年通年で1.9%のプラス成長を達成し、また2021年には8.2%のプラス成長となると予想される一方で、米国は2020年通年で4.3%のマイナス成長を、また2021年には3.1%のプラス成長になると予想され、いずれも中国経済の成長率を大きく下回るとされる[12]。この見積もりが正しければ、パンデミックによって米中の経済力格差は少なくとも過去数年に比べてさらに早いペースで縮小していくことになるかもしれない。

第2に、新型コロナウイルス感染症は、多国間主義に後ろ向きなトランプ政権の姿勢をあらためて確認するものとなった。コロナ危機の世界的拡大以後、同政権は世界保健機関（WHO）が中国の影響下にあると批判し、2020年4月に拠出金支払いの停止、翌5月には同機関からの脱退意思を表明し、今後何らかの新たな国際制度を構築する可能性を示していたが、その具体策はついぞ明らかにはならなかった[13]。確かに米国以外の諸国も、コロナ危機をめぐってWHOが果たした役割や組織の在り方について不満を表明しているが、これらの多くの国はWHOの加盟国としてその改革やコロナ危機をめぐる国際対応を可能な限り検証する努力を継続しており、米国の政策と一線を画している。

パンデミックの発生はこれらのトレンドを確認しつつ、米中大国間競争をさらに促す方向に作用している。周知のとおり、近年の米中両国の関係は「新冷戦」あるいは「冷戦2.0」と形容されるほどその競争関係が拡大していたが、新型コロナ危機はさらに米中両大国間の新たな対立点を生んでいる。トランプ政権はとりわけ中国が武漢での初動や国際的な情報共有を誤ったことがグローバルなパンデミックを大幅に深刻化させたとして、その「責任を取らせる」と断罪している[14]。これに対し、中国はそもそも中国が発生地であるかは確定していないとしつつ、感染症対応の過誤を他国に「責任転嫁」する愚を批判している[15]。新型コロナをめぐる米中対立はさらに台湾のオブザーバーとしてのWHO総会への参加をめぐって激化した。トランプ政権は新型コロナ対策の成功者である台湾がWHOでオブザーバーとして総会に参加することを支持し、これに反対する中国と2020年5月に開催されたWHO総会および11月の同総会の再開会期に向けた国際交渉を舞台として争った。

(2) 多元的な世界？

米中関係の変容や新型コロナウイルス感染症の発生によって、国際秩序の将来に関する議論はますます活発化している。この論点をめぐっては識者の間でさまざまな見解が提出されているが、とりわけ次の2つの考えが代表的なものといえよう。その1つは、二極論である[16]。二極（bipolarity）が具体的に何を意味するかについては多様な定義が存在するが、今後の国際秩序を論ずる多くの識者は、米中両国の競争拡大によって世界が両者を中核とするブロックや勢力圏に分断されるとのイメージを抱いている[17]。それは、米中両国の角逐が激化する中、世界の多くの国が両国のどちら側につくのか選択を行わざるを得なくなるとの見通しであり、より正確には世界が2つに分かれていく「分断」論と呼ぶことができよう。清華大学の閻学通は、米中競争は他の諸国に「どちらに味方するか強要する圧力」を生み出していると指摘している[18]。またシンガポール国立大学のユエン・フン・コンは、東南アジアのような中小国にとって、仮に米中間で決定的な選択を迫る瞬間が訪れなくとも、日々の政策選択の積み重ねが最終的に両国のどちらにつくのか旗幟を鮮明にすることにつながると指摘している[19]。このような「米中間での選択」の問題は長年東アジアで盛んに論じられてきたが、近年では欧州を含むより地理的に離れた地域においても米中競争をめぐる論点として議論を呼んでいる[20]。

他方、このような「分断」のリスクではなく、国際政治の「多極化」傾向を強調する議論も多数提出されている。古典的な多極世界のイメージは、支配的な国家や国家連合の登場の防止を目的に、複数の国家間の軍事的な連携あるいは同盟が行われ均衡が保たれる構造を指している[21]。従って軍事的なパワーの具体的な分布が変われば同盟相手もまた次々と入れ替わる。もっとも、今後の国際秩序を論ずる文脈で多極という言葉が使われる際、多くの「多極」論者は、米中両国以外の諸国が軍事的な勢力均衡の軸となるとの議論を行っているわけでは決してない。例えば、シンガポールの元外交官のビラハリ・カウシカンは、パワーに関する多角的な視座を前提として、「非対称でダイナミックな多極」との表現を提案している[22]。「非対称」とは、米中両国が他の諸国に抜きん出た総合的な国力を有しており、両国の関係が国際政治の中心的な軸であることを率直に認めることを含意する。同時に、「ダイナミックな多極」とは、米中以外の諸国が米国と連携して中国に対抗するだけでも、中国と協調して米国と距離を置くだけでもない、より幅広い選択肢と役割を有していることを意味している。京都大学の中西寛の表現を借りれば、国際政治の手段が軍事力にとどまらない多様なものとなる傾向を、より正確には「多元」化と呼ぶべきであろう[23]。慶應義塾大学の細谷雄一は、ポスト・コロナの世界において日本や欧州諸国といった米中以外の諸国が一層重要な役割を果たす可能性を指摘しているが、その際に用いられるパワーのイメージもまた、軍事力のみならず、他国の尊敬を勝ち取る力や多国間協調を推進する力を含む「多元」的なものである[24]。

以上のとおり、「多元」論者は、「分断」論者とは違い、今後の国際秩序の行方を論ずる上で、米中両大国以外のプレーヤーの役割や自律性をより重視する。もっとも「多元」論にはかなり多様な立論が存在し、そのすべてを網羅することはできないが、ここでは米中以外の諸国の選択肢に関する概念化の代表的な例を3つ紹介する[25]。第1に、デューク大学のブルース・ジェントルスンによれば、その1つは外交の「多元化（pluralization）」である。それは、1つの大国への大幅な依存を極力回避するために、他の大国や中小国と多角的な関係を築く政策を意味し、これにより大国が有する影響力に制約がかかるとされる。第2に、多くの諸国にとり、戦略的な「曖昧さ」を維持することが便利な選択肢になりつつあるとされる。自らの立場の明確化を控えることで、米中両大国の間で明確な選択を強要される状況を回避もしくは遅延できる可能性が高まるとされる。第3に、「多元」論の最も古典的な例は、大国以外の多くの諸国による多国間主義の擁護である。米中以外の諸国の連携によって多国間協力や原則を保護、強化することは、米中両国の国益が一致する分野で国際協調を推進する基盤となり、また、米中対立が継続する中でも、多国間枠組みを保護することが可能となるとされる。このように、「多元」論者は多くの諸国がこれら3つの選択肢やその組み合わせを活用することで自らの自律性を擁護しており、結果として世界が単に米中二極に分断されることはないと考えている。

新型コロナウイルスをめぐる国際政治を眺めれば、このような「多元」論の指摘するとおり、米中以外の諸国が、創造的な役割を果たす場面は増えているように見える。2020年5月のWHO総会は、コロナ危機をめぐる国際的な対応や協力の在り方をレビューする方針を含む決議を採択した。当初中国は危機が進行している最中に検証を進めることは控えるべきとの立場であったが、EU主導の下、決議案の交渉が進められた結果、最終的に中国も参加し、130カ国を超える提案国によって提出、採択された[26]。同決議の実施に向けた措置は徐々に進められつつあり、検証パネルの共同議長に元ニュージーランド首相のヘレン・クラークと元リベリア大統領のエレン・ジョンソン・サーリーフが任命され、検証が行われている。クラークはパネルの任務を「ミッション・インポシブル」であると語り、十分な検証を行うには限界があると認めているが、決議を提案した多くの国も検証の困難さは承知の上で、可能な限りWHOの改革やコロナ危機をめぐる事実と教訓の共有を進めることに注力している[27]。これはWHOから脱退することを通知したトランプ政権とは一線を画するアプローチである。また、コロナのワクチン開発をめぐっては、日本、欧州諸国、オーストラリアなどの先進国および途上国が参加する「COVAXファシリティ」が設立され、企業のワクチン開発や製造体制の拡充を促すとともに、十分な資金を有しない途上国を含め各国がワクチンへの公平なアクセスを確保するための体制を整えつつある[28]。これは、自国で開発するワクチンを外交上のレバレッジとする権力政治的アプローチに代わって、広範な多国間協調によるウィン・ウィンの輪を広げることの好例とも指摘されている。

もちろん、このような「多元」的な国際政治の展開が見られるからといって、上述の米中対立の激化、あるいは両大国の間で他の諸国が自らの立ち位置に苦慮する場面が消えたわけではない。従って、慶應義塾大学の添谷芳秀の言葉を援用すれば、2020年末における国際政治の現状は、「分断」の圧力と「多元」的現象の双方が「混在（hybrid）」する状況が続いていると評価できよう[29]。米中競争が激化しながらもいまだに明確に分断された世界が出現していない背景にはさまざまな要因が考えられるが、そこには両大国以外の多くの諸国が自らの国益、価値観、原則に基づいて自律的に行動しようとする意気込みが見え隠れする。このような問題意識から、本章では、『東アジア戦略概観』が例年扱う国・地域の情勢については第2章以降に譲りつつ、それ以外の2つの重要地域、すなわち南太平洋および欧州について分析を進める。以下、第2節ではオーストラリアを中心とする南太平洋の動向を、第3節では欧州の国際関係を論じ、国際秩序が転換点に立つ中で、米中両国以外の諸国がどのような課題を抱え、いかに自らの自律性を模索しているのかに光を当てる。

2　豪中競争と南太平洋

(1) 南太平洋の多元的秩序

南太平洋には大小さまざまな国家が点在しており、それらは大きく3つのカテゴリに分けることができる。1つは、国土と人口は小さいものの、広大な排他的経済水域（EEZ）を有する南太平洋の島嶼国である。その多くは軍事力を保持しておらず、約3,500人の国軍を有するフィジーおよび約500人の国軍を有するトンガは例外的存在である[30]。第2のカテゴリは、南太平洋に領土や防衛上のコミットメントを有するが、その本土は域外に位置するフランスと米国である。フランスは、仏領ポリネシア、ニューカレドニア、ウォリス・フツナを領有しており、約3,000人の兵員とフロレアル級哨戒フリゲートを含む7隻の艦艇や哨戒機ファルコンを含む固定翼機9機を駐留させ、仏領における警戒監視に従事するとともに、国際的な災害救援訓練「南十字星」を定期的に主催している[31]。近年フランスは「フランスとインド太平洋の安全保障」報告書を毎年発表するようになり、同国のプレゼンスにあらためて注目が集まっている[32]。米国はポリネシアの北端であるハワイ諸島を領有しているが、これ以外にも米領サモアを有し、またミクロネシア連邦、マーシャル諸島およびパラオの国防に責任を負う取り決めを維持している[33]。2020年8月および10月にマーク・エスパー国防長官とマーティン・ブレイスウェイト海軍長官が相次いでパラオを訪問し、パラオ政府より何らかの軍事施設の構築とその共同使用を実現する提案がなされ、検討が進められている[34]。第3のカテゴリは、オセアニアの主要国であり、先進国であるニュージーランドとオーストラリアである。ニュージーランドは現在4機の哨戒機P-8ポセイドンの導入を進め、島嶼国の海洋監視に係る能力構築支援を継続しており、2018年の「戦略国防政策声明」によれば南太平洋の海洋の安定を自らの国土防衛と同レベルの優先課題と位置付けている[35]。オーストラリアは、世界第13位のGDPを有し、約3兆円の国防費と6万人規模の国防軍を維持するオセアニア最大の軍事的、経済的なプレーヤーである[36]。本項ではオーストラリアの視点を中心にオセアニアの安全保障について分析する。なお、上記3つの大まかなカテゴリのいずれにも収まらない例外ではあるが、太平洋諸島フォーラム（PIF）加盟国であるパプアニューギニアについても必要に応じて言及する。

オーストラリアの国家形成と発展は南太平洋の安全保障と常に密接に連関してきた。1901年にそれまでオーストラリア大陸に存在していた複数の植民地が統合され、現在の大陸連邦国家の基礎が形成されたが、そのきっかけは南太平洋においてイギリス以外の列強のプレゼンスが高まり、これに対するオーストラリア大陸の安全保障を確保する上で植民地の統合と自治が重視されたことによる[37]。さらに南太平洋における域外国の軍事的プレゼンスを嫌う同国の伝統的な安全保障認識は、冷戦後も一貫して確認され続けている。例えば、

21世紀最初の15年間のオーストラリアの国防政策の基本的な枠組みに大きな影響を与えた歴史的文書『2000年国防白書』は、豪軍の兵力体制を決定する考慮要因として、オーストラリア大陸の直接防衛に加えて、南太平洋を中心とした「近隣地域の安定」の確保を挙げている[38]。同白書は、その理由の1つとして、オーストラリア周辺で域外国が軍事的プレゼンスを保持するのを防ぐことに言及している。

実際、オーストラリアは南太平洋地域において主導的な軍事的役割を果たし続けることで、域外国が本格的に介入する可能性を未然に防ぐ努力を継続してきた。例えば、1999年に当時の東ティモールにおける安定化・平和構築の作戦が開始されると、豪軍は国連平和維持軍を主導し、約5,500人規模の部隊を派遣する最大規模の兵力拠出国となった[39]。東ティモールの独立と安定に関与することは、北方の巨人インドネシアとの関係において取り扱いの難しい外交課題であったが、これを管理しつつ大規模な軍事的な関与を行ったことは、オーストラリアが「近隣地域」において主導的な役割を果たす意気込みを確認するものであった[40]。さらに、当時政情不安が続いていたソロモン政府の依頼に基づき2003年に開始された安定化作戦「ソロモン諸島に対する地域支援ミッション」(RAMSI) においても、オーストラリアは、同国に加え、ニュージーランド、パプアニューギニア、フィジー、トンガが拠出した兵力から成る任務部隊を主導している[41]。これらの安定化作戦に加え、オーストラリアの軍事的関与の第2の柱が南太平洋諸国の領海、EEZの管理の支援である。1982年に国連海洋法条約 (UNCLOS) が採択されると、人口や経済規模の小さな南太平洋島嶼国がその広大な領海、EEZを効果的に管理することが重要な地域的課題として浮上した。オーストラリアはこれらの諸国を支援し、南太平洋においてUNCLOSに基づく秩序を維持するために、豪軍主導の「太平洋巡視船プログラム」を運営してきた[42]。同プログラムは、南太平洋諸国に巡視船を供与し、現地に要員を常駐させるとともに、巡視船の運用に関する訓練および整備や管理に関する継続的な支援を行うもので、1987年にパプアニューギニアに最初の巡視船が供与されて以来、多くの諸国の能力構築支援を行ってきた。最近では、初期に供与されたパシフィック級巡視船が耐用年数の限界を迎えることに伴い、新たにガーディアン級巡視船の供与が開始されている。『2009年国防白書』によれば、このようにオーストラリアが「主導的」な役割を果たすことは、「人道的な観点」のみならず、近隣諸国に対する域外国の影響力伸長を防ぐ「戦略的な観点から」も重要であるとされる[43]。

オーストラリアは南太平洋における自らの主導的な役割を過度に強調することは、島嶼諸国から押しつけがましい援助であるとの反発を受けかねないことを認識している。このような感情を管理し、オーストラリアの関与への歓迎を確保するためにさまざまな政策を打ち出しているが、とりわけPIFを通じた地域主義の発展はその重要な機会であるとみなされてきた。2000年にPIFはビケタワ宣言を発出し、南太平洋諸国の安定を地域全体で支援していく方針を確認した。これは、その後のオーストラリアによる安定化作戦を正統化する地域的な根拠を提供することになるが、とりわけ上述のソロモン諸島におけるRAMSIにおいて重要な役割を果たした。当時ソロモン諸島は台湾と外交関係を維持しており、国連を通じて安定化作戦のマンデートを確保することは難しいとされていた[44]。そこで、PIFによる地域的なマンデートを使い加盟国による兵力拠出という方法が取られ、南太平洋における地域主義が安全保障活動の正統性の源泉として具体的な役割を果たすこととなった。このような安全保障上の役割に加え、南太平洋諸国の経済連携の分野においても一連の地域協定を通じて島嶼諸国と豪ニュージーランドの経済関係発展を図っている。このように、南太平洋は域外の大国ではなく、オーストラリアをはじめ、ニュージーランドや島嶼諸国が多国間主義を活用しつつ地域の安定と繁栄を増進する多元的な秩序が発展してきた。

ただ、近年オーストラリアは、このような多元的な南太平洋の秩序と自らの主導的な立場を脅かしかねない存在として中国の経済的プレゼンスの拡大に神経を尖らせている。2014年以降、中国はオーストラリアと並んで南太平洋島嶼諸国にとり最大の貿易相手国となり、またローウィ国際政策研究所の調べによれば2014年から2018年の5年間の南太平洋島嶼国に対する援助額において、中国は日本をかわし第3位の拠出国となっている[45]。また中国はその経済的プレゼンスの拡大を徐々に政治的影響力に転化しているように思われる。2019年には、ソロモン諸島とキリバスがそれぞれ台湾から中国へと外交関係を替えることに同意した[46]。また、近年オーストラリアのメディアやシンクタンクにおいて中国の経済的なプレゼンスの拡大が徐々に軍事的プレゼンスの拡大に結び付くのではないかとの警鐘が鳴らされている。2018年にオーストラリア大陸から約2,000kmほど離れたバヌアツに中国が何らかの軍事施設を構築する交渉が進んでいるとの報道がなされると、オーストラリア政府がバヌアツ政府に確認を取り、当時のマルコム・ターンブル豪首相自ら事実を否定するという一幕があった[47]。今のところ報道された内容は現実のものとはなっていないものの、本件に対するオーストラリア政府の迅速な対応やシンクタンクコミュニティでの議論の盛り上がりはこうした問題への関心の高さを確認するものとなった。また、2018年にオーストラリアとパプアニューギニア政府は後者が領有するマヌス島において豪海軍との共同使用を目的とした基地施設を拡大することで合意したが、あるオーストラリア人専門家の説明によれば、その意図は中国による南太平洋での影響力拡大の機先を制し、これを「予防」することにあるとされる[48]。マナス島におけるロンブラム海軍基地の建設はすでに着工しており、ここを拠点にパプアニューギニアの海洋管理能力構築の支援事業が行われる予定である。

このように、南太平洋における中国のプレゼンス拡大に対するオーストラリアの警戒は徐々に高まっているものの、次の3つの観点から、少なくとも現在までのところオーストラリアの影響力の基盤は依然として強固であると評価できよう。第1に、開発援助の分野でオーストラリアのプレゼンスはいまだ圧倒的である[49]。2019年の援助実績を比較すれば、オーストラリアのそれが9億2,000万豪ドルであるのに対して、中国のそれは約4分の1である2億4,000万豪ドルにとどまっている。また、2018年にスコット・モリソン首相が「太平洋関与強化（Pacific Step-Up）」と呼ばれる一連のプログラムを発表し、開発援助額を増額する方針が打ち出されたこともあり、むしろ豪中の援助額の差は今後拡大する可能性すらある[50]。

第2に、安全保障分野においても、オーストラリアと中国の関与の規模と質にはいまだ歴然とした差がある。2010年以来中国は病院船・和平方舟を世界各地に派遣し、医療支援や親善交流を行っているが、近年では南太平洋においても活動を行い島嶼国との関係強化に努めている[51]。これに比べて、豪軍の関与はかなり幅広く、すでに紹介した海洋分野の能力構築支援や平和作戦に加え、医療支援や災害救援の分野においてもファーストレスポンダーとして継続してその存在感を見せつけている。2020年4月にサイクロン・ハロルドが南太平洋を直撃し、とりわけフィジーとバヌアツで深刻な被害が発生すると、豪軍とニュージーランド軍がそれぞれ200t以上の支援物資を輸送した[52]。南太平洋島嶼国に地理的に近く、質の高い軍事力を維持する両国が災害救援分野において重要な存在であることがあらためて確認された。これまでのところ、南太平洋において中国軍がファーストレスポンダーとして災害救援を主導した実績は管見の限り確認できない。

第3に、南太平洋地域において、オーストラリアは中国以上に、他のプレーヤーとの緊密な連携を維持している。南太平洋の海洋監視においては、米豪仏ニュージーランドの4カ国が「4カ国防衛調整グループ」を形成し、連携、調整を行い、PIFによる漁業監視を支援している[53]。とりわけ、ニュージーランドは2018年において中国を上回る援助を行い、また「太平洋のリセット」と呼ばれる関与強化プログラムを打ち出し、南太平洋の「軍事化」に反対姿勢を示している[54]。また、ニュージーランドは2011年以来「太平洋海洋安全プログラム」を立ち上げ、島嶼国の法整備や捜索救難の能力構築支援の取り組みを強化しており、豪ニュージーランド両政府はオーストラリアが掲げる「太平洋関与強化」政策とニュージーランドの「太平洋のリセット」の緊密な連携の追求で合意している[55]。また、フランスは2016年にニューカレドニアおよび仏領ポリネシアをPIFに加盟させることに成功し、2018年に前者の代表をPIF首脳級リトリートに初めて参加させるなど、南太平洋における多国間協力の分野でオーストラリアやニュージーランド、また島嶼諸国との連携をさらに拡大している。さらに、現在仏領地域とオーストラリア間の経済関係強化のための協定交渉が検討されている[56]。このように南太平洋地域における豪ニュージーランド協力や豪仏協力の質と幅はこれらの国と中国のそれを大きく上回るものである。以上を踏まえれば、近年中国の経済的なプレゼンスが拡大しているとはいえ、南太平洋における多元的な秩序やオーストラリアの主導的な立場は依然として健在であると評価することができよう。

また、新型コロナウイルスは南太平洋島嶼国に対する豪中両国の支援競争をさらに促しているともいわれる。中国は、早い段階からマスクや防護服などの医療物資支援や診療情報の提供を行ったほか、190万米ドルを拠出して「中国・太平洋島嶼国防疫協力基金」を成立させた。この基金は新型コロナウイルスへの直接的な対応だけではなく、中国と南太平洋島嶼国との貿易・投資関係を促進する目的でも使用できるとされる[57]。同様に、オーストラリアは、同国の国際支援の「焦点」を南太平洋の島嶼国に定めるとし、WHOおよび世界食糧計画（WFP）の協力の下、豪空軍C-17による物資や専門家の輸送を行い、航空路線が縮小した後も島嶼国の医療サービスや食糧供給が滞らぬよう支援するとともに、外務貿易省のインド太平洋健康安全保障センターを通じて情報提供、技術研修を行っている[58]。このように豪中両国とも南太平洋における新型コロナ対策支援に乗り出しているが、次の2つの点からオーストラリアの取り組みは中国のそれを上回るものと評価できるだろう。1つは地域主義の活用である。2020年4月に開かれたPIFオンライン外相会合はこれまで平和作戦を正統化する際に用いられてきた2000年のビケタワ宣言の発動を決定し、新型コロナへの対応を地域安全保障への「深刻な現実的危険」ととらえ、加盟国が「太平洋諸島の広い家族」として連帯することの重要性を強調した。第2にオーストラリアは資金面でもより大きなコミット

バヌアツ・ポートヴィラに到着した豪空軍C-17と災害救援物資（Australian Department of Defence/Australian Defence Force）

メントを行っている。上記の諸政策を実現する上で、オーストラリアは通常の予算に加えて、中国を上回る3億豪ドル以上の基金を新たに設置し、太平洋におけるパンデミック防止・対処を支援している[59]。

南太平洋において依然として主導的な立場を維持するオーストラリアに対して、近年米国は高い期待を表明し続けている。トランプ政権は、「インド太平洋戦略における太平洋の誓い」と呼ばれる政策の下、1億3,000万ドルの予算を活用して、太平洋島嶼国に対する開発援助、選挙運営を含む国内統治の支援、海上保安機関に対する能力構築支援を強化する方針を掲げている[60]。また、オーストラリアとは、上述のマナス島の海軍基地の建設において協力する意思を表明し、新型コロナ対策においても、オーストラリアと連携しつつ南太平洋地域に対する技術、物資、資金援助を行っている。例えば、米軍が展開強化を検討するパラオ周辺の海底ケーブル事業について、日米豪協力が追求されている[61]。ただ、米国とオーストラリアの南太平洋政策は次の2点で明確な立場の相違がある。第1に、南太平洋諸国との外交関係をめぐる中台競争について、米豪両国の政策は異なる。2019年10月にトランプ政権は、南太平洋に関する正式な米台対話を発足させ、訪台したサンドラ・オードカーク国務次官補代理（オーストラリア・ニュージーランド・太平洋担当）は、「南太平洋諸国と台湾の関係を強く支持する」と発言している[62]。また、同年5月に訪豪したパトリック・マーフィー筆頭国務次官補代理（東アジア・太平洋担当）が、南太平洋諸国が台湾と外交関係を維持することを促すと発言すると、直後にモリソン豪首相は、南太平洋諸国自身が決めることであると述べ、オーストラリアが本問題に介入しない姿勢を強調している[63]。第2に、多国間主義に関する米豪両国の立場の相違も顕在化しつつある。第1節ですでに述べたとおり、トランプ政権はWHOへの拠出金停止と脱退意思表明を行ったが、オーストラリアはこれに対し言葉を選びながら批判的な立場を維持している。マリズ・ペイン豪外相が指摘するとおり、オーストラリアは南太平洋を中心に新型コロナウイルス感染症に係る国際支援を進める上でWHOの地域事務所と緊密に連携しており、その役割を評価している。上記の2点を踏まえれば、南太平洋においてオーストラリアは米国の代理人として中国に対抗しているとの（時に流布される）言説はあまりに単純なものといえるだろう。本節で見てきたとおり、そもそもオーストラリアが南太平洋における域外大国のプレゼンスを警戒し続ける最大の理由は自らの歴史に基づく国家安全保障認識にあり、決して米国の支援ではない。そのような観点から、オーストラリアは米国の対中政策に不用意に左右されないよう注意しつつ、中国のプレゼンス拡大への独自の対抗を進め、多元的な南太平洋の秩序を守ろうとしている。

（2）豪中関係の悪化

前項で概観したとおり、オーストラリアは近年周辺地域でプレゼンスを拡大する中国を警戒しているが、その背景には南太平洋の文脈にとどまらない、広範な対中不信が存在する。とりわけ、2020年にオーストラリアの対中認識を悪化させた最大の要因が新型コロナウイルス感染症の対応をめぐる2国間対立である。問題の直接のきっかけは、新型コロナウイルスへの対応に関するペイン外相の発言であった[64]。2020年4月に国内メディアのインタビューに答える形で、ペイン外相は、武漢で発生した新型コロナウイルスの初期対応について「透明性」が確保されるべきであり、今後「独立した」「国際的な」検証が必要であると訴えた。これに対して、駐豪中国大使は即座に反論し、そもそも中国が発生地であるとは確定しておらず、また検証作業はあくまで感染症対応にめどが立つまで待つべきであるとした[65]。さらに、同大使は、オーストラリア政府の発言が中国国民の心証を害する恐れがあるとし、そのような状況では中国人はオーストラリアの製品購入や、留学、観光などのサービス利用を望まなくなるかもしれないと示唆した。これは、中国政府高官によるあからさまな経済的「脅し（blackmail）」とも取れる発言として豪メディアや政策コミュニティで広く物議を醸した[66]。

さらに、このような大使発言を裏付けるかのように、中国政府はオーストラリアとの経済関係を見直す措置を断続的に打ち出し続けている。以下、一連の措置を概括すれば、まず2020年5月に中国政府はオーストラリア産大麦に対する高関税付与を発表した[67]。中国は同産品の国別輸出先で第1位であり、オーストラリア国内では中国市場から締め出され、ビジネス上の大きな損害につながりかねないと危惧する声が高まった。さらに、同6月に中国政府から、オーストラリアへの観光や留学目的の渡航は人種差別の被害に遭うリスクがあるとして警告が行われた[68]。現在、新型コロナウイルス発生によって豪中間の人的往来は厳格に制限されており、中国政府の一連の警告が実際にどのような影響を及ぼすのかは依然として不明である。しかし、少なくとも観光および留学双方とも中国人渡豪者への依存度は高く、両産業ではその経済的な損失が心配されている。具体的には、2018年通年実績で中国人の渡豪旅行者は、国別の第1位であり、約120億豪ドルの経済効果をもたらしているとされている[69]。この額は第2位の米国（約40億豪ドル）を大きく上回るものであり、中国依存の高さは火を見るより明らかである[70]。同じく、豪州が受け入れる留学生については、2019年実績で留学生総数約75万人の内、やはり中国人留学生が国別第1位で28％を占めており、第2位インドの15％を大きく引き離している[71]。これらを委縮させかねない中国政府の警告はオーストラリア経済にとって深刻な影響をもたらす可能性がある。また、同年11月には、オーストラリア産の銅、石炭、大麦、ワイン、砂糖、ロブスター、材木の輸入が中国当局により停止されているとの報道がなされた[72]。サイモン・バーミンガム豪貿易相は、報道されたこれらの物資のうちのすべてが輸入停止に追い込まれているわけではなく、管理規制の変更に伴う遅延であると指摘した[73]。しかし、このような発言の裏を返せば、いくつかの品目や一部の製品の輸入停止や遅延が事実であることを確認している。オーストラリアの対中輸出が多様な分野で見直される中、モリソン政権は政府間の閣僚協議を呼び掛けているが、今のところ中国政府はこれには応じていない。このような中、オーストラリア政府は、輸出産業に対して輸出市場の多角化を呼び掛け、また教育行政においても留学生への過度な収入依存を見直す作業を進めている。

モリソン政権は中国との対話を行う意欲を失ってはいないものの、豪中関係を安定化させる作業はもはや容易なものではない[74]。たとえ新型コロナウイルスへの対応や貿易関係に係る対立をある程度鎮静化させることに成功したとしても、豪中両国間にはほかにも多くの問題が横たわっており、いずれも政治的に取り扱いが難しい機微な論点をはらんでいる。とりわけ、近年の豪中関係の運営は、政治的価値観に関わる根本的な意見不一致により一層難しいものとなっている。第1に、オーストラリア国内においては、いわゆる中国の浸透工作に対する議論や批判が続いている。2017年に最大野党労働党のサム・ダスティアーリ上院議員が中国人支持者との癒着から辞任するスキャンダルが生起し、2018年オーストラリアは外国政府による干渉対策の法的基盤を強化した。近年では、同法に基づく捜査や論争はオーストラリアの地方政治にまで波及している。2020年6月ニューサウスウェールズ州のシャケット・モーセルメイン州議会議員の事務所が連邦警察とオーストラリア保安情報機構（ASIO）の捜査を受けた[75]。モーセルメイン議員の発表によれば、同議員は捜査対象ではなく、事務所スタッフの1人である中華系オーストラリア人ジョン・ジャン氏が容疑者であるとされる。豪国内メディアの報道によれば、ジャン氏はオーストラリア国内で親中的な政治勢力を拡大させる必要を公言し、中国共産党中央統一戦線工作部の影響下にあることが疑われている。また、この事件に関連して駐豪中国領事や中国人外交官が捜査対象とされたことが報じられている[76]。これに対して、中国の在シドニー総領事館は、『環球時報』英語版を同館ホームページ上に転載する形で、オーストラリア政府による捜査を中国人「ジャーナリスト」に対する「野蛮な行為」であると引用し、事実上非難している[77]。さらに、同年11月に、中国およびベトナム系のオーストラリア人であるディ・サン・ズオン氏がやはり連邦警察およびASIOによる捜査対象となり逮捕・起訴されたことが判明した[78]。これは2018年に制定された干渉対策法の初適用例である。連邦警察によれば、ズオン氏の逮捕は違法行為が実行に移されることを未然に防ぐ意味合いがあったとされるが、その具体的内容はいまだ公表されていない[79]。豪州メディアによれば、ズオン氏は自由党員でビクトリア州の州議会選挙の候補になった経歴の持ち主であり、最近も政治活動を継続していたとされる。

第2に、近年オーストラリアは中国国内の人権状況への批判を強めている。とりわけ2019年以降オーストラリア国内においても、香港や新疆ウイグル自治区の情勢について報道が相次いでいる。モリソン政権は、香港の国家安全維持法について、英中共同宣言の下保障されている人権を含む各種の権利や高度な自治を侵害するものとして深い懸念を表明し、また新疆ウイグル自治区についても中国政府は恣意的な拘束をやめるべきだとし、公然と批判している[80]。さらに、中国国内におけるオーストラリア人の処遇についても政治問題化している。2020年8月に、中国国営テレビのCGTNでキャスターを務めるオーストラリア人チェン・レイ氏が中国当局により拘束されていることがオーストラリア政府によって発表された[81]。また、同年9月には中国に滞在するオーストラリア人のジャーナリスト2人が、現地の同国領事館に保護を求め、帰国する事態が発生した。報道によれば、中国の現地警察が彼らに接触し、上述のレイ氏に関して質問を行い、またオーストラリアの現地の外交官も両名に帰国を促す助言をしていたことが判明している[82]。本件に関してペイン外相は報道の自由は保護されるべきであり、中国国内に滞在するオーストラリア人ジャーナリストが存在しない状態となったことを残念に思うと発言している。

豪中関係の全面的な悪化について、オーストラリアは激化する米中大国間競争のあおりを受けたものとの解釈を提示している。2020年8月および11月の演説でモリソン首相はオーストラリアの政策選択がすべて「米中戦略競争のレンズ」を通して理解される傾向があり、その結果、豪中関係が「不必要に悪化」していると指摘している[83]。このような問題に配慮するため、モリソン政権は、トランプ政権の対中政策のすべてには同意しない姿勢を明確化し、中国に対してオーストラリアが単なるアメリカの駒ではない「独立した主権国家」である点を強調している。実際、2020年7月に開催された米豪外務国防閣僚協議（AUSMIN）の記者会見において、ペイン外相が、米豪両国の対中政策がすべての点で一致しているわけではないことを示唆し、米中大国間競争と一定の距離を取ろうとする同国の姿勢を明確化した[84]。もっとも、このような努力にもかかわらず、オーストラリアは中国の認識を変化させることに成功していない。2020年11月に駐豪中国大使館が豪メディア関係者に配布したとされる豪中関係をめぐる「14の問題点リスト（仮称）」によれば、中国はあくまでオーストラリアがアメリカの「指示（bidding）」でコロナ対応をめぐる一連の対中批判を行ったと理解していることが読み取れる[85]。また、

2020年末の時点で、豪中関係悪化に歯止めがかかる兆候は全く見られない。以上を踏まえれば、米中競争が激化する中、あらためて自らの自律性を強調しようとするオーストラリアの努力はこれまでのところ必ずしも具体的な成果に結び付いていないと評価できる。

3　欧州・中国関係の変遷と現在――「戦略的自律」の多義化

(1) 関係の始動と発展

2020年は、EUと中国の外交関係樹立45周年の年であった。1975年5月6日に正式に外交関係が樹立され、以降、両者間の関係は主に経済面、特に通商関係を中心に発展した。さらにEUは1998年に「格上げされた政治対話を通じて中国をより深く国際社会に関与させる」[86]ことを対中関係上の優先事項とし、2003年には「包括的戦略的パートナーシップ」[87]に基づいた関係の強化を目指した。その10年後の2013年には「EU・中国協力2020戦略計画」(以下、2020戦略計画)が発出された[88]。2020戦略計画は、「平和と安全保障」、「繁栄」、「持続可能な発展」、「文化交流」という4つの重点目標分野において、合計92の協力項目を規定しているが、その中で最も多くの項目が割り当てられているのは、経済協力を記した「繁栄」のうち「貿易と投資」分野である。実際に、その後もEU・中国関係は、人権や法の支配などの認識の相違が指摘される法的・政治的枠組みよりも、主に経済分野を中心に発展していく。

特に、この頃から、EU・中国間の通商分野での成長に加えて、2010年前後から海外直接投資(FDI)の分野において、中国からEUへのFDIが急増したことは注目しておくべきだろう。かかる中国の対外FDIの増加は、当初は国内的要因に端を発するものであった。1997年以降、中国は海外資本の導入のみならず、中国企業が海外に進出すべきであるという「走出去」の方針を示し、2001年に国家戦略として明確化した[89]。以降、徐々に中国は対外FDIを増加させ、2008年頃には米国やEUといった巨大市場への対外FDIを開始した[90]。

図1-1　EU域内に対する中国のFDI

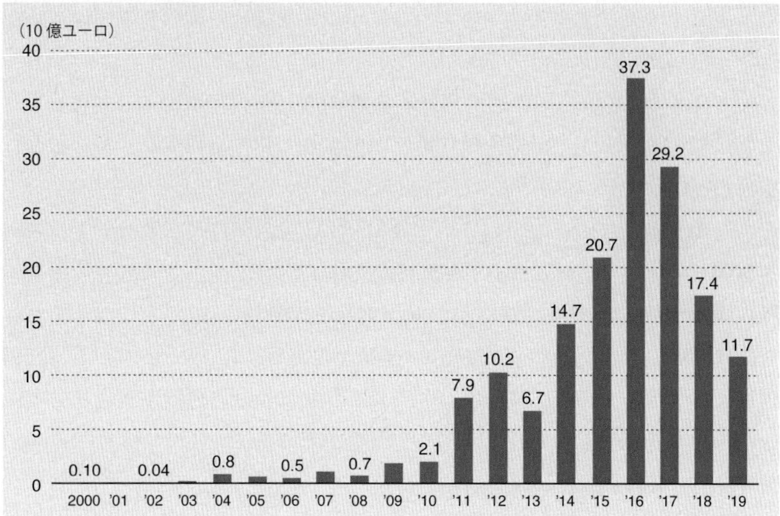

(出所) Agatha Kratz, Mikko Huotari, Thilo Hanemann, and Rebecca Arcesati, *Chinese FDI in Europe: 2019 Update*, Mercator Institute for China Studies and Rhodium Group (April 2020), 9を基に執筆者作成

特に、中国からEU域内へのFDIの伸び率は顕著であり、図1-1に見られるように、2008年から2012年の間におよそ15倍になっている。この背景には、2008年9月のリーマンショックに端を発する世界的な経済危機がある。さらに欧州では、2009年10月からソブリン危機に陥り財政状況が悪化した。この期間、世界的なFDIの動きが大きく停滞したにもかかわらず、上記のように中国からEUへのFDIは急増したのである。こうした背景を基に、2020戦略計画でも投資に関する協力は注目され、2014年にはEU・中国投資協定の交渉が開始されていた。

プリンストン大学のソフィア・ムニエは、かかる一連の経済危機が、中国のEUに対するFDI増加の一因となったと指摘する[91]。その理由としては、中国が世界最大の外貨準備高を有し、対外FDIを継続する経済的余力があった一方で、米国発の経済危機によってドル建ての割合が多かった資産の多角化の必要を認識したことが挙げられる[92]。こうした事情に基づき、リターンが高いと考えたインフラや企業といった、欧州の実物資産の買収を中国は進めたと考えられている。

他方で、ムニエは中国の対外FDIの急増には、EU側の政治的な変化もあったと指摘する。まず、経済危機以降、中国からのFDIを期待し、英仏独を含む欧州各国はこぞって中国に対して投資対象国としてのアピールを開始した。そのため、2012年頃までには、ほとんどのEU諸国が対内FDIに対する規制を緩和していた[93]。また、対内FDI規制に関してはEUレベルでの一元的な規制の実施が以前から議論されており、実際に2009年に施行されたリスボン条約においてもEUレベルの対内FDI規制が規定されていた[94]。しかし、経済危機により中国からのFDIが不可欠となる状況になり、各国が我先にと中国からのFDIを誘致しようと規制を下げる状況にあって、EUレベルでの対内FDI規制の実施も遅延した[95]。

特に、欧州の中でも中東欧諸国（含バルト・バルカン諸国）に対する中国主導の経済協力の拡大は注目された。ソブリン危機の影響が波及して経済が低迷していた中東欧諸国は、経済再生に当たり新たな経済関係を構築する相手を模索しており、中国との協力が候補に挙がった[96]。2012年に初の中国・中東欧首脳会談がポーランドにおいて開催され、以降この枠組みは、中国と中東欧16カ国による16+1（2019年にギリシャ加盟後17+1となったので、以下便宜上17+1と記す）という、貿易・投資関係の促進を目的とした枠組みとして発展していく。

かかるEU・中国関係の発展は、その他の主要なイニシアティブにも見出せる。まず、習近平国家主席が2013年に提唱した「一帯一路」構想の西端は欧州とされており、その後のEU・中国関係発展のための基幹的概念となったのは明らかである。また、当該構想の事業を含むアジアにおけるインフラ投資のためのアジアインフラ投資銀行（AIIB）も中国主導で設立され、2015年3月には英仏独をはじめとした欧州諸国が参加を表明した。この欧州諸国の参加に関しては、融資手続きの透明性の確保など、銀行のガバナンスの形成に関わる目的があったと考えられていた[97]。その意味では欧州のAIIB参加は、

1990年代のEUの「中国を国際社会により深く関与させる」ための動きの継続であったともいえるが、他方で、中国経済の強大化と、EUないし欧州各国と中国との関係の発展により、欧州各国が参加しやすい、もしくは参加せざるを得ない土壌が生成されていたことの顕れであったと理解することも可能であろう。

(2) 欧州の対中姿勢の再考——諸要因の中の新型コロナウイルス感染症

2010年前後の世界的な経済危機の時期にEU・中国関係が発展した一方で、中国のイニシアティブに対しては、その初期から警戒感があったのも事実である。例えば、17+1については、中東欧の17カ国のうち12カ国はEU加盟国であるため、欧州の「分断統治」を狙っているのではないかという疑念が抱かれていた[98]。つまりは、AIIBへの欧州諸国の参加時にも見られたように、中国との関係構築を望む姿勢をめぐる各国の齟齬を利用して、EUの分断の促進を狙うのではないかという懐疑的な言説が、メディアなどにおいて主流であった。他方で、17+1の黎明期における中東欧諸国の政府の発表では、全体的に中国に対する認識は友好的であり、中国との密接な連携により得られる機会を歓迎する姿勢が顕著であった[99]。

しかし、EU側としては、やはり17+1を当初から問題視していた。こうした疑念を中国は予測し、17+1が組織された2012年の中国・中東欧首脳会談の共同コミュニケの草案をEUに提示したが、EUは17+1の長期化と制度化には反対したという[100]。EUの懸念は、次のような理由に基づいていると考えられる。第1に前提として、現在の中国の中東欧への関与は、表面上は経済的文脈において実施されており、「一帯一路」はその代表的な手段であるといえる[101]。そこで、中東欧諸国が中国に経済的に依存するようになれば、EU加盟国の多い当該地域への中国の政治的影響力の拡大は不可避的となり、ひいてはEU自体に対する影響力の増加に結実する。簡潔にいえば、EUでは17+1によって中東欧諸国が中国の政治経済的プレゼンスを拡大するための「トロイの木馬」となるという懸念が指摘されている。

第2に、EUの懸念は中国のみならず、中東欧諸国にも向いている。中東欧諸国が中国からの事業を誘致する際に、EU加盟国が最優先すべき単一市場における調達などの競争入札に係る規則を軽視する傾向があり、こうした姿勢に対してEUは危機感を強めていた[102]。また、その他の理由としては、巨額の融資を中国から受け、債務の返済を困難にさせた上で債権国が外交的圧力をかける「債務の罠」の懸念が議論されている。欧州における代表的な事例としては、EU加盟国候補であるモンテネグロの高速道路建設計画が挙げられる[103]。しかし、この事例を財務状況と借手責任に鑑みて「債務の罠」であると結論付けるのは時期尚早とする研究もある[104]。いずれにせよ、EU加盟国のみならず加盟候補国までが中国の資金に依存する状況が現出していることは事実であり、EUは西バルカンへの拡大に対して積極的な姿勢を見せるようになっている。

しかし、中国が17+1諸国に約した事業は、中東欧諸国が期待していたほどには進展していないのが実情であり、中国が融資する当該地域におけるインフラ事業の多くは計画が遅延しているものから未着工のものまである。こうした状況の原因は、下記に挙げる要因が複合的に影響している。まず、主に中国が融資する事業計画のうちのいくつかは、EUの調達プロセスに係る規制などに抵触する可能性があり、調査や入札が必要とされるためである[105]。また、そもそも当初の事業計画自体が非現実的であったとの指摘もある[106]。さらに、期待されていた中国からの17+1諸国へのFDIも限定的であり、進展が見られない現状も徐々に明らかとなっている[107]。

他方、中国の対欧州FDIは主に西欧諸国向けであり、2010年代前半は西欧諸国自身も中国からの大幅に増加するFDIに好意的であった[108]。しかし、中国による年間のEU域内に対するFDIが373億ユーロに達した2016年頃には、従来のように投資対象がインフラではなく、先進的技術を有する企業の買収へと移行する傾向が見られた。そこでしばしば言及されるのが、産業用ロボットメーカーのクーカと半導体製造装置メーカーのアイクストロンの買収である。このうち、クーカに関しては、欧米各国で軍需向けロボットを製造していることもあり、一時は買収に関して調査が入ったものの買収が合意に至った一方で、福建芯片投資基金によるアイクストロン買収に関しては軍事転用の可能性があり、米国のバラク・オバマ政権も介入したことで阻止された[109]。こうした中国の対外FDIの拡大と投資分野の変化に対する欧州諸国の懸念、そして過度な資本流出を問題視した中国自身の対外FDIへの管理の強化も影響し、前出の図1-1からも分かるように、2017年以降、中国の対欧州FDIは減少傾向にある[110]。

このように経済的手法をもって、政治的懸念を生んでいる中国の姿勢を前にして、近年のEUとその加盟国には対中姿勢を再考する姿勢が顕著となってきた。上記のFDIに関していえば、加盟国の対中姿勢の齟齬により進展しなかったEU共通の対内FDI審査体制に関しては、2017年9月に欧州委員会によるFDI審査枠組みの設立が提案された。その提案では、欧州の先端技術を持つ企業を第三国の国営または政府系企業が買収すれば、それは当該国に対して欧州の先端技術の使用を許すことになり、EUの安全保障や公共の秩序に対する損害となり得ると忠告している[111]。その後、2018年11月にはEUのFDI審査制度の設立が合意され、2019年4月10日にFDI審査規則として発効した。

西欧における中国の経済力を通じた政治的影響への警戒と、中東欧における中国の進展しない経済支援に対する不満は、徐々にEUとしての対中姿勢の再考に収斂したといえる。「一帯一路」に関しては、2018年4月にEU各国の駐中国大使が「一帯一路」に対する非難を含む文書に署名したという[112]。しかし、ハンガリーの大使のみ署名を拒否したこともあり、文書が公表されることはなかった[113]。いずれにせよ、ほとんどのEU加盟国が「一帯一路」や中国の政治経済上の影響力の拡大を否定的にとらえていることがうかがえる。他方、EUがアジアとの連結性を重要視していることも確かであり、2018年9月には「欧州とアジアの連結」という政策文書を策定し、以降EUの連結性戦略として知られている[114]。これはインフラ、エネルギー、デジタル分野などの領域を含め両地域の連結に貢献するという戦略であるが、中国の「一帯一路」を意識していることは間違いない。

また、EU・中国関係の緊張は、近年の首脳会談や政策文書にも見出せる。例えば、2016年のEU・中国首脳会談では、主に南シナ海問題と市場経済国認定問題などで大きな隔たりがあり、初めて首脳会談の共同声明を出すことができなかった[115]。同様の状況は翌年の第19回EU・中国首脳会談でも続き、2年連続で共同声明を出せなかったことで、EUと中国の対立がより明確となったといえよう[116]。

さらに、2019年3月には、EUの欧州委員会と外務・安全保障政策上級代表（以下、上級代表）は「EU・中国——戦略的展望」という対中政策文書を策定し、対中関係における「機会と挑戦」のバランスが変化しつつあるとの認識を示した[117]。加えて、中国は「協力のパートナー」であるものの、「経済の競争者」であり、そして「体制上のライバル」であるとまで言及した[118]。これに対し、中国の張明駐EU大使は、「体制上のライバル」という表現について、冷戦期よりも悪い印象があるとして否定的な見解を示した[119]。しかし、換言すれば、中国側も「健全な競争」であることを強調しつつ、EUとの競争者であることまでは容認する傾向が見られるとの評価もある[120]。このように、2010年代の特に後半頃から、EU・中国関係は、緊張状態へと入っていたことが分かる。

この状況に拍車をかけたのが、2020年の新型コロナウイルスの感染拡大とその後の中国の対応であった。欧州は、3月にはWHOにより「今やパンデミックの震央となった」と言及されるほどに感染が拡大した。しかし、当初EUはパンデミックに対して有効な手段を取ることができずにいた。それは、保健医療分野におけるEUの権限は物品調達に係る加盟国間の協力促進に限定されており、一義的な対応の責任はあくまで各加盟国政府にあるためであった[121]。それゆえ、各加盟国で感染が拡大する中で、フランスやドイツがマスクの輸出を一時禁じたように、それぞれの政府は自国内のコロナウイルス対処に追われ、EUレベルでの協調につながるまでに時間を要した。その結果、感染が拡大しつつあった南欧を中心にEUに対する強い批判が噴出したのである。

そこで支援に乗り出したのが中国であった。中国は、コロナウイルスの世界的流行以前から、マスクや防護服など、いわゆる個人防護具（PPE）の世界的なシェアを占めていた。すでに2018年の時点で、世界のPPE市場における中国製品が占める割合は43%にも上っており、EUに流通するPPEの50%は中国から輸入されたものであった[122]。さらにコロナウイルスのパンデミック以降、2020年2月末には中国は国内のマスク生産体制を、パンデミック前の12倍に拡充し、1日の生産量が1億1,600万枚に達した[123]。こうしてさらなる大量生産が可能となった中国のPPEは、2月から3月にかけてパンデミックの震央となった欧州へ送られた。さらに、欧州に対しては、先に感染が拡大していた武漢において事態対応に当たっていた医療の専門家らも、PPEと共に派遣された[124]。こうした中国のいわゆる「マスク外交」は、特に当初EUからの支援を受けられずにいたイタリアや西バルカン諸国において好意的に受け入れられたとの報道が目立った[125]。

しかし、中国の思惑とは裏腹に、欧州における対中認識は悪化の一途をたどった。その理由としては主に、パンデミックをめぐる中国の敵対的な外交姿勢が指摘されている。中国は、コロナウイルスの流行初期において、情報の隠蔽などによる初動の遅れがあったのではないかという批判に反論し、反対に中国が国際社会のために支援を実施しており、建設的な役割を果たしていることを強調している。そして、在仏中国大使館が掲載した文章のように、コロナウイルスの感染拡大はむしろ欧州側の失策だと主張した[126]。かかる中国の姿勢はEU側の対中感情の悪化に結実したのである。ジョセップ・ボレル上級代表は、欧州のパンデミックに対する中国の支援と言説は、EU内の亀裂を惹起しつつあると非難した上で、「言説をめぐる闘い」に備える必要性を説き、ウァズラ・フォン・デア・ライエン欧州委員長も、EU諸国による支援も多数実施されている事実を訴え、中国が形成する言説に注意を促した[127]。

(3) 多義化するEUの「戦略的自律」

上記のコロナウイルス危機により顕在化した対外的な依存をいかに是正していくかという課題にEUが直面しているとの認識の下、フィル・ホーガン貿易担当欧州委員は、EUの「戦略的自律（strategic autonomy)」を確保する検討が必要であると述べた[128]。もっとも、この文脈における自律は自給自足を意味しているわけではなく、主に中国への依存度の減退を念頭としているとみられ、多角化に基づく抗堪性のあるサプライチェーンや戦略的備蓄の強化などが言及されている[129]。

この「戦略的自律」という概念自体は決して新しいものではなく、本来は特に安全保障の分野において、対米関係の文脈で論じられてきた用語である[130]。「戦略的自律」がEUで言及された契機は、1990年代の旧ユーゴスラビアにおける紛争に対して、EUが制度上と能力上の問題から対処できなかったことであり、EUは自律的に行動するための機能を持つ必要を認識した。さらに、2003年のイラク戦争の開戦の過程でも米欧関係に亀裂が生じ、EUとしての「戦略的自律」の必要性が再度議論されたこともあって、同年には現在の共通安全保障防衛政策（CSDP）の前身である欧州安全保障防衛政策（ESDP）の具体的な実現につながった[131]。

米国では、欧州がより主体的に安全保障政策を推進できるような能力を持つことを否定はされなかったが、それはあくまで北大西洋条約機構（NATO）との重複の回避などの条件付きであった。ゆえに、米国とEU、さらにはEU内でも「戦略的自律」に関して議論が一時は紛糾したが、米欧関係が修復されるにつれて「戦略的自律」に係る議論は落ち着いたかに見えた。しかし、それは欧州諸国が一致した安全保障政策や防衛産業政策を取ることが困難であったことや、経済危機による国防費削減などが影響し、CSDPや能力向上が停滞していたからに過ぎず、他方で米国内では欧州諸国に対する防衛面での自助努力を要望する声は常にあった。

その「戦略的自律」の議論は、2016年頃から再びEU内で浮上していた。その契機は、2016年6月にEUの戦略文書「EUグローバル戦略」（EUGS）が策定され、繰り返し「戦略的自律」の追求に言及していることが挙げられる[132]。その定義についてはさまざまなものがあるが、EUGSの草稿を担当したナタリー・トッチ上級代表特別補佐官は、「EUが自ら決定を下す能力、およびその決定に基づき行動する手段を持つこと」[133]と定義している。その後、EUGSの理念は、EU独自の安全保障政策である常設軍事協力枠組み（PESCO）などの始動に結実している。

そして、EUGSの策定と同時期に起きた下記2つの要因は、EUの「戦略的自律」追求の動きを後押しすることになった。第1に、英国のEU離脱(ブレグジット)である。従来英国はEUの「戦略的自律」追求の動きに反対しており、その英国のEU離脱方針の決定があったことで、EUGSがうたう「戦略的自律」追求の機運は必然的に高まった。そして、第2に米国におけるトランプ政権の誕生である。当初のトランプ政権はNATOに批判的であり、米国のコミットメントを完全には信頼できない状態にあって、EUはプランBとしての「戦略的自律」を追求せざるを得なくなった[134]。さらに、2020年6月に発表された在独米軍削減計画によるNATO内政治への影響などに鑑みても、米欧関係が手放しに良好とはいえない状態が続いていた[135]。

他方で、トランプ政権下において米欧関係が実態的に悪化したのは、国際協調が重視される通商や気候変動などの分野であった。まず、通商関係において保護主義的政策を推進するトランプ政権は、2013年から開始されたEUとの環大西洋貿易投資連携協定(TTIP)の交渉に臨まず、さらに貿易摩擦などの緊張状態が続いた。また、気候変動問題では、トランプ大統領は、2016年に発効となった国際的枠組みであるパリ協定からの離脱を2019年11月に正式に通告した[136]。こうした米国第一主義に基づくトランプ政権の政策は、米欧関係悪化を招いたことは明らかである。

こうした米欧関係の動揺は、分野によっては中国との連携が強調されるような状況につながった。例えば、米国のパリ協定からの正式な離脱通告の直後にはフランスのマクロン大統領が中国を訪問し、習近平国家主席との間で、パリ協定を含む気候変動問題への取り組みで協調していく共同声明が採択され、欧州と中国の協力が強調される形となった[137]。また、2016年、2017年と続けて共同声明が出されなかったEU・中国首脳会談も、2018年と2019年には反保護主義が明記された共同声明の発出で合意に至った。こうした近年のEUと中国の共同声明にはトランプ政権の通商や気候変動における単独行動主義へ抵抗する意思が示されているといえよう[138]。このように、中国の狙いとしては、米国が自国第一主義を貫き、国際的枠組みから撤退していく中で、欧州にとって「中国こそが価値を共有するパートナー」であると強調することにあるとみられる[139]。

しかし、新型コロナウイルス感染症の拡大と、その後の対中関係の悪化に鑑みて、ホーガン貿易担当欧州委員は、上記のとおり4月に「戦略的自律」の確保を主張した。さらに6月には「開かれた戦略的自律（open strategic autonomy）」として再度自律の重要性について説いた[140]。これは漠然とした概念であり、自身でも魅力的な言い回しでもないことを認めてはいるものの、少なくともEUが新たに多角化した通商政策を追求していこうとする姿勢は読み取れる。また、このスピーチでは同時に、7月に合意に至った7,500億ユーロのコロナウイルス復興基金の提案にも言及され、パンデミックからの経済的復興が強調された[141]。つまり、極めて簡潔にいえば、EUの復興基金による自力復興に表象されるEUの一体性と、多角化を目指す通商政策の強化による経済の再生が、今後の「開かれた戦略的自律」のポイントとなる。

加えて、「開かれた戦略的自律」は地政学的な欧州委員会（Geopolitical European Commission）の目的とも合致すると言及された。地政学的な欧州委員会とは、フォン・デア・ライエン欧州委員長が、就任前の2019年9月の演説で「持続可能な政策にコミットする地政学的委員会」と表現し、以降しばしば言及されるようになった用語である[142]。その際に、米国とのパートナーシップの構築と自己主張を強める中国との関係の再定義にも言及され、実際に米中関係におけるEUの立ち位置を再定義する姿勢が2020年のEUの対外政策にも見られる。

オンライン開催となった第22回EU・中国首脳会談に臨んだシャルル・ミシェル欧州理事会議長（右）とフォン・デア・ライエン欧州委員長（左）（Pignatelli／ROPI via ZUMA press／共同通信イメージズ）

例えば、2020年6月には第22回EU・中国首脳会談がオンラインで開催された。この会合は、フォン・デア・ライエン欧州委員長などを含むEUの新体制が発足してから初めての中国との首脳会談であった。しかし、結果としてはほとんど成果もなく、共同声明を採択できずに終結した。その要因としては、やはりコロナウイルスの言説に関するEUと中国の相違や、中国の欧州に対する強硬な外交姿勢が挙げられる[143]。特に、5月末に中国において香港国家安全維持法の施行の方針が決定的となったこともEUの態度を硬化させた要因であったことは明確である。

また、コロナウイルス感染症の流行によって延期となったが、本来であれば9月にはドイツのライプツィヒにおいて、中国とEU27カ国の指導者による特別会合が開催され、2014年から交渉されているEU・中国投資協定について署名される可能性があった。その代わり、9月には再度EU・中国首脳会談がオンラインで開催されたが、やはりコロナウイルス感染症と香港情勢に関する認識の相違は深刻であり、実態的な進展はなかった。しかし、EU・中国投資協定については、年内の妥結を目標とし、2020年12月30日には実際に基本合意に至った[144]。

投資の文脈でいえば、2019年4月に発行されたEUの対内FDI審査規則が、2020年10月11日から全面的に適用されている[145]。当該規則に強制力があるわけではないものの、バルディス・ドムブロウスキス欧州委員会副委員長は、EUが「開かれた戦略的自律」の確立を目指すのであれば、EUはFDI審査規則に沿って協調する必要があると説いている[146]。こうして、対内FDIへの対策を講じたEUは、今後さらに中国との公平な投資や貿易体制を追求するだろう。それ以外にも、EUは米国と中国問題に関する高官級対話を開始することで合意しており、対中政策上の米国との連携への期待も、EUの姿勢に反映されているとも考えられる。

また、「開かれた戦略的自律」以外に、デジタル分野における米中対立に挟まれてきた欧州では、「デジタル分野の戦略的自律(digital strategic autonomy)」という概念が検討されてきた。これはファーウェイに関する米欧の亀裂が深刻化していた2018年から2019年頃までにはすでに欧州で広く認識され始めていたテーマである。つまりは、5Gネットワークの整備に当たり、米国がサイバーセキュリティ上のリスクに基づき排除するように主張する中国製の製品を、欧州諸国は使用を検討せざるを得ないと判断していた。

そのような状況に基づき、欧州が「デジタル分野の戦略的自律」に対していかに脆弱であるか再認識した上で、欧州として独自のデジタル能力を保持する必要性が議論されてきたのである[147]。

かかる論点は、2020年5月に米国がファーウェイに対する禁輸措置の強化など追加制裁を実施後、欧州諸国の姿勢が変化する中でより論争の対象となりつつある。7月以降、欧州諸国は一転して5Gネットワークからのファーウェイの排除・制限、ファーウェイを念頭としているとみられる審査の厳格化、ないし欧州企業を優遇する措置などへ方針を転換した。この動きは英仏から広がり、ドイツや北欧まで拡大している[148]。この転換の主たる背景は米国の追加制裁とそれに派生する技術的問題であるが、新型コロナウイルス感染症の流行を通じて悪化した欧州の対中感情を考慮した結果でもあるといえよう。また、米欧はファーウェイを排除した場合、主にノキアとエリクソンの2社に5G製品を頼ることになる。実際に、2020年10月にはEUやNATOが本部を置くベルギー政府も、5G関連の調達を上記2社からとすることに決定したと報じられた[149]。同様の動きは今後も欧州諸国で見られるものと考えられ、欧州が「デジタル分野における戦略的自律」を追求するとすれば、やはりノキアとエリクソンを基軸としたものとなってくるだろう。

(4) 米中関係におけるEUの行動様式

ここまで、近年の「開かれた戦略的自律」や「デジタル分野の戦略的自律」といった観点から、米中関係におけるEUの行動について整理した。ここでは、本来のEUの「戦略的自律」の本質的分野である外交・安全保障の観点から対中政策を概観する。前項の最初で記したとおり、従来のEUは対米関係上の「戦略的自律」を追求し続けてきた。しかし、それが結果的に上手く機能しなかった理由としては、当然ではあるが加盟国の外交・安全保障分野における国益の認識や戦略文化が相当に異なるにもかかわらず、当該分野における意思決定は基本的に全会一致の原則が適用されるためである。そのため、特に、現在はEUから離脱した英国と、フランス、そしてドイツの方向性の違いにより、EUによる外交・安全保障政策が、重要な場面で機能しないことは多々あった。

そして、同様のことがまさに対中関係上も起きている。2016年の南シナ海に関する仲裁判断に対する中国の姿勢を非難するEUの共同声明はハンガリーとギリシャの反対により実現せず、2017年の中国の人権状況に関する国連報告に対しても、ハンガリーの反対でEUは共同声明を出せなかった[150]。外交・安全保障における全会一致は以前から見直しの議論が重ねられており、最近ではベラルーシに対する制裁の決定に時間を要したことからも、フォン・デア・ライエン欧州委員長が再度見直しの必要に言及した[151]。しかし、これまでも外交・安全保障におけるEUの特定多数決（QMV）の導入の可能性が議論されてきたが、対外政策上EUの一体性を重視する傾向などから実現されてこなかった。また、たとえQMVを導入したとしても、コンセンサスを追求する姿勢は変わらず、議題に対して反対する加盟国との調整など難しい問題が残る。この論点は、伝統的な「戦略的自律」のみならず、「開かれた戦略的自律」または「デジタル分野の戦略的自律」の行方を大きく左右するものであり、今後の動向が注目される。

最後に、これまでの議論を基に、米中対立の間におけるEUの振る舞いをどのように理解できるか検討する。本節では、2016年以降、米欧関係の悪化に伴うEUの「戦略的自律」の追求が、PESCOなどEUの安全保障のイニシアティブの始動につながった上、外交政策では、2010年頃から良好な経済関係を築いていた中国との協調がハイライトされる状況に結実したことを説明した。しかし、それは同時に経済強国となった中国からの政治的影響の程度の高まりが不可避的であることを意味した。そのため、EUの「戦略的自律」には、対米の文脈に加えて対中の意味合いが含まれることはもはや必然的であったことが分かる。また、民主主義や人権といったEUが譲歩できない分野における対立も、2020年に以前にも増して明確になっている。

しかし、この構造自体は決して新しいものではない。これまでもEUは米国が多国間協調に逆行するような姿勢を見せる場合、中国へ歩み寄る姿勢を見せてきた。特に、2003年頃の米中とEUの関係は2016年以降のそれと相当程度類似している。2003年のイラク戦争時に米国が単独行動主義とも指摘された姿勢を見せた際にも、EUは「戦略的自律」を追求するようにして、独自のCSDPを実現させたのは上記のとおりである。さらに、対中政策においては、本節の初めで述べたとおり、2003年には「包括的戦略的パートナーシップ」に基づいた関係の強化を目指したが、この動きもやはり、米国の単独行動主義に危機感を感じたEUと中国が手を取り合う形で生起したものであったとの見方もある[152]。ただ、当時からすでにEUと中国の規範をめぐる認識の相違が、関係の発展を妨げていた。

それでも、EUと中国の協調を可能とさせていた根本的要因は、両者共に、世界を多極化、ないしは多元化のプリズムを通して観察し外交・安全保障政策を展開していることにある。冷戦が終結し、東西の二極化が崩壊した世界において、EUと中国は共に多極化を推進してきており、それこそが、米国が単独行動主義や米国第一主義を取る傾向がある場合に、EUと中国の接近を可能とさせてきた要因といえよう。しかし、中国の行動がEUの規範に対し重大な挑戦となるとき、EU・中国関係の発展は限界を迎えるという構造的問題がある。その場合でもEUは必ずしも米欧ブロックとして中国へ対抗するのではなく、あくまで1つの極として行動していると理解できる。最近のボレル上級代表による「EUには（米中）新冷戦の類につながるような戦略的な対抗心はない」[153]とのコメントは、そうしたEUの建前を表しているといえるだろう。それゆえに、今後も分野によっては、米国が多国間協調に逆行するような姿勢を取る場合には、EUと中国が協力する余地はある。

こうした類似点がある一方で、過去の例と現在の状況では相違点が大きいことも明らかである。第1に、2005年の「責任あるステークホルダー」論のように、米国は中国の発展を受け入れつつ、大国となる中国に対して、国際的な安定と安全に貢献することを期待していた。これは同時期のEUによる政治的対話を通じた「中国をより深く国際社会に関与させる」という対中認識と類似しており、依然として米欧双方にとり台頭する中国を既存の国際秩序に組み込むことが可能だという認識があった。しかし、現在は米中の対立の烈度が高く、EUも新冷戦の類に乗らないとしつつも、その本音としては、中国を「体制上のライバル」とする認識は拭えていないどころか、より強くなっていることは否めない。

第2に、EU加盟国の構成の相違である。現在、17+1に含まれる国家のほとんどは2004年以降の加盟国である。加盟国数の増加は、安全保障上の決定に関して原則全会一致を必要とするEUにとり、対外行動の迅速性や柔軟性を損なう可能性につながることは当時から懸念されていた。しかし、中東欧の加盟国に対して中国の影響が浸透することまでは想定されていた問題ではなかったのかもしれない。そうした状況が生起しつつある中で、バルカン諸国への加盟拡大を目指すEUには、今後も拡大と一体性のバランスを追求する政策が求められる。さらに、加盟国の構成でいえば、英国のEU離脱による変化もある。英国の安保理常任理事国という地位と米国との緊密な関係は、EU外交にも重要なアセットであったことは間違いない。特に、香港問題がEUと中国の間でも懸念事項となる中で、香港との歴史的関係を有する英国のEU離脱は、EUの対アジア外交上でも大きな損失であったことは明確である。

第3に、2点目に関連して、欧州諸国のインド太平洋への安全保障上の関与である。英国は、政府としての公式なインド太平洋に対する戦略は策定していないものの、湾岸諸国や東南アジア、そして日本との安全保障協力を進展させつつある。EUでは、フランスが2018年5月に、ドイツが2020年9月に、そしてオランダが同11月に、初めてインド太平洋を表題に含む政策文書を策定した[154]。さらに、2019年6月に、フランスは「インド太平洋におけるフランスの国防戦略」と名付けた戦略文書も策定している。これらの文書の位置付けや形態は国により異なる段階ではあるが、少なくとも欧州諸国が一定の方向性をもってインド太平洋へ関与する意思を提示し、実際にアセットを派遣する姿勢を見せ始めたことは、近年の新たな潮流といえよう[155]。他方、EUとしてはインド太平洋と銘打った文書は未発表であり、また当該地域における関与も湾岸諸国やソマリア沖に集中しているが、上記の連結性戦略や、航行の自由の保護をうたった「EU海洋安全保障戦略」などを通じた、より幅広い関与が期待される[156]。

第4に、上記の相違の根本的な原因として、国際化の程度が相当に異なる。それは、米・中・EU間の貿易や投資、さらにはデジタル分野の発展や安全保障上のつながりなど幅広い分野に見られる。それゆえに、「開かれた戦略的自律」や「デジタル分野の戦略的自律」というEUの「戦略的自律」概念の拡大に帰結しているのである。

かかる過去との変化により、EUと欧州諸国が大国間競争の時代において、単純に米中の間でバランスを取ることが困難となっていることは言うまでもない。EUは建前として米中の対立には乗らないとしつつも、本音としては「体制上のライバル」という対中認識を拭いきれていないだろう。しかし、米欧関係を良好に維持できるか、また対中関係上でどのような協力が可能であるかは、米国の次期政権との関係にもよる。

本稿執筆時点の2020年12月31日では、2021年1月20日に成立する見込みとなっているジョセフ・バイデン政権への移行準備が進んでいる。一般的にバイデン政権は、パリ協定への復帰など、多国間主義を標榜するとみられている。米欧関係についても、在独米軍削減案の撤回に関する機運が高まっており、NATOを通じた同盟関係の強化が期待されている。EUとの通商関係に関していえば、TTIPのような包括的なFTA交渉への回帰とせずとも、既に進められている分野別の限定的な交渉が、今後も進んでいくものと推察される。かかるバイデン次期政権への期待を前に、EUは12月2日に「世界の変化のための新たなEU・米国アジェンダ」という対米政策文書を策定し、その中では気候変動、貿易、技術、安全保障など多岐にわたる項目での米・EU協力の必要性が再確認されている[157]。

しかし、同文書は、自己主張を強める中国に対して、共同で対処する必要をうたいつつ、対処の方法が米欧で異なることもあると記された。そのような差異は、バイデン政権の成立前からすでに指摘され始めている。例えば、12月30日に基本合意に達したEU・中国投資協定に対しては、国家主導の中国経済の強化につながる可能性などについて、米国の関係者から批判があったとの報道もある[158]。これに対し、EU側は、中国との投資協定は米欧協力を阻害するものではないと主張しているが、対中姿勢に関して米欧の微妙な相違を目立たせるものとなったことや、バイデン政権による米欧関係修復が期待されている最中での対中合意という時節の問題があったことは否めない。

さらに、当該合意については、ドイツが締結を急いだため、その他の懐疑的なEU加盟国との齟齬も伝えられており、積年の欧州諸国間の相違も見て取れる[159]。

このようなEUの姿勢は、やはり大国間競争における「戦略的自律」の追求とその課題という文脈で理解できよう。トランプ政権下では、米欧関係の極度の悪化により、ときに中国との関係がハイライトされる状況が生起した。バイデン政権下では、米欧関係が修復され、米国とEUの協調が見られる機会は相対的には増えるかもしれないが、それは必ずしもEUが米国と歩調を一致させるわけではなく、分野によっては対中関係が配慮されることも否定できない。しかし、それはEUとしての意思なのか、加盟国間の齟齬から生じた妥協の結果なのかは状況により異なる。積年の問題である加盟国間の外交・安全保障政策上の相違をなくすことは現実的ではない。しかし、大国間競争における繊細なバランスを取るために必要な手段が「戦略的自律」なのであり、そのためには加盟国間の方針の相違を最小化させる方法の模索が、今まで以上に求められている。

注

1） Richard Haass, "The Pandemic Will Accelerate History Rather than Reshape It," *Foreign Affairs*, April 7, 2020.

2） Richard Haass, "How a World Order Ends: And What Comes in Its Wake," *Foreign Affairs* 98, no. 1 (January/February 2019): 22.

3） C. Raja Mohan, "Putting Sovereignty Back in Global Order: An Indian View," *Washington Quarterly* 43, no. 3 (2020): 81–98; *Times of India*, May 1, 2020; *India Express*, April 7, 2020.

4） 日本政治学会編『危機の日本外交――1970年代（年報政治学）』（岩波書店、1997年）。

5） World Bank, "World Development Indicators (1960–2019)," World Bank website.

6） 防衛庁『昭和54年版　防衛白書』（1979年）第1部。

7） 田中明彦『ポストモダンの「近代」』（中央公論新社、2020年）。

8） World Bank, "World Development Indicators (1960–2019)."

9） [U.S.] Director of Intelligence, Central Intelligence Agency, "A Comparison of the US and Soviet Economies: Evaluating the Performance of the Soviet System," SOV 85-

10175 (October 1985).

10) *Buenos Aires Times*, August 7, 2020.

11) Organisation for Economic Co-operation and Development (OECD), "G20 GDP Showed a Strong Recovery in the Third Quarter of 2020, but Remained Below Pre-pandemic High" (December 14, 2020).

12) IMF, "World Economic Outlook, October 2020: A Long and Difficult Ascent" (October 2020).

13) [U.S.] Department of State, "Update on U.S. Withdrawal from the World Health Organization" (September 3, 2020).

14) Reuters, September 23, 2020.

15) 『日本経済新聞』2020 年 9 月 8 日。

16) Ashley J. Tellis, "Overview: The Return of U.S.-China Strategic Competition," in *Strategic Asia 2020: U.S.-China Competition for Global Influence*, eds. Ashley J. Tellis, Alison Szalwinski, and Michael Wills (Washington, DC: The National Bureau of Asian Research, 2020), 1–43; Michael A. Witt, "Prepare for the U.S. and China to Decouple," *Harvard Business Review*, June 26, 2020; Carla Hobbs, ed., "Europe's Digital Sovereignty: From Rulemaker to Superpower in the Age of US-China Rivalry," European Council on Foreign Relations (July 30, 2020); Robert S. Ross, "It's Not a Cold War: Competition and Cooperation in US-China Relations," *China International Strategy Review* 2 (2020): 63–72.

17) Jonathan D. Pollack, "There Are No Winners in US-China Technology Divide," Brookings Institution (September 14, 2020); *Washington Post*, April 28, 2020.

18) Yan Xuetong, "Bipolar Rivalry in the Early Digital Age," *Chinese Journal of International Politics* 13, issue 3 (Autumn 2020): 313–41; Yan Xuetong, "A Bipolar World Is More Likely than a Unipolar or Multipolar One," *China-US Focus*, April 20, 2015.

19) Khong Yuen Foong, "Looking to 2020: Southeast Asian Countries to Choose between US and China," National University of Singapore (January 23, 2020).

20) Volker Perthes, "Dimensions of Strategic Rivalry: China, the United States and Europe's Place," in *Strategic Rivalry between United States and China: Causes, Trajectories, and Implications for Europe*, eds. Barbara Lippert and Volker Perthes (Berlin: German Institute for International and Security Affairs, April 2020), 5–8.

21) Morton A. Kaplan, *System and Process in International Politics* (New York: John Wiley & Sons, Inc., 1957), 23–36.

22) Bilahari Kausikan, "Why the Future Will Be Multipolar (and Why This Is Good News)," *Global Brief*, September 21, 2020.

23) 中西寛「総合安全保障論の文脈——権力政治と相互依存の交錯」日本政治学会編

『危機の日本外交——1970年代（年報政治学）』97–115頁。

24） 細谷雄一「国際秩序の展望——『共通の利益と価値』は可能か」山内昌之・中山俊宏編『将来の国際情勢と日本の外交——20年程度未来のシナリオ・プランニング』日本国際問題研究所（2011年3月）7–22頁；細谷雄一「リベラルな国際秩序と日本外交」『国際問題』第690号（2020年4月）5–12頁。

25） Bruce W. Jentleson, "The Post-Trump World in Context: The US and the Northeast Asian Strategic Order," *Global Asia* 11, no. 4 (December 2016); Kuik Cheng-Chwee, "Hedging in Post-Pandemic Asia: What, How, and Why?" *The Asan Forum*, June 6, 2020; Korea National Diplomatic Academy, "The Post-Pandemic World: Reinventing Multilateralism amidst Geopolitical Rivalries" (August 31–September 1, 2020).

26） *Guardian*, May 18, 2020.

27） *NZ Herald*, July 10, 2020.

28） WHO, "More than 150 Countries Engaged in COVID-19 Vaccine Global Access Facility" (July 15, 2020).

29） The Asan Institute for Policy Studies, "[Asan Plenum 2019] Session I: 'ROK-U.S. Alliance,'" YouTube Video, 1:29:05, May 16, 2019, https://www.youtube.com/watch?v=uSnFvYb1cLk.

30） Congressional Research Service, *The Pacific Islands*, by Thomas Lum and Bruce Vaughn, IF11208 (May 10, 2019).

31） [Australia] Department of Defence, "Exercise Croix Du Sud 2014," Department of Defence website.

32） [France] Ministry for the Armed Forces, *France and Security in the Indo-Pacific*, 2018 edition (May 2019).

33） [U.S.] Department of the Interior, "Statement of Douglas Domenech, Assistant Secretary, Insular and International Affairs, Department of the Interior, before the Senate Committee on Energy and Natural Resources to Examine the United States' Interests in the Freely Associated States" (July 23, 2019).

34） *U.S. Naval Institute (USNI) News*, October 22, 2020.

35） *Defence Connect,* April 1, 2020; New Zealand Government, *Strategic Defence Policy Statement 2018* (July 2018).

36） Marcus Hellyer, "The Cost of Defence 2020–2021. Part1: ASPI 2020 Strategic Update Brief," Australian Strategic Policy Institute (August 12, 2020); World Bank, "GDP (current US$) − Australia," World Bank website.

37） Frank R. Beasley, "Problems of Federation in Australia," *Foreign Affairs* 13, no. 2 (January 1935): 328–38.

38） [Australia] Department of Defence, *Defence 2000: Our Future Defence Force* (2000).

39) [Australia] Department of Defence, "20th Anniversary INTERFET Reception: Timor-Leste" (September 21, 2019).

40) ABC News, August 29, 2019.

41) [Australia] Department of Defence, "Operation Anode," Department of Defence website.

42) Nautilus Institute for Security and Sustainability, "Pacific Patrol Boat Program," Nautilus Institute for Security and Sustainability website.

43) [Australia] Department of Defence, *Defending Australia in the Asia Pacific Century: Force 2030* (2009).

44) Nautilus Institute for Security and Sustainability, "Australian Government Rationale for RAMSI," Nautilus Institute for Security and Sustainability website.

45) Lowy Institute for International Policy, "Pacific Aid Map," Lowy Institute for International Policy website.

46) *Guardian*, September 20, 2019.

47) ABC News, April 19, 2018.

48) 筆者インタビュー、キャンベラ、2018年9月、2020年2月。

49) Lowy Institute for International Policy, "Pacific Aid Map."

50) [Australia] Prime Minister, Minister for Foreign Affairs, and Minister for Defence, "Strengthening Australia's Commitment to the Pacific" (November 8, 2018).

51) ABC News, July 18, 2018.

52) [Australia] Department of Foreign Affairs and Trade, "Tropical Cyclone Harold," Department of Foreign Affairs and Trade website.

53) 合六強『フランスの防衛・安全保障協力——世界大の軍事ネットワークを土台とした危機管理』笹川平和財団（2018年）。

54) *Sydney Morning Herald*, April 10, 2018.

55) *Islands Business*, May 8, 2019.

56) *Sydney Morning Herald*, March 10, 2020.

57) 秦升「中国与太平洋島国携手打造『抗疫之路』」『世界知識』2020年第22期（2020年11月16日）64頁。

58) [Australia] Department of Foreign Affairs and Trade, *Partnerships for Recovery: Australia's COVID-19 Development Response* (May 2020).

59) [Australia] Department of Foreign Affairs and Trade, "Australia Stepping-up to Address COVID-19 in the Pacific," Department of Foreign Affairs and Trade website.

60) [U.S.] Department of State, "U.S. Engagement in the Pacific Islands: 2020 Pacific Pledge, Fact Sheet" (October 1, 2020).

61) *Nikkei Asian Review*, October 28, 2020; *Offshore Energy*, May 11, 2020.

62) [U.S.] Embassy in Fiji, Kiribati, Nauru, Tonga, and Tuvalu, "Remarks by Sandra Oudkirk, Deputy Assistant Secretary of State for Australia, New Zealand and the Pacific Islands, U.S.-Taiwan Pacific Islands Dialogue" (October 7, 2019).
63) ABC News, June 3, 2019.
64) [Australia] Minister for Foreign Affairs, "Interview with David Speers, ABC Insiders" (April 19, 2020).
65) ABC News, April 28, 2020.
66) Tony Walker, "China-Australia Relations Hit New Low in Spat over Handling of Coronavirus," *Conversation*, April 28, 2020.
67) *Guardian*, May 19, 2020.
68) ABC News, June 8 and June 9, 2020.
69) Budget Direct, "Australian Tourism Statistics 2020," Budget Direct website.
70) Tourism Australia, "International Tourism Snapshot as at 31 March 2019."
71) [Australia] Department of Education, Skills and Employment, "International Student Data Monthly Summary" (December 2019).
72) *Sydney Morning Herald*, November 3, 2020.
73) Ibid.
74) *Guardian News*, June 14, 2020.
75) ABC News, June 26, 2020.
76) ABC News, September 15, 2020.
77) Consulate General of the People's Republic of China in Sydney, "Australian Agents Raid Chinese Journalists' Residences, Seize Computers 'in Violation of Legitimate Rights': Source" (September 9, 2020).
78) ABC News, November 5, 2020.
79) Ibid.
80) [Australia] Minister for Foreign Affairs, "Statement on Hong Kong" (August 10, 2020); *Guardian*, November 17, 2019.
81) ABC News, August 31, 2020.
82) BBC News, September 8, 2020.
83) Prime Minister of Australia, "UK Policy Exchange Virtual Address" (November 23, 2020); Prime Minister of Australia, "Q&A, Aspen Security Forum: Transcript" (August 5, 2020).
84) [Australia] Minister for Foreign Affairs and Trade, "Australia-United States Ministerial Consultations (AUSMIN): Joint Transcript, E&OE" (July 29, 2020).
85) *Sydney Morning Herald*, November 18, 2020.
86) Commission of the European Communities, *Building a Comprehensive Partnership with*

China (March 25, 1998), 4. 邦訳は下記を参照。林大輔「EU・中国関係の制度的枠組み」『日本 EU 学会年報』第 38 号（2018 年）206 頁。

87) European Commission, "EU-China: Commission Adopts New Strategy for a Maturing Partnership" (September 10, 2003).

88) European Commission, *EU-China 2020 Strategic Agenda for Cooperation* (November 23, 2013).

89) 鎌田文彦「中国企業の海外進出――『走出去』戦略の理念と実際」国立国会図書館調査及び立法考査局編『技術と文化による日本の再生――インフラ、コンテンツ等の海外展開』（国立国会図書館、2012 年）217–18 頁。

90) David Shambaugh, *China Goes Global: The Partial Power* (New York: Oxford University Press, 2013), 174–83.

91) 本節の中国から EU への FDI（2014 年まで）に係る記述に関しては、主に下記に依拠している。Sophie Meunier, "'Beggers Can't Be Choosers': The European Crisis and Chinese Direct Investment in the European Union," *Journal of European Integration* 36, no. 3 (March 2014): 283–302.

92) Ibid., 292–93.

93) Ibid., 297.

94) Sophie Meunier, "Integration by Stealth: How the European Union Gained Competence over Foreign Direct Investment," *Journal of Common Market Studies* 55, no. 3 (January 2017): 593–610.

95) Sophie Meunier, "Divide and Conquer? China and the Cacophony of Foreign Investment Rules in the EU," *Journal of European Public Policy* 21, no. 7 (June 2014): 996–1016.

96) Richard Turcsányi, "Central and Eastern Europe's Courtship with China: Trojan Horse within the EU?" *EU-Asia at a Glance*, European Institute for Asian Studies (January 2014).

97) *DW*, March 18, 2015.

98) European Parliament Research Service, *One Belt, One Road (OBOR): China's Regional Integration Initiative*, by Gisela Grieger (July 2016), 10.

99) Dragan Pavlićević, "A Power Shift Underway in Europe? China's Relationship with Central and Eastern Europe under the Belt and Road Initiative," in *Mapping China's 'One Belt One Road' Initiative*, ed. Li Xing (London: Palgrave Macmillan, 2018), 251–52.

100) 増田雅之「中国のユーラシア外交――地域主義、対米バランシング、そしてプラグマティズム」防衛研究所編『中国安全保障レポート 2020――ユーラシアに向かう中国』（防衛研究所、2019 年）15 頁。

101) Sijbren de Jong, Willem Th. Oosterveld, Michel Roelen, Katharine Klacansky, Agne

Sileikaite, and Rianne Siebenga, "A Road to Riches or a Road to Ruin? The Geo-economic Implications of China's New Silk Road," The Hague Centre for Strategic Studies (August 15, 2017), 27.

102) 東野篤子「ヨーロッパと一帯一路――脅威認識・落胆・期待の共存」『国際安全保障』第 47 巻第 1 号（2019 年 6 月）38 頁。

103) IMF, *Montenegro: 2014 Article IV Consultation—Staff Report; Press Release; and Statement by the Executive Director for Montenegro (IMF Country Reports No. 15/26)* (February 2015).

104) Austin Doehler, "How China Challenges the EU in the Western Balkans," *Diplomat*, September 25, 2019; 土田陽介「一帯一路と中東欧経済――モンテネグロの高速道路建設計画の事例研究」『ロシア・東欧研究』第 48 号（2019 年）41–54 頁。

105) Richard Q. Turcsányi, "China and the Frustrated Region: Central and Eastern Europe's Repeating Troubles with Great Powers," *China Report* 56, no. 1 (February 2020): 69; Dragan Pavlićević, "'China Threat' and 'China Opportunity': Politics of Dreams and Fears in China-Central and Eastern European Relations," *Journal of Contemporary China* 27, no. 113 (May 2018): 701.

106) Andreea Budeanu, "The '16+1' Platform: China's Opportunities for Central and Eastern Europe," *Asia Focus*, Institut de Relations Internationales et Stratégiques (October 2018), 12.

107) Turcsányi, "China and the Frustrated Region," 66–67.

108) Agatha Kratz, Mikko Huotari, Thilo Hanemann, and Rebecca Arcesati, "Chinese FDI in Europe: 2019 Update," *Merics Paper on China*, Mercator Institute for China Studies (MERICS) and Rhodium Group (April 2020), 10.

109) Bas Hooijmaaijers, "Blackening Skies for Chinese Investment in the EU?" *Journal of Chinese Political Science* 24 (February 2019): 451–70.

110) 玉井芳野「変容する中国の対外直接投資」『みずほインサイト』みずほ総合研究所（2020 年 3 月 4 日）4 頁。

111) European Commission, "State of the Union 2017 – Trade Package: European Commission Proposes Framework for Screening of Foreign Direct Investments" (September 14, 2017).

112) *Handelsblatt*, April 17, 2018.

113) Steven Blockmans and Weinian Hu, "Systemic Rivalry and Balancing Interests: Chinese Investment Meets EU Law on the Belt and Road," *CEPS Policy Insights*, Centre for European Policy Group (CEPS) (March 21, 2019), 32.

114) European Commission and High Representative of the Union for Foreign Affairs and Security Policy, *Connecting Europe and Asia: Building Blocks for an EU Strategy* (Septem-

ber 19, 2018).

115) 林大輔「欧州の中国認識と対中国政策をめぐる結束と分断」日本国際問題研究所編『中国の対外政策と諸外国の対中政策』（日本国際問題研究所、2020 年 3 月）294 頁。

116) 同上。

117) European Commission, *EU-China: A Strategic Outlook* (March 12, 2019).

118) Ibid.

119) *Politico EU*, April 8, 2019.

120) Matthias Hackler, "Rapprochement amid Readjustment: How China Sees Issues and Trends in its Changing Relationship with the EU," *Asia Europe Journal* 18 (May 2020): 253.

121) The Treaty on the Functioning of the European Union, Title XIV Public Health, Article 168.

122) Chad P. Bown, "COVID-19: China's Exports of Medical Supplies Provide a Ray of Hope," *Trade and Investment Policy Watch*, Peterson Institute for International Economics (March 26, 2020).

123) 時事通信、2020 年 3 月 3 日。

124) Sylvain Kahn and Estelle Prin, "In the Time of COVID-19 China's Mask Has Fallen with Regard to Europe," *European Issues* 569, Fondation Robert Schuman (September 8, 2020); Raj Verma, "China's 'Mask Diplomacy' to Change the COVID-19 Narrative in Europe," *Asia Europe Journal* 18 (May 2020): 206.

125) Brian Wong, "China's Mask Diplomacy," *Diplomat*, March 25, 2020.

126) 山口信治「中国の戦う外交官の台頭？」『NIDS コメンタリー』第 116 号、防衛研究所（2020 年 5 月 26 日）1–2 頁。

127) Verma, "China's 'Mask Diplomacy' to Change the COVID-19 Narrative in Europe," 208.

128) European Commission, "Introductory Statement by Commissioner Phil Hogan at Informal Meeting of EU Trade Ministers" (April 16, 2020).

129) Ibid.

130) 米欧関係上の「戦略的自律」の議論は、下記に基づく。田中亮佑「危機管理と能力向上における EU・英国関係――ブレグジット後の欧州の『戦略的自律』の行方」『安全保障戦略研究』第 1 巻第 1 号（2020 年 8 月）83–100 頁。

131) Daniel Fiott, "Strategic Autonomy: Towards 'European Sovereignty' in Defence?" *Brief Issue*, European Union Institute for Security Studies (November 30, 2018), 1.

132) European External Action Service (EEAS), *Shared Vision, Common Action: A Stronger Europe; A Global Strategy for the European Union's Foreign and Security Policy* (June

2016).

133) Nathalie Tocci, "Interview with Nathalie Tocci on the Global Strategy for the European Union's Foreign and Security Policy," *International Spectator* 51, no. 3 (October 2016): 3.

134) Margriet Drent, "European Strategic Autonomy: Going It Alone?" *Clingendael Policy Brief*, The Netherlands Institute of International Relations (August 8, 2018), 4.

135) Judy Dempsey, "Judy Asks: Will U.S. Troop Pullouts Accelerate European Defense Integration?" Carnegie Europe (June 11, 2020).

136) *Guardian*, November 5, 2019.

137) [France] Ministry for Europe and Foreign Affairs, "Beijing Call for Biodiversity Conservation and Climate Change" (November 6, 2019).

138) こうした指摘は多数見られる。例えば、Andrew Cottey, "Europe and China's Sea Disputes: Between Normative Politics, Power Balancing and Acquiescence," *European Security* 28, no. 4 (2019): 480–81; Stewart M. Patrick and Ashley Feng, "Trading Places: How the EU-China Summit Underlined U.S. Isolationism in Trade under Trump," Council on Foreign Relations (July 19, 2018).

139) 鶴岡路人「米欧関係の展開と日本——変容する日米欧関係のダイナミズム」『国際問題』第 688 号（2020 年 1・2 月）35 頁。

140) European Commission, "Speech by Commissioner Phil Hogan at Launch of Public Consultation for EU Trade Policy Review – Hosted by EUI Florence" (June 16, 2020).

141) Ibid.

142) European Commission, "The von der Leyen Commission: For a Union that Strives for More" (September 10, 2019).

143) Suzana Elena Anghel, "Outcome of EU-China Video-Summit of 22 June 2020," *European Parliamentary Research Service Blog*, European Parliamentary Research Service (July 30, 2020).

144) European Commission, "EU and China Reach Agreement in Principle on Investment" (December 30, 2020).

145) European Commission, "EU Foreign Investment Screening Mechanism Becomes Fully Operational" (October 12, 2020).

146) European Commission, "EU Foreign Investment Screening Mechanism Becomes Fully Operational" (October 9, 2020).

147) European Political Strategy Centre, "Rethinking Strategic Autonomy in the Digital Age," *EPSC Strategic Notes* (July 2019).

148) Shannon Tiezzi, "Sweden Becomes Latest – and Among Most Forceful – to Ban Huawei from 5G," *Diplomat*, October 21, 2020.

149） Reuters, October 9, 2020.

150） Leonard Schuette, “Should the EU Make Foreign Policy Decisions by Majority Voting?” *Policy Brief*, Centre for European Reform (May 15, 2019).

151） European Commission, “State of the Union Address by President von der Leyen at the European Parliament Plenary” (September 16, 2020).

152） Richard Maher, “The Elusive EU-China Strategic Partnership,” *International Affairs* 92, no. 4 (2016): 961.

153） EEAS, “China, the United States and Us” (July 31, 2020).

154） [France] Ministry for the Armed Forces, *France and Security in the Indo-Pacific* (May 2018); [Germany] Federal Government, *Policy Guidelines for the Indo-Pacific Region* (September 2020).

155） 2020年12月末の現状では、欧州各国が策定しているインド太平洋に関する文書には次のような形態の相違がある。フランスに関しては、いずれも軍事省策定のパンフレットないし戦略文書である。ドイツに関しては、閣議決定を経た政府文書である。オランダに関しては、外務大臣から議会にあてた書簡の添付文書である。

156） Giulia Iuppa, “An ‘Indo-Pacific’ Outlook for the European Union,” *Briefing Paper*, European Institute for Asian Studies (October 2020).

157） European Commission, *A New EU-US Agenda for Global Change* (December 2, 2020).

158） *Wall Street Journal*, December 31, 2020.

159） *Politico EU*, December 29, 2020.

第2章

中国

コロナで加速する習近平政権の強硬姿勢

執筆者

飯田将史

中国軍の対艦弾道ミサイル「東風26」＝2019年10月、北京（共同通信社）

Summary

湖北省武漢市で発生した新型コロナウイルスの感染爆発は、多数の感染者と死者を出し、経済の停滞を招いたことで、習近平指導部に対する国民の不満を表面化させた。これに対して習近平政権は、経済活動の再開を進めると同時に、社会への統制を強化することで乗り切りを図った。習近平主席は中国共産党5中全会を経て、政治的権威をさらに高めた。

統制を強化する習近平指導部の強硬な姿勢は、香港と台湾にも向けられた。香港には「香港国家安全維持法」を強要し、香港に高度な自治権を約束していた「一国二制度」を骨抜きにして、自由と民主を求める香港市民の声を力で封じ込めた。中国が要求する「一つの中国」原則を受け入れない蔡英文総統が再選された台湾は、コロナ禍への対応で功績をあげるなど国際社会における評価を高めた。また米国は台湾に政府高官を派遣したり、多くの武器を売却するなど関係を強化した。これに対して中国は、台湾の周辺海空域における軍事訓練を活発化させて、台湾を強く威圧した。

習近平政権は対外的にも強硬な姿勢を取った。中国と米国の関係はすでに悪化しつつあったが、コロナ禍を引き起こした責任をめぐって両国間の相互批判が強まり、対立関係は「新冷戦」とも呼ばれるレベルにまで高まった。中国による強硬な外交姿勢はオーストラリアやインドにも向けられ、欧州諸国を含む多くの国の対中警戒感を高めることになった。

コロナ禍において人民解放軍は、医療人員の派遣や医療物資の輸送といった活動に加えて、ワクチン開発の推進、諸外国への支援などで役割を果たした。同時に、米軍への対抗を念頭に置いて、南シナ海で対艦弾道ミサイルの発射を含む演習を強化し、艦艇による太平洋への進出を強化した。また中国は、日本固有の領土である尖閣諸島の周辺海域における中国海警局に所属する船舶による活動を強化し、日本の領海内で日本漁船に接近するなど、日本に対する圧力をさらに強化した。

1　コロナで危機感を強める習近平政権

(1) 感染拡大で高まる政権批判

中国にとっての2020年は、悪夢と共に幕が上がった年であったといえるだろう。1月に、湖北省武漢市を中心に新型コロナウイルスの感染爆発が発生し、中国各地に感染が拡大しただけでなく、アジアやヨーロッパ、アメリカなどを含む世界的なパンデミックを引き起こしたのである。同年末の時点で、中国国内の感染者数は9万6,600人余り、死者は4,700人を超え[1]、中国社会は大きな損害を被った。また、感染の世界的拡大につながったことで、後述するように中国と米国をはじめとした西側先進諸国との関係の悪化にもつながった。

武漢市における新型コロナウイルスの感染拡大を受けて、習近平国家主席は関連部門に対して感染の拡大防止に努めることや、感染に関する情報を適時に公表することなどを、1月20日に指示した。同日、李克強総理は国務院常務会議を開催し、関係部門による対応策の検討や、武漢市政府による防疫措置の徹底、患者の治療と医療従事者への感染防止に努めること、情報の適切な公開、ウイルスに関する研究を強化するなどの方針を示した。さらに習近平政権は1月23日に、武漢市と各地を結ぶ公共交通機関をすべて停止させるとともに、武漢市からの人の出入りを禁止することで、武漢市の事実上の封鎖を決定した。しかし、封鎖された武漢市内では新型コロナウイルスの感染が2月半ばにかけて急拡大し、それに伴い死者数も増大していった。武漢市政府の公式発表によれば、2月末の時点で武漢市の感染者数は4万9,122人、死亡者数は2,195人に達していた[2]。

武漢市での感染状況が深刻化し、北京を含めたほかの都市へも感染が拡大する中で、新型コロナウイルスに対する地元政府や習近平指導部による対応への国民の不満が高まった。とりわけ強い批判を受けたのが、新型コロナウイルスによる肺炎患者の発生を確認しながら、早急に対策を講じることもなく、その情報の隠蔽すら図った地元当局の対応であった。中国政府による公式発表によれば、武漢市政府は2019年12月27日の時点で原因不明のウイルス性肺炎患者の発生を確認していた[3]。ところが市政府は、習近平主席による指示があった1月20日までに積極的な感染防止策を取らず、感染状況の正確な発信も怠った。さらに武漢市の公安当局が、新型コロナウイルスによる肺炎患者の拡大に注意を促すメッセージをソーシャル・ネットワーキング・サービス（SNS）に投稿した医師に対して、訓戒処分を科していたことが判明した。武漢市内で新型コロナウイルスによる肺炎患者が複数発生している事態を知った武漢中心医院の李文亮医師は、2019年12月30日に仲間の医師に注意を促すメッセージを微信（WeChat）に投稿した。これに対して武漢市公安局は、翌年1月3日にデマを流布したとして李医師を派出所に呼び出し、訓戒書に署名させる処分を行ったのである。

李文亮氏の死去を悼み、雪の上に書かれた「送別李文亮（さようなら李文亮）！」の文字＝２月、北京（共同通信社）

その後、この事実が明らかとなり、さらに新型コロナウイルスに感染してしまった李文亮医師が2月7日に亡くなると、インターネット上を中心に李医師の冥福を祈るとともに、当局の隠蔽体質を厳しく批判する声が高まった。李医師は生前に「健康な社会は1種類の声だけに占められるべきではない」と語っていたとされ[4]、共産党政権による厳しい言論の統制に対する不満も表面化した。数百人に上る大学教授や弁護士などが署名した書簡が公開され、新型コロナウイルスによる肺炎の蔓延は、言論の自由が制限されたために起こった人災だと主張したのである[5]。高まる批判を受けて習近平政権は、武漢市による李文亮医師への対応について国家監察委員会による調査の実施を表明した。3月19日に発表された調査結果は、武漢市公安局による李医師への訓戒処分は不当だったと結論付け、処分の撤回と関係者の責任追及を武漢市政府に求めた[6]。湖北省政府は4月2日に、李文亮医師に新型コロナウイルスへの対応で犠牲になった「烈士」の称号を授与する決定を発表した[7]。

また、コロナ禍の深刻化をめぐって、習近平主席の責任を問う声も上がった。清華大学の許章潤教授は2月上旬、習近平政権が進めてきた言論統制の強化が、拡大する疫病に関する社会からの警告の発信を封殺した結果、新型コロナウイルスの蔓延を招いたと批判する文章を公表した。許教授は「領袖」への権力集中を強く批判し、報道の統制やネットの監視をやめて言論の自由を実現することや、普通選挙の実施といった国民の政治的権利を尊重するよう要求した[8]。さらに、著名な企業家であり、革命時代の共産党幹部の子弟でもある任志強も2月下旬、自らへの権力集中を進める習近平主席を「権力にしがみつく皇帝」と揶揄し、「皇帝」が人民の利益を顧みないことが、新型コロナウイルスの蔓延をもたらした要因であると批判する文章を公表した。この中で任志強は、中国において言論の自由を確立する必要性を主張するとともに、共産党の内部から改革に向けた動きが出ることに期待を示した[9]。

さらに新型コロナウイルスの蔓延は、中国経済にも大きな打撃を与えた。人々の行動が制限されたことで消費が大きく落ち込み、工場は操業を停止し、小売店や飲食店は営業を中止した。社会における経済活動が大幅に停滞したことで、2020年の第1四半期における中国の経済成長率は、前年同期比でマイナス6.8%の落ち込みを記録することになった。これによって、習近平指導部が2020年の目標として大々的に喧伝してきた国内総生産（GDP）を10年間で2倍にすることや、絶対貧困人口を解消することなどによる「小康社会の全面的建設」の達成が危ぶまれる事態となった。総じていえば、中国における新型コロナウイルスの感染爆発は、習近平主席の政治的権威を損ない、共産党による一党支配体制への疑念を社会で高め、経済成長を停滞させることで、習近平主席と指導部を大きな危機に直面させることになったのである。

(2) 巻き返しを図る習近平指導部

危機に直面した習近平主席は、2月に入ると状況の転換に向けて動き出した。2月10日、習主席は北京市の安華里社区や首都医科大学付属病院などを訪問し、感染拡大が深刻化して以来初めてとなる現地指導を行った。1月25日に共産党は「中央新型コロナ肺炎対策指導小組」を発足させ、李克強総理が組長に就任した。李総理は1月27日に武漢市を訪問して、病院で患者の治療に当たる医療従事者を激励したり、感染対策に関して指示を出すなどした。その後も頻繁に指導小組の会議を主宰するなど、李総理は新型コロナウイルスへの対応で前面に立ってきた。他方で習主席がコロナ対策でイニシアティブを発揮する場面は少なく、習主席の積極性に欠ける姿勢に対する批判の声も出ていた。習主席としては、感染拡大がコントロールされている北京であるとはいえ、現地指導を実行することでこうした批判への対抗を試みたと思われる。

また習近平指導部は、新型コロナウイルスの被害が集中した湖北省と武漢市の責任者を相次いで更迭した。2月11日に湖北省の衛生健康委員会の主任が解任された。2月13日には、湖北省の党委員会書記である蔣超良と、武漢市の党委員会書記である馬国強が解任された。これらの人事には、コロナ禍で高まった住民の不満を緩和するとともに、コロナ対策の不手際の責任を地方政府に負わせることで、習近平主席やその指導部に対する批判を避ける狙いがあったと思われる。なお蔣超良の後任には、習主席が浙江省の党委員会書記を務めていた時に部下であった応勇上海市長が任命されており、湖北省における習主席の政治的影響力の強化も同時に図られた。

さらに習近平主席は、新型コロナウイルスの感染拡大を防止すると同時に、経済活動の再開を主張し始めた。北京市での現地指導を行った際に、習主席は「経済活動の程度を強化し、新型コロナウイルスによる経済への影響を可能な限り少なくし、今年の経済・社会発展に関する目標と任務の完成に努力しなければならない」と指摘し、「企業や事業単位による操業再開・生産再開を積極的に推進すべきである」と主張した。2月12日に開催された中央政治局常務委員会議で演説した習主席は、「今年の経済・社会発展に関する目標と任務の実現に努力すること」を強調した。これを受けて常務委員会議は新型コロナウイルスによる影響を最低限に抑え、経済の安定した活動と社会の安定を保つとともに、党中央が確定した目標と任務の実現に努力する方針を示したのである[10]。習主席としては、経済活動を早急に再開させることで経済が落ち込む状況を打開し、自らが掲げてきた経済目標を実現させることで傷ついた政治的権威の回復と強化を目指したのであろう。

習近平主席はまた、新型コロナウイルスとの戦いにおける自らの指導力を強調し始めた。2月16日に発行された中国共産党の理論誌である『求是』は、2月3日に開催されていた中央政治局常務委員会議における習近平総書記の講話の全文を掲載した。この講話の冒頭で習総書記は、「武漢の新型コロナウイルス性肺炎が発生した後の1月7日、私は中央政治局常務委員会議を主宰した際に、新型コロナウイルス性肺炎への対策について指示を出した」と語ったとされた[11]。それまで習主席がコロナ対策について最初に指示を出したのは1月20日とされていたが、これよりもおよそ2週間も前に習主席が対策を指示していたことが強調された。また、2月21日に開催された中央政治局常務委員会議は、新型コロナウイルスの感染防止対策において、「習近平総書記が、自ら指揮し、自ら配置を行った」と指摘した[12]。その後、コロナ対策を習主席が「自ら指揮」したことがさまざまな機会で強調されるようになったのである。

2月23日に開催された会議において習近平主席は、「私は絶えず新型コロナウイルス対策に心を配り、口頭による指示と文書による指示を毎日出してきた」と述べた上で、コロナの感染状況に好転が見られ、コロナ対策で成果が上がっていると指摘した。そして、こうした成果が「中国共産党による指導と、中国の特色ある社会主義制度の顕著な優勢を再び明らかにした」と主張した[13]。すなわち習主席は、コロナ対策における自らの指導力を強調するとともに、コロナ対策での成果が中国共産党による現行の統治制度の優位性を証明していると主張したのである。これら2月半ばに見られた一連の動きは、新型コロナウイルスの感染爆発を契機に高まった習近平主席や共産党による統治体制への批判に対して、習近平指導部が巻き返しを始めたことを示していよう。その後、武漢市を中心とした新規感染者数は減少に転じ、全国的にも感染の拡大は見られなくなった。習近平主席は3月10日、武漢市を訪問し、感染対策について指示を出したり、入院患者や医療従事者を慰問したりした。4月8日には、武漢市の封鎖が解除された。

習近平指導部は、批判を封じ込めるべく、言論への統制を強化した。7月には、清華大学の許章潤教授が公安当局によって拘束された。許教授は1週間後に釈放されたものの、清華大学は許教授の免職を決定した。同月には、北京市西城区の規律検査委員会が、「重要な原則的問題で党中央との一致を保たなかった」ことなどを理由に任志強の党籍を剥奪する処分を下した[14]。その後、汚職の罪で起訴された任志強には、9月22日に禁固18年の判決が下った。習近平指導部は、コロナ禍で表面化した社会の不満に対して、習近平主席の強いリーダーシップや中国共産党が指導する社会主義制度の優位性を強調するとともに、社会への統制をさらに強化することで乗り切りを図ったのである。

(3) さらに高まる習近平の政治的権威

武漢市の封鎖が解除された4月以降、中国では一部の都市でクラスターの発生が見られたものの、コロナウイルスの大規模な感染拡大は見られなかった。中国政府は大規模な財政出動や中小企業への支援策などを打ち出し、経済活動の再開と強化に力を入れた。その結果、中国の経済成長率は前年同期比で2020年の第2四半期で3.2%、第3四半期で4.9%へと回復を見せた。2020年の中国の経済成長率は2.3%に達し、主要国で唯一のプラス成長を実現した[15]。予定より遅れて5月に開催された第13期全国人民代表大会第3回会議では、2020年の経済成長率の目標値を示すことはできなかったが[16]、同年のGDPが100兆元を超えることや、絶対貧困層の解消が見込まれることなどをもって「小康社会の全面的建設」という目標が達成されるとの見方が強調された[17]。

10月に開催された第19期中国共産党第5回中央委員会全体会議（以下、5中全会）は、「第14期5カ年計画と2035年の長期目標の制定に関する建議」を審議・採択した。この「建議」は、「社会主義現代化国家の全面的建設」に向けて、2035年までに1人当たりGDPを中等先進国水準に引き上げることを目標に掲げ、第14期5カ年計画をその第一歩と位置付けた[18]。習近平総書記は、2022年の第20回党大会において2期10年の任期が終了する予定であるが、2035年の長期目標の制定において中心的な役割を果たしたことは[19]、次回党大会以降も指導者としての地位を保持する意欲を示したものといえるだろう。5中全会では、次世代の指導者候補とみなされる新たな人物の常務委員への選出も行われなかった。

5中全会に先立って中国共産党は「中央委員会工作条例」を発布した。党の最高指導機関である中央委員会における運営の仕組みや各ポストの権限などを定めた本条例では、常務委員会議の議題を総書記が確定すると定められた。また、党中央が「習近平の新時代の中国の特色ある社会主義思想」を用いて全党を武装し、人民を教育することとされた[20]。いずれも、党における習近平総書記の権限と権威の強化につながるものである。習近平主席は、コロナ禍で傷ついた政治的権威を回復し、さらに強化することに成功したといえるだろう。

2　行き詰まる「一国二制度」

(1) 香港における「一国二制度」の形骸化

香港では2019年半ばから、香港で拘束された容疑者の中国への引き渡しを可能とする「逃亡犯条例」の改正案に反対する運動が拡大し、改正案の撤回や普通選挙の実現などを要求する大規模なデモ活動が繰り返された。香港による幅広い自治を認めた「一国二制度」をないがしろにし、香港政治への介入姿勢を強める習近平指導部に対する反感が香港市民の間で高まり、同年11月に行われた区議会選挙では、民主派の獲得議席が8割に達し、選挙前におよそ7割の議席を占めていた親中派を圧倒したのである。2020年9月には、香港の議会に当たる立法会の選挙が予定されており、自由と民主を求める香港市民の声の高まりに対して、中国政府がどのように対応するのかが注目された。

習近平指導部は、香港に対する中央政府による介入を大幅に強化し、自由と民主を求める香港市民の声を封じ込める強硬な対応を選択した。習近平指導部はまず、香港問題を担当する主要ポストの人事を一新した。2020年1月4日に、中央政府の香港における出先機関である中央駐香港連絡弁公室の王志明主任が更迭され、その後任に元山西省党委員会書記の駱恵寧が就任した。2月13日には、国務院香港マカオ事務弁公室の張暁明主任が副主任に降格され、元浙江省党委員会書記の夏宝龍が新たな主任に就任した。それぞれ省のトップを務め地方行政の経験が豊富であり、また夏宝龍は習近平主席が浙江省のトップを務めていた時の部下でもある。一連の人事は、実力者を配置することで香港政策を担当する部署のテコ入れを図るとともに、習近平指導部による統制の強化を狙ったものであろう。

さらに5月になると習近平指導部は、香港における中国を批判する動きを中央政府が直接取り締まることを可能とする「香港国家安全維持法」の制定に着手した。香港特別行政区の制度を定めた「香港基本法」の第23条は、中央政府に対する反乱や外国の組織による政治活動などを禁止する法律の制定を香港政府に義務付けている。香港政府は2002年に基本法第23条の立法化を目指して「国家安全条例」の制定を試みたが、これに反対する大規模なデモの発生を受けて断念した。その後の香港政府は、基本法第23条の立法化を推進することはなかったが、習近平指導部は香港政府に代わって国家安全に関する法律の制定を図る動きに出たのである。5月下旬に開催された第13期全国人民代表大会第3回会議において、「香港特別行政区における国家安全維持の法律制度と執行メカニズムの整備に関する決定」の草案が提案され[21]、可決された[22]。この決定に基づき、香港国家安全維持法案が全人代常務委員会議に提案された[23]。基本法第18条には、外交や国防など香港特別行政区の自治に属さない全国の法律に限定して、全人代常務委員会が基本法の付属文書に追加することにより香港で施行できるとの規定がある。6月30日に開催された全人代常務委員会はこの規定を根拠として、香港国家安全維持法を成立させると同時に、基本法の付属文書に追加することで、香港立法会での審議を経ることなく、7月1日より香港で施行したのである[24]。

この香港国家安全維持法は、国家の分裂、政権の転覆、テロ活動、外国勢力と結託して国家の安全に危害を加えることを犯罪行為とし、最高刑を終身刑と定めた。また、香港に中国の公安当局の出先機関として「国家安全維持公署」を設置し、国家安全に関する情報の収集や、新たに香港政府内に設置

7月1日、香港で国家安全維持法の施行に抗議するデモ参加者ら（ゲッティ＝共同）

される「国家安全維持委員会」への指導、重大な事案に対して管轄権を直接行使して中国本土で裁判を行うことも可能と解釈できる条文などが規定された。香港で裁判が行われる場合でも、行政長官が裁判官を指名することになっている。さらに同法は香港以外の居住者にも適用されるとされており、外国人が同法違反の疑いで逮捕・訴追される可能性も否定できない[25]。このように香港国家安全維持法は中国政府に対して法の解釈と運用に幅広い裁量権を与えており、香港市民やその支持者による言動を委縮させる狙いが見て取れる。実際、周庭（アグネス・チョウ）氏や黎智英（ジミー・ライ）氏ら著名な民主活動家が、香港国家安全維持法違反を理由に逮捕・起訴された。

中国による香港への国家安全維持法の強要は、香港に高度な自治を認めた「一国二制度」を形骸化させるものである。香港の立法会での審議を経ない同法の施行は、香港の立法権を大きく棄損した。香港政府の管轄が及ばない中央政府による治安機関の設置は、中央政府による香港の事務への干渉を禁止することを定めた基本法第22条の主旨に真っ向から反している。香港国家安全維持法の施行を受けて、香港では新型コロナウイルスの感染防止を理由に集会が禁止されているにもかかわらず、反対の意思を示すデモが行われた。8月に行われた世論調査では、香港国家安全維持法に反対するとの回答が約60%に上っている[26]。多くの国も中国による同法の香港への強要について懸念を表明しており、英国やフランス、ドイツなど日本を含む27カ国が共同声明を発表し、香港国家安全維持法が「一国二制度」が保障する高度な自治と権利、自由を害するものだと批判した[27]。日本の菅義偉官房長官（当時）は、同法が

「国際社会や香港市民の強い懸念にもかかわらず制定されたことは遺憾だ」と述べた上で、「国際社会の一国二制度の原則に対する信頼を損ねるもの」だと批判した[28]。

香港市民や国際社会からの反発や懸念を招いているにもかかわらず、中国が香港での国家安全維持法の制定を強行した背景には、香港で自由と民主を求める運動が高まり、中国における共産党による一党支配体制を動揺させる可能性があるとの習近平指導部の強い危機感が存在している。2019年11月に米国で「香港人権・民主法」が成立したことを受けて中国共産党の機関紙である『人民日報』に掲載された論評は、「米国の反中勢力」と「香港の過激勢力」が結託して香港を混乱させていると主張した上で、米国の政治勢力が香港で「カラー革命」の実現を企んでいると批判した[29]。香港国家安全維持法の施行を受けて『人民日報』に掲載された論評は、一部の外部勢力が香港を反中国の「橋頭保」、暴動と騒乱の「大本営」、「カラー革命」の輸出地に変えようとしてきたと非難した[30]。習近平指導部は、中国共産党による一党支配体制を維持するために、香港に対する統制を大幅に強化する必要があると判断したものと思われる。

(2)「一国二制度」を拒否する台湾

香港で自由と民主を求める市民の声を押しつぶし、「一国二制度」の下で保障されていたはずの香港の自治権を大幅に制限した習近平指導部の強硬な対応は、台湾の市民の間に強い反感と警戒感をもたらした。台湾の大陸委員会が2020年8月に発表した世論調査によれば、香港国家安全維持法の制定が香港の民主、自由、司法の独立を侵害し、「一国二制度」を破壊したとの回答が80.9%に上った。また、中国共産党による「一国二制度」の主張に反対する回答が88.8%、台湾版の「一国二制度」を拒否するとの回答も82.4%に達している[31]。台湾市民が「一国二制度」に対する拒否感を強めた背景には、中国の習近平国家主席が「一国二制度」に基づいた台湾の統一への意欲を示していたことがある。2019年1月、習主席は「一国二制度」が国家の統一を実現する上で最善の方式であると指摘し、台湾に適用する「一国二制度」の具体的な検討を進めることを主張していた[32]。台湾に対する「一国二制度」の具体化を提案する一方で、香港に適用されている「一国二制度」の形骸化を進めたことで、習近平指導部は台湾市民の中国に対する不信感を高めてしまったのである。

このような台湾の民意は、2020年1月に行われた総統選挙に反映された。「一国二制度」に一貫して反対してきた民進党の蔡英文総統が、中国との関係改善を主張していた国民党の韓国瑜候補に圧勝し、再選を果たしたのである。5月20日の就任式で演説した蔡総統は、中国が主張する「一国二制度」を受け入れないことが「固く揺るがない原則である」と主張した。同時に蔡総統は、「平和、対等、民主、対話」を原則として、中国との安定した関係の構築に向けて努力していく立場を表明した。また、今後4年間の外交について蔡総統は、国際組織への参加に向けて努力するとともに、米国、日本、欧州諸国など価値観を共有する国とのパートナーシップを深化させる方針を示した[33]。

2016年に発足した蔡英文政権は、中国による外交攻勢を受けて正式な外交関係を有する国を22カ国から15カ国へと減らしたものの、国際社会における台湾への関心と評価は高まりつつある。とりわけ蔡英文政権は、新型コロナウイルスへの対策で成果を上げたことで、台湾の国際的な評価を高めた。台湾では迅速な入境制限の実施や感染防止対策の徹底などにより、コロナウイルスの感染拡大を抑え込むことに成功した。2期目の蔡英文政権が発足した5月20日の時点で、感染者は440人、死者はわずか7人であった[34]。こうした中で、コロナ対策における国際的な協力の中心となっている世界保健機関（WHO）への台湾の関与を認めるべきだとの声が高まった。「一つの中国」原則を掲げる中国は、国際機関であるWHOから台湾を排除してきた。中国は親中姿勢を取っていた馬英九前政権に対しては、WHO総会へのオブザーバー参加を認めていたが、蔡英文政権にはこれを認めなくなっていた。

2020年5月に開催されたWHO総会に、台湾は強い参加意欲を示し、主要国にこれを支持する動きが広まった。米国をはじめとして日本、オーストラリア、英国、カナダ、フランス、ドイツ、ニュージーランドの8カ国は、WHOに対して台湾の総会へのオブザーバー参加を求める声明を伝達した旨報道されている[35]。結局、中国による強い反対を受けて台湾の総会へのオブザーバー参加は実現しなかったが、総会で発言した加藤勝信厚生労働相（当時）は「台湾のような公衆衛生上の成果を上げた地域を参考にすべき」と言及した[36]。また、日本台湾交流協会の泉裕泰台北事務所代表は、「多くの台湾を支持する声があったのにも拘わらず、オブザーバーとして台湾の参加が認められなかったことを心から残念に思います。（中略）日本としては今後も引き続き台湾のWHO総会へのオブザーバー参加を強く支持していきます」との談話を発表した[37]。

米国のドナルド・トランプ政権は台湾との関係強化を加速させた。2020年3月26日に、トランプ大統領は「台北法案」に署名し、同法が成立した。この台北法は、国際機関への台湾の加盟やオブザーバー参加を支援するよう政府に求めたり、台湾の外交に関する米国政府の取り組みについて国務省に報告書を毎年提出するよう求めるなど、国際社会における台湾の活動空間の拡大を支援することを目的としている[38]。台北法の成立に対して、中国政府は強く反発した。外交部の報道官は、「台湾問題は中国の核心的利益に関わるものであり、中国政府と人民による核心的利益を守る決心と意思は固く揺るがない」と発言した[39]。『人民日報』は、台北法の成立は中国にとっての「レッドライン」を越えかねないと批判する論評を掲載した[40]。

その後も米国は、台湾との関係を着々と深化させた。2020年8月には、米国のアレックス・アザー保健福祉長官が台湾を訪問した。アザー保健福祉長官は、米国が1979年に台湾と断交して以来、台湾を訪問した最も高位の米政府高官となった。アザー長官は蔡英文総統と会談し、新型コロナウイルス対策で大きな成果をもたらした台湾の民主主義や透明性を称賛し、米国と台湾のパートナーシップを深化させるための方策について議論した[41]。さらに同年9月には、国務省のキース・クラック次官が台湾を訪問した。クラック次官は蔡英文総統と夕食を共にした後、7月に死去した李登輝元総統の告別式に参列した。

トランプ政権は、安全保障面でも台湾支援の姿勢を強めた。トランプ政権は2019年までに迎撃ミサイルや戦車、F-16V戦闘機などの武器を売却してきたが、2020年も5月に魚雷など、10月に空対地ミサイルや多連装ロケット砲、対艦ミサイルなどの売却を決定した。さらに同年8月に米国在台湾協会は、米国が台湾への武器売却を縮小するとした1982年の米中共同声明について、中国がより敵対的になれば台湾への武器売却を増加させるとの米国の立場を示した機密文書を公開した[42]。また、米海軍は月1回のペースで艦艇に台湾海峡を通過させている。

台湾の民意が中国からますます離れ、米国が台湾との関係強化を進める現状に直面した習近平指導部は、武力による威嚇をさらに強めることで台湾や米国への牽制を図っている。台湾に対する武力行使の可能性を明記した「反国家分裂法」の成立15周年を記念する座談会が、2020年5月29日に開催された。この座談会で演説した栗戦書・全人代常務委員長は、反国家分裂法が台湾の独立・分裂勢力を「大いに脅かした」と指摘し、台湾に対するその威嚇効果を高く評価した。その上で栗戦書委員長は、事態によっては武力行使を含むあらゆる手段を講じて台湾の独立・分裂勢力を粉砕すると強調すると同時に、台湾問題に干渉する「外部勢力」に対しても武力を行使する可能性を示唆した[43]。

人民解放軍も、台湾に対する軍事的な圧力を強化した。2020年2月9日と10日、東部戦区は台湾周辺地域で艦艇や航空機などの海空兵力による統合演習を実施した。この演習について報道した『解放軍報』の記事によれば、爆撃機や戦闘機などの航空戦力が、バシー海峡と宮古海峡から太平洋へ展開し、台湾の東南沖において対抗的な実戦訓練を行い、「国家主権の安全と領土の保全を守る能力を鍛錬」した[44]。3月16日には、早期警戒機KJ-500や戦闘機J-11などが台湾の南西沖で夜間の飛行訓練を実施した。この訓練について中国国防部の報道官は、「台湾独立勢力とその分裂行為に向けたものである」と指摘した上で、米国による台湾との関係強化を中国の内政への干渉だと非難し、外国勢力による「台湾カード」の使用を決して許さないと発言した[45]。さらに9月には、クラック国務次官が台湾を訪問していた時期に合わせて、戦闘機による台湾海峡の中間線を越える飛行と、哨戒機や爆撃機による台湾南西沖における飛行を組み合わせた訓練を連日実施した。

台湾への威嚇や攻撃を念頭に置いたとみられる人民解放軍による軍事活動の強化は、台湾周辺地域の緊張を高めるだけでなく、台湾軍や米軍などの艦艇や航空機との意図しない事故や衝突などを引き起こす可能性も高めることになる。また、台湾に対する軍事的圧力の強化は、台湾市民の中国に対する反感をさらに高めることになるだろう。習近平指導部には、現実を正視した冷静な対応が求められる。

3 「新冷戦」へ向かう中国

(1) 激化する米国との対立

米国と中国は2018年7月から、互いに制裁関税をかけ合う「貿易戦争」を繰り広げてきたが、2019年末に問題の解決に向けた初めての合意が両国間で成立した。いわゆる「第1段階合意」である。2020年1月15日にホワイトハウスでトランプ大統領と劉鶴副総理によって署名された「第1段階合意」には、今後2年間で中国が米国からの輸入を2,000億ドル増やすことや、米国が2019年9月に発動した約1,200億ドル分の対中輸入に対する追加関税率を半分に引き下げることなどがうたわれた。しかし、この合意が2020年の米中関係を改善へと向かわせることはなかった。そもそも貿易問題は、米国が中国に関して批判しているさまざまな問題の一部に過ぎない。2018年10月に米国の対中政策について演説したマイク・ペンス副大統領は、貿易・経済面のみならず、国民の監視やウイグル族への弾圧といった政治面、「一帯一路」構想がもたらす「債務の罠」といった外交面、人民解放軍による米軍のプレゼンスに対する挑戦といった安全保障面など広範な分野にわたり、中国共産党政権が進める政策を厳しく批判していた[46]。

さらに、2020年の新型コロナウイルスによるパンデミックの発生は、すでに悪化に向けて進んでいた米中関係をさらなる対立へと向かわせることになった。コロナウイルスによる感染が米国内で拡大し、事態が深刻化するにつれて、トランプ政権は世界的なコロナ禍を引き起こしたとして、中国の責任を追及する姿勢を強めた。これに対して習近平政権は、トランプ政権がコロナ対策の失敗の責任を中国に転嫁していると強く反論した。米国内では、武漢市におけるコロナ対策の遅れをもたらした中国共産党による権威主義的な政治体制への批判が高まり、中国内では米国が中国共産党による統治体制の弱体化を狙っているとの警戒が広まった。米中関係が急速に悪化へ向かった理由の1つは、コロナ禍によって生じた両国間の相互不信であるといえよう。

ホワイトハウスは2020年5月に、「中華人民共和国に対する米国の戦略的アプローチ」と題した対中政策文書を発表した。この文書は、中国共産党が自由で開かれたルールに基づく既存の国際秩序を、中国の利益とイデオロギーに沿ったものへと変化させようとしているとし、その試みが「米国の死活的な利益を損なっている」と指摘した。そして、中国による挑戦に対して現政権が2国間対立の拡大も辞さない「競争的なアプローチ」を取っていると主張した。具体的には、同盟国や友好国との連携を強化することによって中国の試みに抵抗することや、南シナ海などにおける中国の覇権主義的な主張や過剰な要求を押し戻すこと、中国の野心を抑止するために必要な武器の配備や能力の強化を行うことなどを例示した。最後にこの文書は、米国と中国による「2つのシステム間の長期的な戦略的競争」が始まっているとの認識を示したのである[47]。

その後トランプ政権は、この対中政策文書に沿った行動に次々と出た。国務省は2020年7月13日に、南シナ海における海洋権益の主張に関する米国政府の立場を示す声明を発表した。この声明は、南シナ海における他国に対する強要や脅迫を繰り返す中国を非難した上で、中国による南シナ海のほぼ全域にわたる海洋権益に対する主張は完全に不法だとして認めない立場を明確にした[48]。7月21日には、国務省が中国政府に対して、テキサス州ヒューストンにある中国総領事館の閉鎖を要求した。7月23日には、マイク・ポンペオ国務長官がカリフォルニア州のニクソン大統領図書館・博物館で演説し、米国がリチャード・ニクソン大統領の時代から続けてきた、中国との関係を強化することによる中国の変化を期待した関与政策が失敗に終わったと指摘した。そして、習近平主席は全体主義イデオロギーの信奉者であり、中国共産党は共産主義に基づくグローバルな覇権を追求していると批判し、米国をはじめとした自由世界が団結してこれに対抗しなければ、中国の共産主義が世界を変えてしまうと訴えた[49]。

こうしたトランプ政権の動きを受けて習近平政権は、米国が中国との「新冷戦」を始めようとしていると強く批判するとともに、中国共産党を批判の的とする米国の言動について徹底的に対抗していく姿勢を強調した。8月5日に国営通信社である新華社のインタビューに答えた王毅・国務委員兼外交部長は、米国の一部の政治勢力による中国を貶める言動が「マッカーシズムの幽霊を復活させている」と非難した。そして、中国は人為的に造られた「新冷戦」に強く反対しており、「新冷戦」を始めた者は「歴史の恥辱の柱に打ち付けられる」と強調した[50]。中央外事工作委員会弁公室の楊潔篪主任は、8月8日付の『人民日報』に論評を掲載し、中国共産党が中国国民に支持されていると強調した上で、中国共産党と中国人民の離間を図る米国の試みは必ず失敗すると主張した。さらに楊主任は、台湾や香港、チベット自治区、新疆ウイグル自治区などを中国にとっての「核心的利益」であると指摘し、核心的利益を損なう米国の行動に対しては「必要な対抗措置を取る」と宣言した[51]。

8月26日、人民解放軍は中国本土から南シナ海に向けて対艦弾道ミサイル（ASBM）を発射した。ASBMは中国本土から洋上を航行する空母などの艦艇を攻撃できる兵器であり、米軍が「空母キラー」として警戒しているものである。中国は保有する2種類のASBMであるDF-21DとDF-26Bを、それぞれ浙江省と青海省から南シナ海のパラセル諸島北部海域に撃ち込んだと報じられている[52]。中国にとっての核心的利益をめぐって米中が対立を深めている南シナ海において、米軍の行動を制約できる軍事的能力を誇示することで、中国は米国との競争で妥協しない強い姿勢を国内外にアピールしたのである。

習近平主席も自ら、米国との争いに最終的に勝利する決意を示した。2020年10月23日、習主席は中国人民志願軍が朝鮮戦争に参加してから70周年を記念する大会で演説した。演説の中で習主席は、中国による「抗米援朝戦争」への参加は、米軍が中国の安全保障を脅かしたことに対する正当な反撃であり、米国に侵略された北朝鮮を助ける正義の戦争であったと主張し、米軍に比べて圧倒的に戦力が不足していた人民志願軍が、最終的に勝利を収めたことで、「米軍に勝利することはできないという神話を打ち破った」と強調した。さらに習主席は、中国の主権、安全、発展の利益を損なったり、中国の領土を侵犯し分裂させる行為があれば「中国人民が必ず痛撃を与える」と述べたのである[53]。

(2) 各国との対立を招く強硬外交

習近平政権は米国に対してだけでなく、中国による新型コロナウイルスへの対応を批判したり、香港や台湾などに関して中国の姿勢を問題視する国々に対しても、威嚇や圧力を加える強硬な外交を展開した。こうした外交姿勢は、自らへの批判に対して強硬に封じ込めを図る習近平指導部の非妥協的な性格が外交にも反映されたものと思われ、中国に対して批判的な立場を取る国を増加させており、結果として中国を取り巻く国際環境を自ら悪化させることになっている。

オーストラリアのスコット・モリソン首相が4月に、武漢市で感染爆発した新型コロナウイルスの発生源に関して国際的な独立調査の実施を提案した[54]。これに対して、駐豪中国大使が現地紙によるインタビューで、ワインや牛肉などの輸入や中国からのオーストラリアへの留学生や観光客などを制限する可能性を示唆した[55]。その後、中国政府は実際にオーストラリアからの牛肉輸入を一部停止し、大麦の輸入に追加関税を課し、国民に対してオーストラリアを訪問しないよう呼び掛けた。さらに中国は、中国の国際放送局で働いていたオーストラリア人キャスターを拘束し、オーストラリア人の記者2人を事実上国外へ追放した。

中国は陸上国境をめぐって、インドとの対立も深めた。6月15日、中印国境地帯のガルワン峡谷において両軍兵士が衝突し、インド側に20人、中国側に4人の死者を出す事態が発生した。双方とも火器は使用しなかったが、両国間の紛争で死者が出たのは1975年以来であった[56]。その後、両国間で緊張緩和に向けた話し合いが続けられたが、9月には双方いずれかによる発砲が行われ、互いに相手の発砲を非難し合う状況となった。また、同地域のパンゴン湖付近でも両軍がにらみ合う事態が発生した[57]。

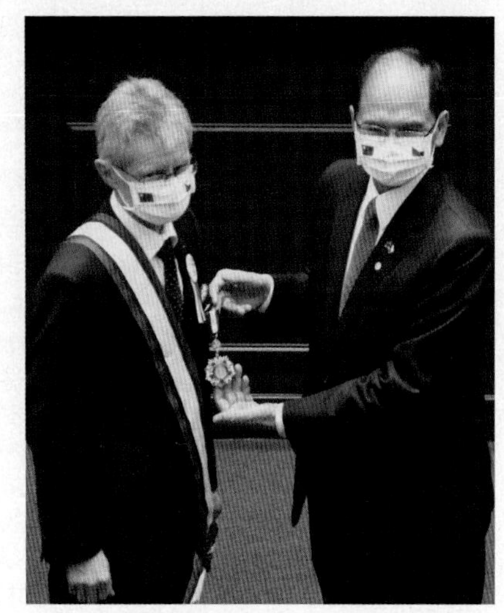

台湾の游錫堃立法院長（右）から勲章を授与されるチェコのビストルチル上院議長＝9月1日、台北（共同通信社）

中国による強硬な外交姿勢は、欧州諸国にも向けられた。8月末、チェコのミロシュ・ビストルチル上院議長が台湾を訪問した。ビストルチル議長は台湾の国会に当たる立法院で「民主主義国家の一致団結」をテーマに演説し、共に民主化を成し遂げたチェコと台湾が共有する価値観を守るために協力するよう呼び掛けた[58]。ビストルチル議長の訪台について、中国政府は強く反発した。欧州諸国を歴訪中だった王毅外交部長は8月31日、ビストルチル議長による台湾訪問は「一つの中国」原則に対する挑戦であり、「重大な代償を支払わせる」と威嚇した[59]。この発言に対してフランス外務省は、「欧州連合（EU）の一員に対する脅しは受け入れられない」とし、チェコとの連携を強調する声明を発表した。ドイツのハイコ・マース外相も、王毅部長との共同記者会見の場で、中国によるチェコへの脅しを不適切だと批判した。王部長はフランスの研究機関での演説で、米国の一国主義を批判するとともに、中国とEUが協力して多国間主義を推進するよう主張したが[60]、王部長による欧州歴訪はかえって欧州諸国の対中不信感を強める結果に終わった。

武漢市に端を発して世界へ拡大したコロナ禍や、習近平指導部による強硬な政治・外交姿勢を背景に、中国に対する否定的な見方が世界に広がっている。米国のピュー・リサーチ・センターが10月に発表した、14カ国における対中認識に関する調査によれば、すべての国において前年より対中感情が悪化しており、12カ国で中国に否定的な見方が70%以上であった。とりわけオーストラリア、カナダ、ドイツ、オランダ、韓国、スペイン、スウェーデン、英国、

図2-1　国際問題に対する習近平主席の姿勢への評価

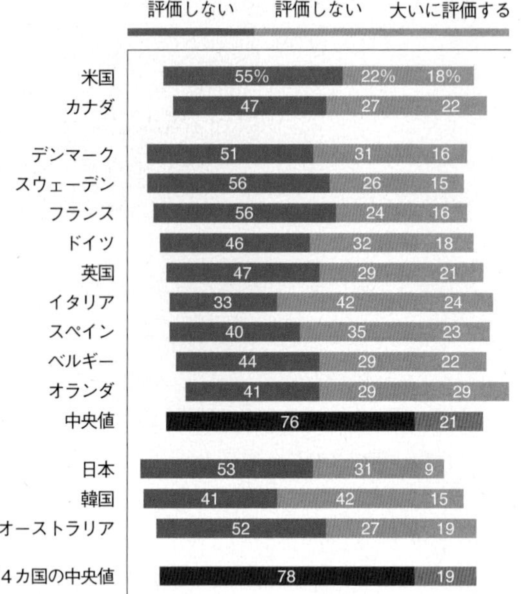

（出所）Pew Research Center, "Unfavorable Views of China Reach Historic Highs in Many Countries" (October 6, 2020), 15より執筆者作成。

米国で対中不信感が調査開始以来最も高くなった。中国による新型コロナウイルス対策や、グローバルな問題解決における習近平国家主席の役割についても、多くが否定的な見方を示したのである[61]。

また、中国から強い批判や圧力を受けている国同士の連携も進んでいる。6月4日、オーストラリアのモリソン首相とインドのナレンドラ・モディ首相が電話会談を行い、両国関係を「包括的戦略パートナーシップ」と位置付ける共同声明を発表し、「自由で開かれたインド太平洋」構想を共有することや、防衛協力を推進することなどが合意された[62]。10月27日、米国とインドは外務・防衛閣僚協議（「2+2」）をニューデリーで開催した。米印両国は、「自由で開かれたインド太平洋」を維持するために協力することや、防衛協力に資する地理データの相互共有協定を締結することなどで合意した[63]。日本、米国、オーストラリア、インドの4カ国による多国間協力については、10月6日に茂木敏充外相、ポンペオ国務長官、マリズ・ペイン外相、スブラマニヤム・ジャイシャンカル外相による日米豪印外相会合が東京で開催された。日米豪印4カ国の外相は、「自由で開かれたインド太平洋」を推進するための実践的な協力をさらに進めていくことで一致した[64]。さらに日米豪印4カ国は、11月3日からベンガル湾において、また、同月17日からアラビア海北部において、共同訓練「マラバール2020」を実施した。

4　活動を強化する人民解放軍

(1) コロナ禍における軍の行動

武漢市を中心に新型コロナウイルスの感染が国内で拡大する中で、人民解放軍はコロナ対策で役割を果たすとともに、並行して軍事演習も着実に行うなど、コロナ禍への高い対応能力を国内外にアピールした。1月20日の習近平主席によるコロナ対策への指示を受けて、中央軍事委員会の機関、聯勤保障部隊、武装警察部隊、軍事科学院から成る「連合予防コントロールメカニズム」が設立された[65]。1月24日には、中央軍委後勤保障部が中央軍事委員会の批准を受けて、陸軍、海軍、空軍の軍医大学から合計450人の医療人員を動員し、上海、重慶、西安から軍の輸送機を使って武漢市へ派遣した[66]。2月3

マラバール2020に参加するオーストラリア海軍、インド海軍、海上自衛隊、米海軍の艦艇＝11月17日、アラビア海北部（U.S. Navy photo by Mass Communication Specialist 3rd Class Keenan Daniels/Released）

日には、聯勤保障部隊に所属する各地の病院から950人の医療人員が動員され、コロナ患者を専門に治療するため急遽新設された火神山病院へ派遣された[67]。動員された医療人員の大半は、空軍の輸送機8機に分乗し、瀋陽、蘭州、広州、南京から武漢へ移動した[68]。さらに2月13日には、陸軍、海軍、空軍、ロケット軍、戦略支援部隊、聯勤保障部隊、武装警察部隊から2,600人の医療人員が武漢へ派遣され、武漢へ派遣された軍の医療人員は合計4,000人に達した[69]。新型コロナウイルスへの対応における人民解放軍の役割について、中央軍委後勤保障部衛生局長の陳景元は記者会見で、「全軍の部隊は習近平主席の重要な指示を揺るぐことなく貫徹し、迅速に新型コロナウイルスの予防コントロール行動に入り、人民の生命の安全と身体の健康にとっての守護神と擁護者の役割を担った」と自賛した[70]。

また人民解放軍は、新型コロナウイルスに対するワクチンの開発で重要な役割を果たしている。軍事科学院軍事医学研究院の陳薇研究員（少将）が率いる研究チームは、新型コロナウイルスのワクチン開発にいち早く取り組み、3月に第1期臨床試験を始め、4月には世界で初となる第2期臨床試験に入った。そして9月からは、最終段階となる第3期臨床試験に入り、新型コロナウイルスワクチンの開発をめぐる世界的な競争において先頭に立ったのである。9月8日に開催された全国新型コロナウイルス対策表彰式で習近平国家主席は、鍾南山医師に「共和国勲章」、陳薇研究員ら4人に「国家栄誉称号」を授与した。表彰式で演説した習主席は、新型コロナウイルスとの戦いにおいて重大な戦略的成果を上げたことは、中国共産党が強い指導力を有し、中国の特色ある社会主義制度が優勢を有していることを証明したと強調した[71]。新型コロナウイルス対策における人民解放軍の貢献は、中国の制度の優位性を証明するものとして習近平指導部によって喧伝されている。

他方で人民解放軍は、コロナ禍の中にあっても戦闘能力の強化に向けたさまざまな訓練や演習を着実に実行した。国防部の報道官は、中国軍が感染症対策に力を入れるとともに、訓練と戦闘準備も重視しており、感染症が軍事訓練に与える影響の最小化に努めていると言及した[72]。実際、3月には予定どおりカンボジアとの共同訓練に参加した。4月には空母・遼寧を中心とした6

隻から成る艦隊が、東シナ海から宮古海峡を経て西太平洋へ展開し、バシー海峡を経て南シナ海へ進出した後、再び西太平洋を経て東シナ海へ至る航行を行った。同時期には米軍内で新型コロナウイルスの感染が拡大し、空母セオドア・ルーズベルトが長期にわたって作戦が行えない状況が発生しており、遼寧による西太平洋での訓練実施は、人民解放軍がコロナウイルスの感染をコントロールし、通常の作戦能力を維持している姿を国内外に印象付けた。

(2) 続く海洋での強硬姿勢

中国は新型コロナウイルスへの対応に追われる中でも、海洋権益を拡大するとともに、米軍のプレゼンスに対抗する能力を高めることを目指して、海洋への強硬な進出を続けている。中国は南シナ海のスプラトリー（南沙）諸島やパラセル（西沙）諸島の領有権や海洋権益をめぐってベトナムやフィリピン、マレーシアなどと争っている。中国は2012年に南シナ海全域を管轄する行政単位として海南省の下に「三沙市」を設立しているが、さらに2020年4月に、この三沙市の下にスプラトリー諸島とパラセル諸島をそれぞれ管轄する行政区として「南沙区」と「西沙区」の設立を発表した。中国は領有権をめぐって係争のある両諸島を管轄する行政区を設置することで、事実上の支配の根拠の強化を図ったものと思われる。

中国とベトナムが領有権を争うパラセル諸島周辺で4月2日、中国海警局の船舶とベトナムの漁船が衝突し、漁船が沈没する事件が発生した。これについてベトナム政府は、中国海警局の船舶が故意に漁船に衝突し、8人の乗組員を拘束したとして中国を強く非難した。他方で中国政府は、中国の海域で違法に操業していたベトナム漁船が、中国海警局の船舶による取り締まりから逃れようと急にかじを切って衝突に至ったと主張した。中国は拘束した8人の乗組員をベトナム側に引き渡したが、ベトナムにおける対中批判が高まった[73]。同じく4月、スプラトリー諸島周辺海域でマレーシア企業が行っていた海底掘削作業を、中国海警局の船舶が妨害する事態が発生した。これに対してマレーシアが公船を派遣して監視を続ける中、米海軍とオーストラリア海軍が周辺海域に艦艇を派遣して演習を行い、中国側の動きを牽制する行動に出た[74]。

図2-2　尖閣接続水域に入域した中国海警局の船舶の隻数

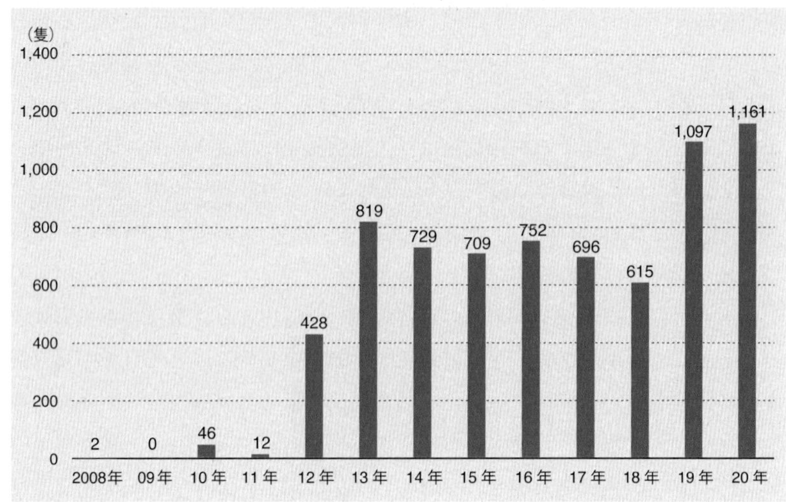

（出所）海上保安庁発表データより執筆者作成。

東シナ海においても、中国は権益の拡大に向けた強引な進出を続けている。日本の固有の領土である尖閣諸島に対して独自の主張を行っている中国は、中国海警局の船舶を日本の領海に度々侵入させている。2020年5月、尖閣諸島の日本領海内で操業していた日本の漁船に対して、中国海警局の船舶が接近してこれを追尾する動きを見せた。海上保安庁の巡視船が間に入って漁船を保護したが、中国海警局の船舶は執拗に漁船を追尾した。7月にも、中国海警局の船舶が日本の領海内で漁船に接近しようとする動きを見せ、日本領海に連続で39時間余りにわたって侵入した。中国外交部の報道官は「中国海警局の船は法に基づいてこの漁船に対して追跡と監視を実施し、中国側海域から即時に立ち退くよう要求した」と独自の立場に基づく主張を行った[75]。当然のことながら、尖閣諸島の領海において日本は主権を有しており、日本政府は中国側に対し厳重な抗議を行い、中国海警局の船舶の活動は受け入れられない旨を表明している。習近平政権は、力に依拠した日本の主権に対する挑戦を強化しつつある。中国海警局の船舶が日本漁船に接近する動きを見せる事案はその後も散発し、10月の事案では日本の領海への侵入時間は過去最長となる57時間余りに及んだ。2020年の日本の接続水域における中国海警局の船舶による航行日数は、史上最多となる333日に達した。なお中国は、新たに「海警法」を制定・施行した。同法について、曖昧な適用海域や武器使用権限等、国際法との整合性の観点から問題がある規定を含んでいるなどの強い懸念を日本は中国側に伝えている。今後、所属船舶のさらなる武装化の進展や、尖閣周辺海域においてより挑戦的な行動に出る可能性なども強く懸念され、警戒を要する。

中国は、米国に対する接近阻止・領域拒否（A2/AD）能力の強化に向けた動きも加速させた。2020年1月から2月にかけて、中国海軍南海艦隊に所属する駆逐艦など4隻から成る艦隊が、西太平洋へ展開する遠海訓練を行った。この艦隊は南シナ海からバシー海峡を通過して西太平洋へ進出した後、日付変更線を越えてハワイの西方沖300kmまで接近した[76]。その後西へ進路を取り、

図2-3　中国海警局の船舶が接続水域に入域した日数

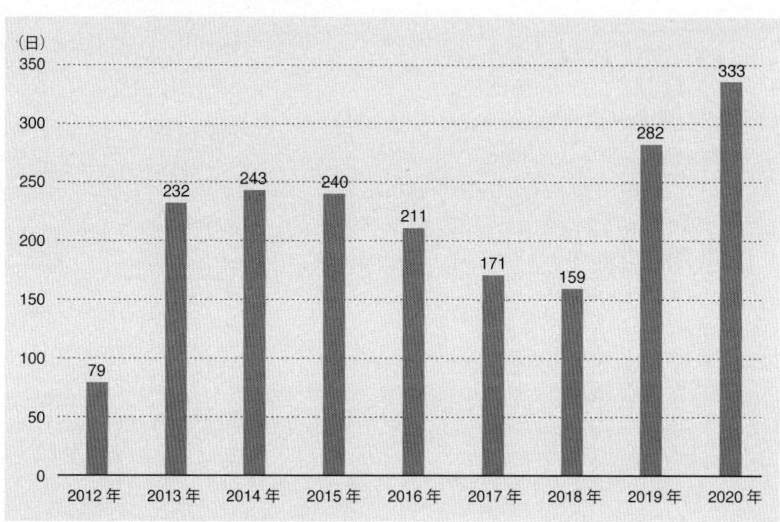

（出所）海上保安庁発表データより執筆者作成。

（注）2012年の日数は9月14日以降のみ。

グアム周辺を通過して南シナ海へ向かったが、その際に監視飛行をしていた米海軍のP-8A哨戒機に対して、中国の艦艇が軍事用レーザーを照射した。米海軍太平洋艦隊は、中国艦艇によるレーザー照射を「危険かつ非プロフェッショナルな行為である」と強く批判する声明を発表した[77]。これに対して中国国防部の報道官は、中国の艦艇を長時間にわたって監視していたP-8A哨戒機の行動を「非友好的かつ非プロフェッショナルである」と非難した[78]。人民解放軍は、有事の際に想定される米軍戦力の太平洋を経た中国への接近を阻止することを狙っており、西太平洋を含めた東アジアの海洋における中国と米国の軍事的な角逐は、米中「新冷戦」の下でますます激しさを増していくだろう。

注

1） WHO, "WHO Coronavirus Disease (COVID-19) Dashboard," WHO website; Johns Hopkins University, "COVID-19 Dashboard by the Center for Systems Science and Engineering (CSSE) at Johns Hopkins University (JHU)," JHU website.
2） 武漢市衛生健康委員会「2 月 29 日新型冠状病毒肺炎疫情最新情況」2020 年 3 月 1 日。
3） 『人民日報』2020 年 6 月 8 日。
4） 『読売新聞』2020 年 2 月 8 日。
5） Voice of America (Chinese), February 25, 2020.
6） 新華網、2020 年 3 月 19 日。
7） 『人民日報』2020 年 4 月 3 日。
8） 『衆新聞』2020 年 5 月 2 日;『朝日新聞』2020 年 2 月 5 日; NHK、2020 年 2 月 7 日。
9） 『光傳媒』2020 年 3 月 6 日。
10） 『人民日報』2020 年 2 月 13 日。
11） 『求是』2020 年 2 月 15 日。
12） 『人民日報』2020 年 2 月 22 日。
13） 『人民日報』2020 年 2 月 24 日。
14） 中共北京市規律検査委員会「北京市華遠集団原党委副書記、任志強厳重違紀違法被開除党籍」2020 年 7 月 23 日。
15） 『人民日報』2021 年 1 月 19 日。
16） 『人民日報』2020 年 5 月 30 日。
17） 新華網（日本語版）、2020 年 11 月 4 日。

18) 『人民日報』2020年11月4日。
19) 『人民日報』2020年11月4日。
20) 『人民日報』2020年10月13日。
21) 『人民日報』2020年5月23日。
22) 『人民日報』2020年5月29日。
23) 『人民日報』2020年6月21日。
24) 『人民日報』2020年7月1日。
25) 『人民日報』2020年7月1日。
26) ロイター、2020年8月31日。
27) AFPBB、2020年7月1日。
28) 首相官邸「内閣官房長官記者会見」2020年6月30日。
29) 『人民日報』2019年12月3日。
30) 『人民日報』2020年7月5日。
31) 大陸委員会「『民衆対当前両岸関係之看法』民意調査」2020年8月6日。
32) 『人民日報』2019年1月3日。
33) 総統府「就職演説」2020年5月20日。
34) 衛生福利部疾病管理署「今日無新増病例、累計402人解除隔離」2020年5月20日。
35) CBC, May 9, 2020.
36) 厚生労働省「第73回世界保健総会 加藤厚生労働大臣政府代表演説」2020年5月19日。
37) 日本台湾交流協会「台湾のWHO総会参加について」2020年5月19日。
38) Taiwan Allies International Protection and Enhancement Initiative (TAIPEI) Act of 2019, Pub. L. No. 116-135, 134 Stat. 278.
39) 『人民日報』2020年3月28日。
40) 『人民日報』2020年3月30日。
41) American Institute in Taiwan (AIT), "HHS Secretary Azar Meets with President Tsai of Taiwan and Praises Taiwan's Transparent COVID-19 Response" (August 10, 2020).
42) AIT, "Declassified Cables: Taiwan Arms Sales & Six Assurances (1982)," AIT website.
43) 『人民日報』2020年5月30日。
44) 『解放軍報』2020年2月11日。
45) 『人民網』2020年3月27日。
46) The White House, "Remarks by Vice President Pence on the Administration's Policy toward China" (October 4, 2018).
47) The White House, *United States Strategic Approach to the People's Republic of China* (May 20, 2020).
48) [U.S.] Department of State, "U.S. Position on Maritime Claims in the South China

Sea" (July 13, 2020).

49) [U.S.] Department of State, "Communist China and the Free World's Future" (July 23, 2020).

50) 『人民日報』2020 年 8 月 6 日。

51) 『人民日報』2020 年 8 月 8 日。

52) *South China Morning Post*, August 26, 2020; 時事通信、2020 年 8 月 27 日;『読売新聞』2020 年 8 月 28 日。

53) 『人民日報』2020 年 10 月 24 日。

54) *West Australian*, May 1, 2020.

55) *Australian Financial Review*, April 26, 2020.

56) BBC News, June 17, 2020.

57) 時事通信、2020 年 8 月 31 日。

58) 時事通信、2020 年 9 月 1 日。

59) 中国外交部「王毅：挑戦一中原則必将付出沈重代価」2020 年 8 月 31 日。

60) 『人民網』2020 年 8 月 31 日。

61) Laura Silver, Kat Devlin, and Christine Huang, "Unfavorable Views of China Reach Historic Highs in Many Countries," Pew Research Center (October 6, 2020).

62) [Australia] Department of Foreign Affairs and Trade, "Joint Statement on a Comprehensive Strategic Partnership between Republic of India and Australia" (June 4, 2020).

63) [U.S.] Department of State, "Joint Statement on the Third U.S.-India 2+2 Ministerial Dialogue" (October 27, 2020).

64) 外務省「第 2 回日米豪印外相会合」2020 年 10 月 6 日。

65) 『解放軍報』2020 年 1 月 27 日。

66) 『解放軍報』2020 年 1 月 25 日。

67) 中国国防部「軍隊抽組医療力量承担武漢火神山医院医療救治任務」2020 年 2 月 2 日。

68) 中国国防部「空軍八架飛機緊急空運軍隊支援湖北医療隊抵達武漢」2020 年 2 月 2 日。

69) 『人民日報』2020 年 2 月 14 日。

70) 中国国防部「全軍開設収治床位近 3 千張、1 万余名医護人員投入一線救治」2020 年 3 月 3 日。

71) 『人民日報』2020 年 9 月 9 日。

72) 『解放軍報』2020 年 2 月 29 日。

73) *South China Morning Post*, April 3, 2020.

74) Asia Maritime Transparency Initiative, "Update: Chinese Survey Ship Escalates Three-way Standoff," Center for Strategic and International Studies (May 18, 2020).

75）　中国外交部「2020 年 7 月 6 日外交部発言人趙立堅主持例行記者会」2020 年 7 月 6 日。

76）　『読売新聞』2020 年 3 月 29 日。

77）　U.S. Pacific Fleet Public Affairs, "People's Liberation Army Navy Lased a U.S. Navy P-8A in Unsafe, Unprofessional Manner" (February 27, 2020).

78）　新華網、2020 年 3 月 6 日。

第3章

朝鮮半島

揺れる南北関係

執筆者
渡邊武

北朝鮮が爆破した開城の南北共同連絡事務所（手前）（朝鮮中央通信＝共同）

Summary

2020年3月、北朝鮮は一連の短距離弾道ミサイル（SRBM）発射を開始した翌日、民族より同盟を重視していると韓国を糾弾した。また6月、北朝鮮は金与正・朝鮮労働党中央委員会第1副部長の談話などを通じて、米国に追従する「事大主義」を是正するよう韓国に圧力をかけた。北朝鮮の対外行動での優先目標は、大統領選挙を前に今後の方向が不確実な米国との関係ではなかった。北朝鮮外務省によれば、米国は民族内部の問題である南北関係に口出しすべきではないのだという。その一方で北朝鮮は、韓国には2018年の南北首脳会談で発表された南北軍事合意の破棄を意味するオプションを突き付け、南北共同連絡事務所を爆破するなど、「事大主義」が是正されなければ緊張を高めることも辞さない姿勢を取った。米新政権の発足に先立ち、北朝鮮は韓国を米国との協力から引き離すことに注力したのであった。

韓国の文在寅政権は、北朝鮮の行動を受けて、南北関係の改善に強い意欲を示し、その結果米国との距離を取るかのような行動も見られた。例えば、米国との間で対北政策の調整を行う場である米韓作業部会の協議事項を限定し、より自律的に対北協力を進められるようにすべきとの議論が韓国側で高まった。また、ミサイル防衛システムの一部である艦艇発射型迎撃ミサイルSM-3は8月に発表された国防中期計画で言及がなかった。北朝鮮のSRBM開発を受けて海軍は多層的なミサイル防衛の必要性を主張していたが、そのためのSM-3は採用されなかったのである。他方、韓国は「誰にも揺るがすことのできない国家」や「完全なミサイル主権」を唱え、韓国によるミサイル開発を米国が制限する枠組みであった米韓ミサイル指針を緩和することで、ミサイル能力を拡大する姿勢を見せた。文在寅政権が重視する戦時作戦統制権の移管では大きな進展が見られず、妥結しなかった米軍駐留経費の分担金と共に米新政権下での米韓関係の焦点となる。

1　北朝鮮が主導する南北関係

(1) 北朝鮮による脅し

2020年6月4日、金正恩朝鮮労働党委員長（国務委員会委員長）の実妹とされる金与正・朝鮮労働党中央委員会第1副部長は、脱北者による反北朝鮮のビラ散布行為を非難する談話を発表した（金委員長は2021年1月10日、第8回党大会にて党総書記に就任したが、本稿は2020年末までの事象を対象としているため、2020年時点の肩書きとして金委員長と表記)。その談話では、文在寅大統領と金委員長が署名した板門店宣言（2018年4月27日）において拡声器放送やビラ散布を含む一切の敵対行為を中止すると合意していたことへの違反であるとして、板門店宣言を履行するために南北で取り決めた軍事合意(同年9月19日)の破棄を警告した[1]。北朝鮮による要求はやがて韓国の「事大主義」(大国に従属する悪弊という意）を是正することに移った[2]。2020年6月17日付の『労働新聞』に掲載された金与正談話は、韓国の文在寅大統領が南北共同宣言（2000年6月15日）20周年に際して発表した講話には「根深い事大主義」が反映されていると批判し、嫌悪感を表明した。その上で、北朝鮮問題に関する米韓作業部会をやり玉に挙げつつ、「北南関係が米国の籠絡物に転落したのは、完全に南朝鮮当局の執拗で慢性的な親米事大と屈服主義がつくり出した悲劇」であるとして、韓国の対米姿勢を強く批判したのである[3]。この談話から、拡声器放送やビラ散布の中止そのものは、必ずしも北朝鮮にとって韓国の「事大主義」を非難する主たる目的ではなかったことが示唆される。つまり、北朝鮮は、韓国に対米協力を後退させるよう要求したということである。この事態に米国務省報道官が韓国メディアに対して表明した懸念について[4]、北朝鮮外務省の権正根・米国担当局長は談話を発表して「徹頭徹尾、我が民族内部の問題」である南北関係に米国が口出しする権利はないのだと反駁した[5]。

北朝鮮は、拡声器放送やビラ散布を対南交渉で取り上げ、それを端緒として韓国に要求を突き付け、飲ませるための条件を作り出そうと注力してきたと考えられる。こうした北朝鮮の試みは少なくとも2015年まで遡る。同年8月に軍事境界線（MDL）一帯で生じた南北の緊張状態を終結させるために北朝鮮が発表した韓国との共同報道文は、韓国が拡声器放送を中止するのと「同時に」「準戦時状態を解除」すると述べていた[6]。これは韓国による拡声器放送の中止を条件として、北朝鮮が軍事的緊張を高める行動をやめるという意味に取れる。その一方で、かかる解釈を生じさせる「同時に」との文言は、韓国側発表の共同報道文にはなかった[7]。準戦時状態の解除と拡声器放送の中止を交換条件にする意図が北朝鮮側にあったとすれば、当時の朴槿恵政権はこれを受け入れてはいなかったと考えられる。

対照的に、2018年の板門店宣言では、南北双方が拡声器放送やビラ散布を含む敵対行為の中止にコミットしており、北朝鮮からすればそれら敵対行為の中止は軍事的緊張を回避するための前提条件であると主張できる（板門店宣言第2条第1項によれば、軍事的緊張と衝突の根源を除去すべく、拡声器放送とビラ散布を含む敵対行為を中止することが双方の差し当たって果たすべき義務である）[8]。板門店宣言をこのように解釈できる余地を獲得していたからこそ、上述の金与正第1副部長の談話のように、北朝鮮は「ビラ散布をはじめとするすべての敵対行為を禁じることにした板門店宣言と軍事合意書の条項」違反に対する対価を払わせるという主張に一定の正当性を持たせることができた。この談話において北朝鮮は敵対行為が是正されなければ、南北共同連絡事務所（2018年9月、開城工業地区に設置）を閉鎖したり、南北軍事合意を破棄したりするオプションがあることを示し、そのような事態の回避を望む韓国に圧力をかけようとしたのだった[9]。間もなくして北朝鮮は、人民軍総参謀部に行動を検討させるとして軍事行動の意図を強調し（6月13日）[10]、続いて南北共同連絡事務所を爆破した（同月16日）[11]。翌17日には、人民軍総参謀部が対韓国の軍事行動計画を党中央軍事委員会に提起すると表明した[12]。

共同連絡事務所の爆破という、見る者に強い印象を残す映像の効果によって、北朝鮮は軍事的緊張を高めることをも辞さないとのシグナリングを意図したのかもしれない。そうだとすれば、北朝鮮は強制外交を展開しようとしていたことになる。強制外交とは、自国が必ずしも相手国の軍隊を撃破することなく、相手国に痛みを与えることのできるオプションを示すことによって、自国に望ましい行動を相手国の政策決定者に選択させることを意味する[13]。

ここで、金正恩委員長は党中央軍事委員会「予備会議」を開催し、いったん対南軍事行動計画を「保留」してみせた（6月23日）[14]。保留を発表したタイミングは、朝鮮戦争開戦日（6月25日）の2日前であった。北朝鮮は、この日が韓国にとって朝鮮戦争を共に戦った米国との同盟に関する記念日でもあることを見越して、その直前に南側の態度次第では事態のエスカレーションを避ける用意が北側にあることを示唆し、韓国が「事大主義」を維持するのか、それとも是正するのか、態度の表明を迫ったという見方も可能であろう。

それから1週間足らずのうちに、文在寅政権の高官は、北朝鮮が民族を「事大主義」に従わせるものと非難していた米韓作業部会について、その協議事項を限定したいとの立場を表明した。例えば、大統領統一外交安保特別補佐官である文正仁は、米国が南北協力を制約する場になっているとして作業部会を批判した[15]。また同時期、文在寅大統領が統一部長官に指名した李仁栄・「共に民主党」（政権党）前院内代表も、韓国が独自に判断できる部分を米韓作業部会の議題から切り離す、つまり対北政策で米国と協議する範囲を狭めるとの意向を強く示唆した[16]。

文在寅大統領が李仁栄前代表を統一部長官に指名したのは、前任者が共同連絡事務所の爆破などによって生じた南北関係の緊張を受けて辞任することになったからである。新任統一部長官の立場は、北朝鮮に対する文在寅政権の方針を反映するものとみられる。就任直後、李仁栄長官はハリー・ハリス駐韓米大使を呼び、「作業部会には肯定的評価と否定的評価」があると指摘した。韓国側に「否定的評価」が存在することを明らかにした上で、李仁栄長官は作業部会の機能を「再調整、再編」せねばならず、それによって「南北関係発展と平和定着を推進する方向に役割」を果たさねばならないとの立場を伝えた[17]。統一部長官はこの場で米国大使に対し、これからは作業部会で韓国が米国と協議することと、独自に実施することを区別して推進していくとの意向を明確にしたのであった[18]。

(2) 北朝鮮との関係改善を求める文在寅政権

2020年の韓国では、北朝鮮の恫喝ともいえる強硬姿勢に直面してもなお、北朝鮮との対立を解消しようとする対応が目立った。北に対する韓国の融和的な態度はすでに2019年3月1日（日本の植民地統治に抵抗する独立運動から100年の記念日）の演説にも現れていた。この演説で、文在寅大統領は「親日」保守勢力が「独立運動家」を北朝鮮側とみなして弾圧し、これが国内における「理念」対立につながったとの歴史認識を示すとともに、その理念対立を「我々の心に引かれた『38度線』」と言い換えて対北政策に連動させた上で、金剛山観光と開城工業団地の再開や南北縦断鉄道構想に意欲を示したのであった[19]。2020年においても、6月16日に北朝鮮が南北共同連絡事務所を爆破し、23日に軍事行動を「保留」した直後の25日、文在寅大統領は、北側が米軍撤収の機会と考え得る「終戦」（休戦状態の朝鮮戦争の終結）と南北の平和共存の意義を国民と北側に向けて演説した。

また6月30日、「共に民主党」の議員12人が「南北関係発展に関する法律」の改正案を提出した[20]。同改正法案は、ビラの散布、拡声器放送、掲示物によって軍事境界線付近の住民および韓国国民の安全が脅かされる可能性があるという名分で、ビラ散布などの行為を規制するものである。これまでもビラ散布に対する規制は講じられてきたが、今回は「南北合意書違反行為の禁止」（第24条）と「罰則」（第25条）が新設され、ビラ散布の禁止に法的拘束力を持たせることとなった。この措置を、韓国政府は自国の安全保障の観点から必要な対応と主張しているが、北朝鮮との関係に配慮したものであるとの見方もある。改正法案は12月14日に国会本会議で可決され、29日に公布された[21]。

韓国側の融和的な姿勢は北方限界線（NLL）問題についても一貫している。NLLをめぐる北朝鮮との紛争による犠牲者を悼む「西海守護の日」演説で文在寅大統領は、南北軍事合意の署名後に「NLLにおいて1件の武力衝突も起きていない」との成果を強調した（2020年3月27日）[22]。しかし北朝鮮はNLL付近での軍事行動を起こしている。例えば、2019年11月23日に北朝鮮は、金正恩委員長の指導下で黄海NLL付近の海岸砲射撃を実施し（北側の公式報道は25日）[23]、続いて北側船舶にNLLを越えて南下させた[24]。その時期も含めて

NLL水域では武力衝突を回避できていると大統領は強調したものの、海岸砲射撃は韓国軍が南北軍事合意書違反であるとみなす行為であった[25]。

文在寅政権が重視する武力衝突の回避を盾に取るかのような北朝鮮の行動は、2020年9月に発生した事件においても見られた。韓国合同参謀本部の発表によると、同月21日に北朝鮮は、漁業指導船から行方不明になっていた韓国海洋水産部所属の船員をNLL周辺の北側水域で発見し、これに「銃撃を加え、死体を燃やすという蛮行」を行った[26]。それにもかかわらず、事件の2日後の国連総会演説において文在寅大統領は、あらためて北朝鮮との終戦宣言を提起し、平和共存体制への道を開くと表明した[27]。事件直後の文在寅大統領による「終戦宣言」再提起は、その約2週間前にあった南北首脳による親書交換（文在寅大統領による9月8日の親書に金正恩国務委員長が12日に返信）を経たものだった[28]。事件の発生後も文在寅政権は、南北の緊張緩和への姿勢を北朝鮮側に示していたことになる。

実は、韓国大統領府と合同参謀本部が事件発生を公表したのは、文大統領が国連で演説した後の24日のことであった。大統領府は「我が国民を銃撃で殺害し、死体を毀損したこと」を「国際法と人道主義」への違反として「強力に糾弾」し、「責任者を厳重に処罰しなければならない」と非難した[29]。公表までに日数を要した理由として大統領府は、事件が韓国側からほとんど目撃できない水域で発生したため、確実な情報の把握に時間がかかったと説明した[30]。

9月25日に朝鮮労働党中央委員会統一戦線部が韓国大統領府に送ったとされる文書は、「芳しくない事件」で文在寅大統領と南側の同胞を失望させたことを「申し訳なく思っている」との金正恩委員長の立場を南側に伝えていた。この文書は北朝鮮が直接公表したのではなく、韓国大統領府が代読したものである[31]。謝罪と取れる内容を含む北朝鮮の文書は、文在寅政権に緊張緩和の機会提供をほのめかし、それを誘引として韓国側の態度が硬化することを回避する意図があったといってよい。28日になって韓国大統領府は、韓国から事件の共同調査を北朝鮮に提案するに足るだけの事実関係を確定することは難しいと説明し、糾弾姿勢を軟化させた[32]。

しかし、北朝鮮の統一戦線部の文書は同時に、「証拠」も「取締過程に対する解明の要求もなく」、一方的に事件を「蛮行」と表現したと韓国軍を非難してもいた。統一戦線部が述べたところによれば、事件で南北の「信頼と尊重という関係」を壊してはならないのだという。そしてこの文書を大統領府が代読した日、北朝鮮の朝鮮中央通信は、「信頼と尊重という関係」が決して毀損されることがないよう「安全対策」を北側が取ったにもかかわらず、射殺された船員を捜索する南側艦艇が「我が方の水域を」を「侵犯」していると伝えた。このことが新たな「芳しくない事件」の発生を予感させるとも、朝鮮中央通信は付け加えた[33]。それから間もなく、10月10日に行われた朝鮮労働党創建75周年の演説で金正恩委員長は「北南が再び手を取り合う日が来ることを祈念する」と呼び掛けた[34]。

このような北側による揺さぶりに対し、朝鮮労働党創建75周年式典の翌日、文在寅政権の国家安全保障会議は「南北関係を復元しようという」北朝鮮の立場に注目すると述べた（10月11日）。同じく国防部も「軍事力を先制的に使用しない」という北側の立場に注目すると金正恩委員長の演説を論評した[35]。後述のとおり、金正恩委員長は、軍事力を「先制的に使用しない」との方針に続けて、国の安全を侵されたなら「最も強力で攻撃的な力を先制的に総動員」する方針にも言及しており、解釈の余地を残すものだった。それに国防部が気付かなかったとは思えない。金正恩委員長の発言の前段のみに焦点を当てた韓国国防部の論評もまた、南北関係改善へ強い意欲を示す文在寅政権の姿勢を反映した行動といえるかもしれない。

米韓作業部会における協議とは切り離した形での対北協力の必要性を主張していた李仁栄統一部長官は、幾度となく北朝鮮における水害への医療・食糧支援や新型コロナウイルスのワクチン提供といったコロナ対策における協力など、人道分野や経済分野での協力推進に意欲を見せた[36]。しかし、北朝鮮からの反応は芳しくなく、文在寅政権が目指した南北関係の改善に寄与したかははっきりしない[37]。

2　南北が選択する軍事力

(1) 北朝鮮――脅しの継続

軍事的緊張をテコに韓国を揺さぶっていることからも、また自らの抑止力を顕示するという観点からも、朝鮮人民軍が新型コロナウイルス感染症の流行によって機能や活動を低下させることは、北朝鮮の体制維持にとって死活問題となる。北朝鮮は2020年1月初頭から新型コロナウイルスへの対応を開始したとみられる。北朝鮮当局は1月13日以降に北朝鮮に入境した者すべてに対して「医学的監視対策」を取った[38]。また同月末に「非常設中央人民保健指導委員会」がコロナウイルスの危険がなくなるまで衛生防疫システムを「国家非常防疫システム」に転換すると宣言した[39]。3月半ばに実施されたロバート・エイブラムス国連軍・米韓連合軍・在韓米軍司令官のブリーフィングによれば、人民軍は約30日間ロックダウン状態に置かれ、24日間は北側の軍用機の活動が見られなかったという[40]。

北朝鮮は内部でのコロナウイルス感染者の発生を認めておらず、3月には4度にわたってSRBMを日本海に向けて発射するなど、コロナウイルスの感染が世界規模で拡大する中、軍事的緊張を高める行動を取った。まず3月2日に元山付近から日本海方面へ発射されたSRBMの飛翔距離は240kmであったとされる[41]。このSRBMは北朝鮮が「超大型」多連装ロケット（MRL）と称して前年に発射した[42]ものと同系統と分析される。9日、北朝鮮は再び日本海側から「超大型」MRLとされる[43]ミサイルを発射したのに続き（200km程度飛翔）、21日には西部の黄海側から北朝鮮上空を越え日本海に向けて、米国の陸軍戦術ミサイルシステム（ATACMS）と似ているとされる[44]別のミサイルを発射（400km程度飛翔）、29日には再び日本海側で「超大型」MRLと呼称する[45]SRBMを発射した（250km程度飛翔）[46]。

最初の発射の翌日（3月3日）に金与正中央委員会第1副部長は、韓国側が「民族より同盟を一層重視」しているとし、同月の米韓合同演習が実施されなかったのは新型コロナウイルスの感染拡大を考慮したために過ぎないと非難した[47]。北朝鮮は、韓国がパンデミックという外的要因ではなく自国の意思に基づいて米国との訓練を中止するよう求めた。軍事的緊張を高めても韓国に要求を突き付ける姿勢の背景には、北朝鮮側が抱く、米韓に軍事的対応を決断させない報復的抑止力を備えているという認識があるとも考えられる。米韓が北朝鮮への軍事行動を取ろうとすれば、北朝鮮がMDL付近に大量配備し、韓国の首都圏を射程に入れるMRLや長射程砲による報復を恐れねばならない。ソウルを「火の海」[48]にする軍事力があればこそ北朝鮮は、核兵器の開発をひけらかしても米韓からの予防攻撃に直面することなく、さらには軍事的緊張を引き起こす行動が可能であった[49]。

SRBMの開発を含め、「火の海」の効果が及ぶ範囲を拡大する能力の強化は前年から継続した動きである。2019年に北朝鮮が発射した300mm口径のMRL[50]は、米韓連合軍司令部（CFC）が移転予定のソウル南方の平沢基地（米陸軍のキャンプ・ハンフリーズ）に届く射程があるとみられている（170km程度）[51]。同基地には、在韓米軍の全般的な南部への再配置と並行して、米軍人の家族同伴を容易にすべく[52]施設が集約されており、韓国政府による周辺の都市開発も続いている[53]。在韓米軍が従来の「火の海」の射程から逃れた後も、北朝鮮はこれを追いかけ、基地とその周辺を紛争に巻き込むオプションを維持しようとしている。

一連のSRBM発射に続き、西部の航空部隊による訓練の視察[54]などを経て、2020年5月、金正恩委員長は党中央軍事委員会拡大会議を開催した。開催を発表するに当たって北朝鮮は、「核戦争抑止力」の強化に言及するとともに、重大な兵器の開発進展が秘匿されていると思わせる写真——金正恩委員長が会議で写真上ぼかしが入っている画像を軍幹部たちに指し示す姿——も配信した（5月24日）[55]。北朝鮮が公表した画像と発言は、新たな危機を惹起しかねない核兵器開発の進展を米韓などに対してほのめかしているとの見方を生じさせ得る。北朝鮮が文在寅政権の成果たる軍事合意書を破棄するとの談話を発表したのは、それから10日足らず後であった（6月4日、前節参照）。上述のとおり、この脅しの後、韓国の政権内で米国からの距離を取ろうとする姿勢が見られた。

朝鮮労働党創建75周年の軍事パレードで演説する金正恩委員長＝10月10日（朝鮮中央通信＝共同）

10月10日、党創建75周年の閲兵式で金正恩委員長は「愛する南側同胞」に言及しつつ、北朝鮮の対米戦略あるいは核ドクトリンにもつながる議論を提起した。演説によれば、北朝鮮は軍事力を「我々の時間表」に従って強化し、核による威嚇を含むあらゆる危険な企図に対する「戦争抑止力」を構築するのだという[56]。これは2018年に『労働新聞』に現れた、核実験中止は「世界的な核軍縮のための重要な過程」であり「我々の決めた軌道に従い我々の時間表通りに進む」との論評[57]と同じ立場である。不拡散は核拡散防止条約（NPT）において核兵器国として定められた米露英仏中以外の国々に核兵器を保有させない概念であり、北朝鮮が「世界的な核軍縮」に至る時点まで核保有を許される概念ではない[58]。しかし、金正恩委員長の演説は、北朝鮮が非核化を拒否していることを強く示唆する。

また、同じ演説で金正恩委員長は「我々の戦争抑止力」を「先制的に使用しない」としつつ、「万一、ある勢力が我が国家の安全を侵す場合、または我々に対して軍事力を使用する場合、我々は最も強力で攻撃的な力を先制的に総動員して膺懲する」と述べた。これについて次の点を指摘できる。第1に、金委員長は明言していないものの、「最も強力で攻撃的な力」が核兵器を指す可能性はある。第2に、最も強力で攻撃的な力が先制的に総動員されることとなる北朝鮮の安全が侵される事態とはいかなる事態を指すのか明らかではない。北朝鮮側の事態の認識いかんによって、その力が先制的に使用される余地が残っているともいえる。第3に、先制攻撃の狙いを「膺懲」としていることである。相手国からの差し迫った攻撃の源泉を標的とするのではなく、人口密集地や産業中心地といった価値目標を破壊すると威嚇する意図であろうか。仮に北朝鮮が核をカウンターフォース（対兵力）攻撃ではなく、カウンターバリュー（対価値）攻撃に先制使用する意思が排除されないのであれば、金正恩の演説は、文言上は曖昧であっても、強いメッセージとして理解することができるかもしれない。

(2) 韓国――米中のはざまで

2019年10月2日の北朝鮮によるSLBM・北極星3[59]の発射を契機として、韓国海軍は次期イージス艦艇にSM-3（弾道ミサイル防衛用迎撃ミサイル）相当の迎撃ミサイルを搭載する必要性をあらためて提起した。日本海側から発射された同SLBMは、450kmを飛翔し、通常よりかなり高い高度約900kmに達した。迎撃を困難にするロフテッド軌道だったとみられる[60]。ロフテッド軌道のミサイルの迎撃は、その最高高度をはるかに下回る高度100kmを限度とする[61]従来の韓国型ミサイル防衛（KAMD）では困難である。もともとKAMDは米軍のミサイル防衛に依存することなく朝鮮半島情勢に対応する「終末段階の下層防御中心」のミサイル防衛システムである。有事の際は、敵ミサイルを早期警報レーダーやイージス艦のレーダーで探知し、情報の分析後、迅速に迎撃することを意図している。韓国国防部は、KAMDという独自のシステムを構築することを強調しているが、米軍との相互運用の強化も行っている[62]。

1週間後の10月10日、韓国海軍参謀総長は国会で、「SM-3級」迎撃ミサイルがSLBMあるいは高高度の弾道ミサイルに対する防衛に効果的であることを理由に挙げ、海軍がその調達に向けて努力していると述べた[63]。SM-3相当のミサイルであれば、高度は100kmを大きく超える。このとき海軍本部が国会に提出した資料によると、これまで下層防衛に集中してきたKAMDを、北朝鮮の弾道ミサイル能力の向上に伴い、高度100km以上まで要撃の範囲を広げる多層防衛に発展させるために「SM-3級」ミサイルが必要になるとされた[64]。

韓国において弾道ミサイル防衛用迎撃ミサイルの導入は数年前から議論を呼んできた。韓国国防部がSM-3の導入およびターミナル段階高高度地域防衛（THAAD）配備の受け入れを否定しつつ、KAMDの射程を高度100kmに限定したのは2013年10月15日のことである[65]。そして、韓国はTHAADではなくその代替[66]として国産L-SAM（未開発）の導入を決定した[67]。この決定の4カ月ほど前、朴槿恵大統領は中国の習近平国家主席との間で「戦略的協力同伴者関係」を構築するとうたっていた[68]。韓国はこのような中国との戦略関係の合意後、米国のミサイル防衛システムの導入を回避したと考えられるのである。しかし、韓国は米国と「包括的戦略同盟関係」[69]で合意してもいる。2015年、在韓米軍にTHAADを配備する議論が生じると、それに憂慮を表明した中国の常万全国防部長に対し、韓国の韓民求国防部長官は米国との「包括的戦略同盟関係」と中国との「戦略的協力同伴者関係」を調和させると説明した[70]。ここで韓国側は、THAAD導入に対する中国の懸念を緩和するため、米中それぞれとの戦略関係を調和させる方針を明示的に述べていた。朴槿恵政権が2016年7月、在韓米軍へのTHAAD配備を受け入れる決定を下すと、中国外交部は「強烈な不満と断固とした反対」を表明した[71]。

その1年ほど後の2017年10月末、新たに発足していた文在寅政権はTHAAD受け入れに起因して中国から受けていた経済的報復を解消する意図を持って[72]対中折衝に臨み、①THAADの追加配備をしない、②米国のミサイル防衛に参加しない、③日米韓協力を「同盟」に発展させないという3つの「既存の立場」から前進しないという中国の要求を受け入れた（「三不」政策）[73]。「三不」はいわば中国にとってのレッドラインであって、韓国が不利益を被りたくなければレッドラインを越えてはならないという中国の主張を韓国側が受け入れたものともいえる[74]。

韓国海軍は「主権国の決定に周辺国が干渉」すべきではないとして「SM-3級」の導入を主張していた[75]。しかし、2019年の韓国国会では、この「三不」政策に反するとして文在寅政権側の「共に民主党」議員が韓国海軍の主張に対する懸念を表明した[76]。この政権党側からの懸念において、SM-3は朝鮮半島域を目標とするミサイルを要撃するための高度を超えることも指摘されていた[77]。

2020年8月に文在寅政権が発表した2021～2025年の国防中期計画は、「複合多層防衛」を目指すとし、イージス艦の追加導入にも触れたものの、海軍がそのために必要性を主張していた「SM-3級」には言及していない。中期計画は、北朝鮮の長射程砲から首都ソウルを守る防空システムである韓国版アイアン・ドーム、KAMDを補完するパトリオットや国産の鉄鷹IIといった地対空ミサイルの追加配備など防衛能力の向上に注力しているが、「SM-3級」は除外したのである[78]。

同年8月、大統領府の徐薫国家安保室長は中国共産党の楊潔篪中央政治局委員と協議した。徐室長の説明によれば、習近平主席にとって韓国が「優先的に訪問する国」だとの発言を中国側から引き出したのだという[79]。しかし中国側の発表では、当該発言だけでなく、習近平主席の訪韓自体についての言及もない[80]。中国にとっては、文在寅政権が期待する習近平主席の訪韓をテコとして韓国から何らかの問題について譲歩を引き出すことが可能となる。関連して実は、中国が一方的に公表した韓国側の発言がある。中国側によれば、韓国の徐薫国家安保室長は中国と「共同で半島の恒久的な平和を構築したい」と述べたとされるが、これは韓国側発表では言及されていない[81]。2018年の南北板門店宣言には、平和体制に向けた議論が中国を排除して行われる可能性を示す文言があり、中国側の発表は自国の参加を担保させようとする意図を示唆するものであろう。

2019年8月15日、文在寅大統領は「誰も揺るがすことのできない国家」の建設を主張した[82]。この演説から1カ月半ほど後、2019年10月に文在寅大統領は米韓ミサイル指針改訂交渉を指示した。同指針は1979年以来、改訂を経つつも韓国によるロケットや弾道ミサイルの開発を制約するものである。2020年7月29日、金鉉宗国家安保室第2次長は、交渉の結果として固体燃料を利用した宇宙ロケット開発の制約が解除されたと発表した。同次長はその意義を「誰も揺るがせない国家」に一層近づくものと説明した[83]。中国からの圧力に応じるかのようにSM-3の取得が国防中期計画から除外される一方、米国から課された従来の制約を超えるミサイルの開発は「誰も揺るがせない国家」になるためと政権が強く支持したのである。

ミサイル指針改訂発表の直前、7月23日に文在寅大統領は国防科学研究所

（ADD）を訪問し、国産SRBM・玄武2の開発に成功したADDが「世界軍事力評価で第6位を占める大韓民国の国防力」の源泉だとたたえていた[84]。ADDは1970年代の朴正熙政権下、米国の地対空誘導弾ナイキに関連する事業を通じて秘密裏に取得した技術により最初の国産弾道ミサイル・白熊（NHK-1）を開発した機関である[85]。米韓ミサイル指針は、1978年の同ミサイルの発射試験を受けてその開発中断を要求した在韓米軍司令官に対し、韓国国防部長官が開発制限を約束したことに端を発している[86]。

ADDを訪問した際、文在寅大統領は「世界最大水準の搭載能力を持つ弾道ミサイル」に言及し、今後「完全なミサイル主権」を確保してほしいと周囲に述べたという[87]。前回のミサイル指針改訂（2017年）において搭載重量の制限が廃止されたことを受けて開発された、搭載可能重量2tともいわれる弾道ミサイル・玄武4を念頭に置いたものとみられる。韓国は2020年3月に同ミサイルの試験発射を実施したと伝えられている[88]。玄武4は800kmの射程を持ち、これは韓国中部以南から北朝鮮全土を圏内に収められる距離であり、ミサイル指針で引き続き制限される射程の上限である[89]。

2020年9月、文在寅政権は52.9兆ウォンの2021年度国防予算案を策定した。韓国経済が新型コロナウイルス感染症の流行の影響を受ける中、前年比5.5%の増額であった。予算の優先項目には、米韓連合軍司令官（米陸軍大将）が持つ戦時作戦統制権（OPCON）の韓国軍大将への移管を可能にするために進められる軍衛星通信システムなどの事業（2兆2,296億ウォン）が含まれる[90]。同月25日の「国軍の日」演説で文在寅大統領は、射程800km超の弾道ミサイルの開発や3万t級「軽空母」、潜水艦などの能力を強調した。しかし、これらが対北朝鮮を想定した米韓連合作戦における韓国の役割に基づいて必要とされる能力であるのか判然としない部分がある。この演説で大統領は北朝鮮については直接言及していない[91]。

米韓同盟をめぐっては防衛費分担金（米軍駐留経費の韓国側による負担）に関して両国間で議論があった。2010年に7,904億ウォンだった分担金は増額を続け2019年に1兆389億ウォンとなっている[92]。2020年の米韓防衛費分担特別協定（SMA）は、同年中に入っても交渉が続き3月20日、韓国側が「双方間の立場の違いがある」との立場を公にしていったん協議が中断した。4月1日から在韓米軍は、SMAで給与が支払われるべき韓国人労働者4,000人余りを無給休職とし、6月に韓国政府が給与負担を申し出るまでその状況が続いていた。前年12月末にSMAが効力を失って以降、米側が在韓米軍のコストを一方的に負担させられる状況に陥っていたのだという[93]。

2020年10月14日の米韓国防長官間の安保協議会議（SCM）共同声明で米側は、SMAがない現状が同盟の即応性に長期的な影響をもたらし得ると指摘した。他方で同共同声明で米韓は、米韓連合軍司令部（CFC、米陸軍大将が司令官）のOPCONを未来の連合司令部（韓国軍大将が司令官）に移管する方法について議論したほか、北東アジアの安全のための情報共有などの日米韓防衛協力の継続にコミットした[94]。このSCMでの公開発言では、OPCON移管の時期について韓国側が「条件を早期に満たして韓国軍主導の連合防衛体制を確実に準備」すると述べたのに対し、米側は「移管はあらゆる条件を満たすのに時間がかかる」と応じたという[95]。この問題での米韓のギャップもうかがえる。前任の朴槿恵政権期の2013年にもOPCON移管後にCFCと類似規模の新司令部の司令官を韓国側が受け持つ構想を米韓が検討していたとされるが[96]、翌2014年には特定の移管時期に言及されなくなった。以来、OPCON移管は「条件に基づいて」（conditions-based）進められることになっている[97]。

2020年は、米国が大統領選挙を控えていたこともあり、また新型コロナウイルスの世界規模での感染拡大の影響もあって、2018年や2019年と異なり朝鮮半島をめぐる首脳レベルでの大きな進展がなかった。それだけに南北共同連絡事務所の爆破に見られるように南北関係における北側による南側の揺さぶりが目立った年であったともいえる。しかし、東アジアの平和と安定のためには、南北関係の改善とともに日韓、米韓、日米韓による取り組みが重要であり、韓国が安倍晋三政権を継いだ菅義偉政権およびジョセフ・バイデン新大統領とどのように協力を進めていくかが注目される。

注

1）　朝鮮中央通信、2020 年 6 月 4 日。
2）　朝鮮中央通信、2020 年 6 月 17 日。
3）　『労働新聞』2020 年 6 月 17 日。
4）　Yonhap News, June 10, 2020.
5）　朝鮮中央通信、2020 年 6 月 11 日。
6）　『労働新聞』2015 年 8 月 25 日。
7）　韓国大統領府「南北高位当局者接触共同報道文」2015 年 8 月25 日;『労働新聞』2015 年 8 月 25 日。
8）　渡邊武、小池修「朝鮮半島――「非核化」交渉の行方」防衛研究所編『東アジア戦略概観 2019』（防衛研究所、2019 年）85–86 頁。
9）　朝鮮中央通信、2020 年 6 月 4 日。
10）　朝鮮中央通信、2020 年 6 月 13 日。
11）　朝鮮中央通信、2020 年 6 月 17 日。
12）　『労働新聞』2020 年 6 月 17 日。
13）　Thomas C. Schelling, *Arms and Influence*, revised edition (New Haven: Yale University Press, 2008), 21–23; Todd S. Sechser and Matthew Fuhrmann, *Nuclear Weapons and Coercive Diplomacy* (Cambridge: Cambridge University Press, 2017), 28.
14）　朝鮮中央通信、2020 年 6 月 24 日。
15）　聯合ニュース TV、2020 年 7 月 1 日。
16）　『東亜日報』2020 年 7 月 7 日;『朝鮮日報』2020 年 7 月 7 日; 韓国国会事務処「外交統一委員会（臨時議事録）」第 280 回国会（臨時会）、2020 年 7 月 23 日、15 頁。
17）　韓国統一部「『統一部長官が米韓ワーキング・グループを拒否した』ことは事実ではありません：文化日報、8 月 19 日付報道に対する声明」2020 年 8 月 19 日。
18）　韓国統一部「李仁栄統一部長官、ハリー・ハリス駐韓米大使を接見」2020 年 8 月 18 日。
19）　韓国大統領秘書室『文在寅大統領演説文集：我々は共によく生きねばなりません』第 2 巻下（大統領秘書室、2019 年）256–63 頁。
20）　『東亜日報』2020 年 6 月 30 日。
21）　韓国統一部「対北ビラ規制関連『南北関係発展に関する法律』改定説明資料」2020 年 12 月 18 日;『Chosunbiz』2020 年 12 月 29 日。
22）　韓国大統領秘書室『文在寅大統領演説文集：偉大なる国民と共に世界を先導する大韓民国の道を開きます』第 3 巻下（大統領秘書室、2020 年）323 頁。
23）　『労働新聞』2019 年 11 月 25 日;『国防日報』2019 年 11 月 27 日。
24）　『国防日報』2019 年 11 月 28 日、11 月 29 日。
25）　『国防日報』2019 年 11 月 27 日。

26) 韓国合同参謀本部「漁業指導員失踪に関連する立場の発表」2020年9月24日。
27) 韓国大統領府「第75次国連総会基調演説」2020年9月23日。
28) 韓国大統領府「南北首脳親書に関連する徐薫国家安保室長ブリーフィング」2020年9月25日。
29) 韓国大統領府「我が漁業指導委員死亡に関連するNSC常任委員会声明」2020年9月25日。
30) 韓国大統領府「姜珉碩代弁人書面ブリーフィング」2020年9月28日。
31) 韓国大統領府「北側の通知文に関連する徐薫国家安保室長ブリーフィング」2020年9月25日。
32) 韓国大統領府「姜珉碩代弁人書面ブリーフィング」。
33) 朝鮮中央通信、2020年9月27日。
34) 『労働新聞』2020年10月10日。
35) 『国防日報』2020年10月12日。
36) 『ハンギョレ』2020年8月22日; 聯合ニュース、2020年10月23日; 韓国統一部「統一部長官主催の南北保健医療協力協議体会議開催」2020年11月20日。
37) 『労働新聞』2020年11月19日。
38) 朝鮮中央通信、2020年2月3日。
39) 朝鮮中央通信、2020年1月30日。
40) [U.S.] Department of Defense, "Gen. Robert B. Abrams Holds a Press Briefing on U.S. Forces-Korea's Response to COVID-19" (March 13, 2020).
41) 防衛省「2020年の北朝鮮による弾道ミサイル発射」2020年4月。
42) 『労働新聞』2019年9月11日、11月1日。
43) *Janes,* March 10, 2020; 防衛省『令和2年版　防衛白書』(2020年) 98頁。
44) *Janes,* March 23, 2020.
45) 『労働新聞』2020年3月30日。
46) 2020年3月に北朝鮮が発射した一連のミサイルの飛翔距離については、防衛省「2020年の北朝鮮による弾道ミサイル発射」。
47) 朝鮮中央通信、2020年3月3日。
48) 朝鮮中央通信、2013年3月25日、3月27日、2016年3月27日; 韓国公報処『変化と改革：金泳三政府国政5年資料集』第1巻(公報処、1997年) 468頁。
49) Ashton Carter and William Perry, *Preventive Defense: A New Security Strategy for America* (Washington, DC: Brookings Institution, 1999), 128–29; 道下徳成『北朝鮮瀬戸際外交の歴史——1966～2012年』(ミネルヴァ書房、2013年) 152–53、277–78頁; 渡邊武「不拡散における誘因の欠如——なぜ北朝鮮は非核化しなかったのか」『防衛研究所紀要』第19巻第2号 (2017年3月) 76頁。
50) 『国防日報』2019年5月7日。

51) 韓国合同参謀本部『北韓の実態、一問一答』(合同参謀本部、2015 年) 55 頁。

52) [U.S.] General Accounting Office, *Defense Infrastructure: Basing Uncertainties Necessitate Reevaluation of U.S. Construction Plans in South Korea*, GAO-03-643 (July 2003), 7; Jon Letman, "USAG Humphreys: The Story behind America's Biggest Overseas Base," *Diplomat*, November 6, 2017.

53) 韓国行政安全部「本年、米軍基地移転の平沢地域開発、1 兆投入：行安部、『米軍基地移転に伴う平沢地域開発計画 20 年度施行計画』確定」2020 年 3 月 10 日。

54) 『労働新聞』2020 年 4 月 12 日。

55) 『労働新聞』2020 年 5 月 24 日。

56) 以下、労働党創建 75 周年演説の引用は次から。朝鮮中央通信、2020 年 10 月 10 日。

57) 『労働新聞』2018 年 5 月 28 日; 渡邊、小池「朝鮮半島」77 頁。

58) 渡邊、小池「朝鮮半島」75–77 頁。

59) 『労働新聞』2019 年 10 月 3 日。

60) 防衛省「防衛大臣臨時記者会見」2019 年 10 月 3 日; 防衛省『令和 2 年版　防衛白書』第 1 部第 1 章第 3 節。

61) 『国防日報』2013 年 10 月 16 日。

62) 韓国国防部『2016 国防白書』(2017 年) 第 3 章第 5 節。

63) 韓国国会事務所「2019 年度国政監査国防委員会会議録」2019 年 10 月 10 日、14 頁。

64) 韓国国会事務所「2019 年度国政監査国防委員会会議録」(付録) 2019 年 10 月 10 日、120 頁。

65) 『国防日報』2013 年 10 月 16 日。

66) 韓国国会事務所「国防委員会会議録」第 326 回国会 (臨時会) 第 6 号 (付録)、2014 年 7 月 7 日、37 頁。

67) 『国防日報』2013 年 10 月 16 日。

68) 『人民日報』2013 年 6 月 28 日; 韓国外交部「韓中未来ビジョン共同声明」2013 年 6 月 27 日。

69) The White House, "Joint Vision for the Alliance of the United States of America and the Republic of Korea" (June 16, 2009).

70) 『国防日報』2015 年 2 月 5 日。

71) 新華網、2016 年 7 月 8 日。

72) 韓国国会事務処「外交統一委員会会議録」第 354 会国会 (定期回) 第 6 号 (付録)、2017 年 11 月 27 日、28 頁。

73) 韓国国会事務処「外交統一委員会会議録」第 354 会国会 (定期回) 第 6 号、2017 年 11 月 27 日、15 頁; 韓国外交部「韓中関係改善に関連する両国間協議結果」2017 年 10 月 31 日。

74) Takeshi Watanabe, "Japan-US-ROK Cooperation for Sustaining Deterrence," in *NDA-*

FOI Joint Seminar: North Korea's Security Threats Reexamined, eds. Hideya Kurata and Jerker Hellström (Yokosuka: National Defense Academy, 2019), 85–87.

75) 韓国国会事務所「2019年度国政監査国防委員会会議録」(付録)2019年10月10日、123頁。

76) 同上。

77) 同上、122頁。

78) 『国防日報』2020年8月11日。

79) 韓国大統領府「徐薫国家安保室長、楊潔篪中国中央政治局委員との会談関連書面ブリーフィング」2020年8月23日。

80) 『人民日報』2020年8月23日。

81) 『人民日報』2020年8月23日；韓国大統領府「徐薫国家安保室長、楊潔篪中国中央政治局委員との会談関連書面ブリーフィング」。

82) 韓国大統領秘書室『文在寅大統領演説文集：偉大なる国民と共に世界を先導する大韓民国の道を開きます』第3巻上（大統領秘書室、2020年）268–69頁。

83) 韓国大統領府「韓米ミサイル指針改定に関連する金鉉宗国家安保室第2次長ブリーフィング」2020年7月28日。

84) 韓国大統領府「国防科学研究所激励訪問」2020年7月23日。

85) 安東萬、金炳教、曺泰煥『白熊、挑戦と勝利の記録：大韓民国最初の地対地ミサイル開発物語』（プラネットメディア、2016年）120–24、146、150–82頁。

86) 同上、360–61頁；『国防日報』2017年9月25日。

87) 韓国大統領府「懸案に関連する姜珉碩代弁人ブリーフィング」2020年7月23日。

88) SBSニュース8、2020年8月2日；Julia Masterson, "South Korea Tests New Missile," Arms Control Association (June 2020); Timothy Wright, "South Korea Tests Hyunmoo-4 Ballistic Missile," International Institute for Strategic Studies (June 10, 2020).

89) 『ハンギョレ』2020年8月3日。

90) 『国防日報』2020年9月2日。

91) 韓国大統領府「第72周年国軍の日記念辞」2020年9月25日。

92) 韓国e-国指標「防衛費分担金現況」韓国e-国指標ウェブサイト。

93) 『国防日報』2020年6月4日；[U.S.] Deaprtment of Defense, "Department of Defense Accepts Korean Ministry of Defense's Proposal to Fund Korean National Employee Labor Costs" (June 2, 2020).

94) [U.S.] Department of Defense, "Joint Communique of the 52nd U.S.-Republic of Korea Security Consultative Meeting" (October 14, 2020).

95) KBSニュース9、2020年10月15日。

96) 『国防日報』2013年6月3日。

97) [U.S.] Department of Defense, "Joint Communique of the 46th ROK-U.S. Security Consultative Meeting" (October 23, 2014).

第4章

東南アジア

ポスト・コロナの安全保障課題

執筆者

松浦吉秀（代表執筆者、第1節・第2節（3））
富川英生（第2節（1）（2）・第3節）

コロナ禍のためオンライン開催された東アジア首脳会議（11月14日）に臨む菅首相（首相官邸HPより）。トランプ米大統領は4年の任期中一度も参加しなかった。

Summary

2020年の東南アジアは、新型コロナウイルスにより大きな影響を受けた。インドネシアとフィリピンでは年をまたいでも継続して感染が拡大または横ばいの状況であり、他の国でも、新規感染をほぼ抑え込んだ国がある一方、年後半から感染の再拡大が起きている国もあり、地域全体としては収束が見えない。コロナによる国境の封鎖や国内での都市封鎖・行動制限などの措置は、各国経済に深刻なダメージを与え、特に貧困層が大きな影響を受けている。一方、コロナ対応を理由にした強権的な政権運営の事例が見られ、地域諸国が積み重ねてきた民主主義の実践への影響が懸念される。東南アジア諸国連合（ASEAN）はコロナ対応における国際支援のプラットフォームとして一定の役割を果たしているが、ASEAN独自での問題解決という観点では限定的であったといえる。

パンデミックにかかわらず、南シナ海情勢は中国による自国の権利を主張する活動がより広範にかつ示威的な形で展開され、緊張が続いた。これに対し、東南アジアの各国は、中国との戦力の格差や経済関係への影響なども考慮しつつ、可能な限りの軍事的・外交的対応を見せた。他方、中国の行動に対し、西側諸国は警戒感を高め、特に米国が同問題に対してより積極的に関与する姿勢を示すようになった。ASEAN外交の場でも米中両国の意見の対立が目立つ中、ASEANとしては大国間競争から距離を置く姿勢を示している。

コロナ対策費による国防予算への影響がある中で、各国は海上戦力の強化に向けて艦艇の増勢や近代化、対艦攻撃能力や海洋での情報収集・警戒監視・偵察（ISR）能力の強化に取り組んでいる。また軍の活動について、上半期はコロナの影響で共同訓練の順延が目立ったが、下半期に入り、インドネシア海軍などが大規模な訓練を再開している。

1　新型コロナウイルスと東南アジア

(1) 各国の感染状況の現況

世界中に拡散した新型コロナウイルスは、東南アジア地域でも猛威を振るっている。このパンデミックは、域内各国の国家運営の在り方や、ASEANの地域共同体としての役割にも影響を及ぼしている。

世界保健機関（WHO）の集計によると、ASEAN10カ国の2020年の累計感染者は約151万人、死者は約3万4,000人を数える[1]。国内における行動・経済活動の制限や、外国との人的往来・貿易の停滞が地域経済に与える影響は大きく、アジア開発銀行（ADB）は12月、2020年の東南アジアの実質成長率をマイナス4.4%と予測している[2]。

10カ国の状況を見ると（図4-1）、2020年末時点でインドネシアとフィリピンの2カ国で地域の累計感染者数の約8割となっており、死者数は両国で約9

図4-1　ASEAN各国の新型コロナウイルス感染者数（2020年）

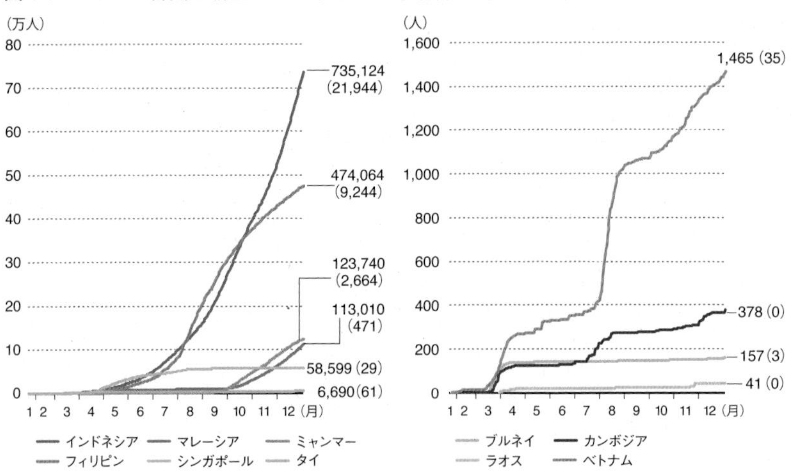

（出所）WHO Coronavirus Disease (COVID-19) Dashboardの各国データより執筆者作成。
（注）右の数字は2020年12月末時点での累計感染者数と死者数（丸括弧内）。

割を占める[3]。インドネシアは流行初期からほぼ一貫して感染者が増大しており、明らかに封じ込めに成功していない。フィリピンも8〜9月のピーク期からは減少したものの、その後も感染者数はほぼ横ばいであり、封じ込めには至っていない。

マニラ封鎖措置で検問を行うフィリピン軍兵士（DPA／共同通信イメージズ）

インドネシアでは、ジョコ・ウィドド政権が4月3日に「新型コロナウイルス即応のための大規模な社会制限の指針に関する保健相令」（2020年第9号）を発出し、同令を踏まえて各地方政府が「大規模社会規制」（PSBB）と呼ばれる行動制限を行ったが、経済活動維持と感染拡大防止を両立するため、都市封鎖のような厳しい措置は取らなかった。4月後半からのラマダン時期の帰省に対しても当初自粛要請にとどまったため、全国に感染を広げる一因となったとみられる。フィリピンでは、ロドリゴ・ドゥテルテ大統領が3月8日に公衆衛生非常事態を宣言し、同中旬からマニラ首都圏を封鎖、ルソン島全域に外出制限を適用した。6月以降規制が緩和されると感染が拡大し、以降規制強化と緩和を繰り返している。国際通貨基金（IMF）は報告書で、感染を抑え込む前に規制を緩和した国として両国を挙げ、人口過密でインフォーマル部門や貧困の多い都市を封鎖する政府の能力や検査・医療体制に制約があること、インドネシアについては制限の開始時期が遅かったことが、封じ込めの有効性に影響を与えたと指摘している[4]。

それ以外の国については、おおよそ7月頃までは、ある程度の累計感染者を出したが前記2カ国のような新規感染の爆発的拡大は回避し、死者数は限定的な国（マレーシア、タイ、シンガポール）と、感染者・死者ともごく少数（感染は数十〜数百人、死者はゼロまたは1桁）にとどまる国（ベトナム、ミャンマー、カンボジア、ラオス、ブルネイ）に分けることができた。その後、各国で人的行動、経済活動の制限緩和が行われるにつれ、一部の国では新規感染者の増加が見られ、執筆時点ではミャンマーとマレーシアで8〜9月以降感染者が（前者では死者も）急増している。また、特異な例としてシンガポールでは、累計感染者の9割以上が外国人労働者である。彼らの過密で衛生環境の悪い宿舎でクラスターが発生していたが、当局による捕捉が遅れ4月以降の感染拡大につながった[5]。政府は全外国人労働者を検査するとともに、感染症に配慮した新宿舎の建造も含む生活環境改善の施策を実施して新規の感染発生を抑え込んでいる。

ベトナムでは2月初めの早い段階から中国人旅行者への査証発給を停止し、中国本土との航空便往来を中止した[6]。共産党の指示による強力な政策遂行体制の存在を背景に、非常に厳格な感染者・接触者の隔離態勢、行動制限措置を取ったと報じられている[7]。これにより7月まで3カ月にわたり国内の新規感染者ゼロ・流行開始当初からの死者ゼロを維持してきたが、それ以降は市中感染者・死者も発生している。ブルネイでは、入国禁止や個人に対する行動制限を行い、大規模集会の禁止や公共・商業施設などの一時停止がなされた。5月のラマダン明けに際しては、直近2週間での新規感染者がいない状況であったが、集団礼拝や官庁・企業などのオープンハウスは禁止され、個人でも大人数による祝賀が制限された[8]。カンボジアでは、4月のクメール正月期間のプノンペンと他州の間の移動が禁止され、当該期の公休が8月に移転された[9]。

(2) 国家運営上の問題

東南アジアの各国とも、新型コロナウイルス感染症の流行によって、程度の差はあれ、国家の機能が制約を受けている。それによって生じる大きな問題は国民生活への影響である。ここでは経済、政治に関わる問題について述べる。

第1に、国民への経済的影響については、特に悪影響を被っているのはインフォーマル部門で就業する者を含む低所得層である。例えば日雇い労働者や露天商などは、行動制限により就業できないことは生存に直結する。政府は補助金の支給などの支援を行うが、あっても不十分であるか、きちんと届かない場合がある。インドネシアでは、6月時点の報道では、失業状態の者が640万人に上り、地理的制約や制度的問題、汚職などの障害により、政府によるコロナ対策の現金支給が3割程度にしか届いていないとも報じられている[10]。こうした場合、生きるために制限を破ってでも働かざるを得ず、感染の封じ込めを阻害することになる。厳格な感染対策上の制限よりも経済活動の維持を重視せざるを得ないのには、こうした事情もある。特に前述したADBによれば、フィリピンは実質成長率が年換算マイナス8.5%と大幅に下落する予測となっており、深刻な影響が懸念される[11]。世界銀行は9月の報告書で、開発途上の東アジアおよび太平洋諸国（ブルネイ・シンガポールを除く東南アジア諸国が含まれる）で、同年中に貧困層（1日あたり所得が5.5ドル以下）が950〜1,260万人増加するとの見通しを示している[12]。コロナ問題の長期化により貧困層が増加し、それにより国内の経済的格差が拡大する傾向が続くことは、国家の安定と安全に大きな影響を与えることになろう。

第2に、こうしたコロナ対策による制限は、各国の政治的文脈で、民主的価値に基づく政治的自由の制約につながっている。顕著な例はタイである。タイでは、コロナ対策でロックダウンを行うことを可能にするため、3月26日にプラユット・チャンオーチャー首相による緊急事態宣言が発出された。この宣言は4月末と5月末に2度延長された後、6月末の期限に際して、1カ月以上新たな感染者が出ていないにもかかわらず、プラユット首相は1カ月の延長を決定し、その後も延長を繰り返して年末時点で継続している。2019年7月に軍事政権から民政移管したプラユット政権だが、野党への抑圧的姿勢に反対する勢力が反政府集会を継続しており、政府は否定するものの、それに対処するための宣言継続ともみられている[13]。実際、2020年7月以降、学生などによる集会が、政府批判だけでなく君主制度の改革も訴え始め、王室支持派も登場して緊張が高まる中、政府は10月15日の反政府集会に際して、バンコクを対象にした緊急事態宣言を発令し、5人以上の集会を禁止して、デモの指導者ら20人を逮捕した。さらに11月17日の集会では、反体制派、警察、王室支持派が激しく衝突する中、何者かによる銃撃を受けた6人を含む少なくとも55人が負傷したと報じられている。タイでの反体制集会は、全土で感染者が再発生し始めた12月まで続いた[14]。

ほかにも、マレーシアでは、感染の再拡大に伴い、10月14日からスランゴール州とクアラルンプール、プトラジャヤに条件付き活動制限令が発出された。一方、2月のマハティール・モハマド首相の辞任以降、マレーシア政治が主導権争いで混乱を続けている中、10月23日、ムヒディン・ヤシン首相がアブドゥラー国王に対し、コロナ対応と国民生活の安定を理由に、国王に非常事態宣言の発令を上奏した。ただし国王は必要性を認めずこれを却下している。

ミャンマーでは、感染者が急増し、一部の野党が延期を求める中、事実上の政府指導者であるアウンサン・スーチー国家顧問が、2020年11月8日投票の総選挙を予定どおり実施することを発表した。コロナ対応で50人を超える集会の禁止や移動規制が履行されているため、選挙運動では特に新興野党が不利な立場に置かれていると報じられている[15]。同14日に確定した選挙結果は、与党・国民民主連盟が前回より得票率を増やして単独過半数を維持した。

シンガポールでも、3月に早期の議会解散の観測が浮上し、野党がコロナ流行下での総選挙の先送りを求めていたが[16]、6月1日に「サーキットブレーカー」と呼ばれる社会的行動制限措置が解除されたことで、与党・人民行動党は総選挙の7月実施を決めた。コロナ対策で大規模な選挙集会や、候補者と有権者の接触が制限され、選挙戦は野党に不利とみられていたが[17]、7月10日の投票結果は、与党が勝利したものの大幅に得票率を減らし、野党・労働者党が議席を伸ばした。

このように、現実に感染対策上の必要性があり、そのために一定の強権的手法を必要とする局面があるとしても、コロナを理由にして現政権が優位に政策運営を行おうとする動きは、政府に対する国民の信頼を損ない、またそれへの反対によって政治的・社会的混乱を生じさせている。こうした状況に対しては、これまで東南アジア諸国が積み重ねてきた民主主義の実践を危うくしかねないという懸念がある。このことは、各国のみならず、ASEANの共同体としての価値にも影響を及ぼし得るといえよう。

(3) 地域外交上の課題

新型コロナウイルスのパンデミックは、東南アジア各国の問題であるともに、当然ながら地域全体にとっても喫緊の課題となった。ただし、地域機構としてのASEANとしてみると、問題解決のために著しい活躍があったとは言い難い。2020年4月14日に新型コロナウイルス感染症に関するASEAN特別首脳会議がオンラインで開催された。首脳会議宣言では、保健衛生、軍事医学、人道支援・災害救援（HA/DR）、経済など各分野でのASEAN域内協力、域外国との協力やWHOをはじめ国際機関との協力をうたっている[18]。ただし、当時の感染拡大期において域内国が必要としていたもの、例えば衛生・医療資材や要員、資金、知見などが共有され、各国に提供されることに、ASEANが役立っていたかは定かではない。

ASEANの枠組みでは、例えばHA/DRの分野では、2004年のスマトラ沖大地震・インド洋大津波災害を契機に、軍民双方で、地域協力の取り決めと実践のための枠組みが段階的に形成されてきた。しかし、今回のパンデミックは、すべての加盟国がほぼ同時に罹災したこと、感染症という危機の特性上、国境を閉じ人やモノの出入りを止める必要があったこと、必要な物資が自国内の需要で手一杯であったことなどから、感染が拡大している時点での物理的な協力という点ではハードルが高かったとは考えられる。こうした背景から、4月の首脳会議では新型コロナASEAN対応基金や、公衆衛生危機に対する医療物資地域備蓄制度の創設が提案され、後者は同年11月12日のASEAN首脳会議（オンライン）にて立ち上げが確認されている[19]。

このような中、中国は、初期においては「マスク外交」、その後は「ワクチン外交」とも称される2国間、多国間の協力の申し出で存在感を示している。8月20日にはインドネシアとの新型コロナウイルス・ワクチン協力で合意、11月以降中国のシノバックがワクチンを同国の国営製薬企業ビオ・ファルマに供給するほか、同社が国内向け生産を行うこととなった。8月24日には中国とメコン川流域諸国（カンボジア、ラオス、ミャンマー、タイ、ベトナム）との協力枠組みであるランチャン・メコン協力（LMC）首脳会議（オンライン）で、李克強・国務院総理が同諸国にワクチンを優先的に提供するとともに、

LMCの枠組みで公衆衛生促進のための特別基金を作ることを表明した[20]。9月9日の中・ASEAN外相会議（オンライン）では、王毅外交部長が、ASEAN諸国のワクチンの必要性を優先的に考慮し中国とASEANの「ワクチンの友」関係を築くと述べるとともに、緊急医療物資の共同備蓄などを表明した[21]。その後、インドネシアは12月6日に第1便としてシノバック製ワクチン120万回分を受領した。また、タイでも12月31日に、2021年2〜4月に受領する200万回分のワクチンを確保したと公表され、後の正式発表で同社製と明らかになった[22]。なお、カンボジアは2020年12月15日、フン・セン首相がワクチン調達をWHOの承認を得たものに限定すると表明し、中国からの直接の導入を除外するものと報じられたが、この見方には異論も出ている[23]。

他方、米国の関与については、ASEAN諸国に対して8,700万ドル以上の新型コロナ対策関連支援を約束していることが、11月14日の米・ASEAN首脳会議（オンライン）において歓迎された[24]。また、日本は7月9日の日メコン外相会議（オンライン）で、上述のメコン5カ国に116億円相当の医療機材などを支援することで合意した[25]。9月9日の日・ASEAN外相会議（オンライン）では、ASEAN感染症対策センターの新規設立を支援し、5,000万ドルの拠出を行っていることに加え、上述のASEAN対応基金への100万ドルの拠出を表明した[26]。ASEAN感染症対策センターは11月12日のASEAN首脳会議で公式に設立が発表され、同日の日・ASEAN首脳会議（オンライン）において設立行事が行われた[27]。

このように、コロナ対応をめぐって、ASEANなどの地域枠組みが、域外国による支援のプラットフォームとして機能しているのは意味があることである。ただし、次節で述べるように、東南アジアが米中対立の草刈り場のようになる中で、コロナ対策支援のような協力も、大国による支持獲得の手段の1つとして使われるとしたら健全とはいえない。ASEAN加盟国が共有する価値やASEANの主体性、自律性が十分に尊重される形で、地域社会のコロナからの回復が域内・域外の協力によって前向きになされることが必要である。

2　南シナ海問題と東南アジアの安全保障動向

(1) 各国の対応――衝突の回避と対抗手段

2020年も南シナ海情勢は緊張が続いた。中国は、南シナ海での権利を主張する活動を続け、他の南シナ海問題当事国など関係国に対する姿勢は、より示威的なものとなっている。そして中国は、事実上支配する地形および2014年以降に埋め立てた海洋地形の軍事拠点化を進め、展開力の強化に努めている。一方で、中国の示威的な姿勢は、相手国からより強い反発を引き出し、さらに米国をはじめとした西側諸国の警戒感を高める結果となった。本節では東南アジアの南シナ海問題関係国と中国との間で発生したいくつかの事案を紹介し、また南シナ海における米国および中国の軍の行動について、さらにASEANにおける外交的対応について概観する。

2018年に習近平国家主席がエネルギー安全保障強化の方針を示して以降、中国は自国権益の確保と探査活動の強化を志向するようになる[28]。そして、いわゆる九段線の主張と重複する水域においてマレーシアおよびベトナムが独自にエネルギー資源開発を進めることに対して、より示威的な行動を取るようになった。

2019年5月中旬、中国海警局の船舶が南沙（スプラトリー）諸島の南端に位置するルコニア礁を巡回し、民間石油会社サラワク・シェルが操業するマレーシアが設定したガス田鉱区を航行した。そして7月にはバンガード堆の北西に位置するベトナムが設定した開発鉱区近くに中国の調査船と海警局の船舶が進出し、同鉱区で操業するロシア国営石油会社ロスネフチの開発・探査活動に圧力をかけた[29]。続く8月には中国の海洋調査船、海洋地質8号が大型の海警局の船舶3901を含め複数の船舶を伴いベトナムの沿岸に接近した[30]。ベトナム側も国境警備隊や漁船などを展開、外交交渉の結果、10月になりようやく双方の船舶が同海域内から撤収している[31]。しかし同月、マレーシアの国営石油会社ペトロナスと契約した掘削船ウエストカペラが探査活動を開始すると、12月に中国は海警局の船舶を派遣、同掘削船がサラワク沖の鉱区から

掘削船ウエストカペラ周辺でプレゼンスを示すLCSガブリエル・ギフォーズ（U.S. Navy photo by MC2 Brenton Poyser）

マレーシア・ベトナム共同開発区域に移動すると、中国は船舶を交代させ、これを追尾した[32]。

中国はこれまでも散発的に両国のガス田の探査・開発活動への圧力を試みてきたが、2019年中頃からの海警局の船舶や調査船などの行動は上述のように持続的かつ連携の取れたものになってきたといえる。

このような情勢の中、マレーシアは2019年12月、中国およびベトナムの主張と重複する南シナ海での権利に関して、200海里を超えて大陸棚を設定する場合に当該国からの情報を受け勧告を行う大陸棚限界委員会（CLCS）に単独で資料を提出した。2009年にマレーシアがベトナムと共同で資料を提出した際、中国は国連にいわゆる九段線の地図を添えて口上書を提出してマレーシアとベトナムによる共同申請を評価しないよう求めた経緯もあり[33]、今回の提出に対し中国は強く抗議する口上書を国連に提出した。この施策は2018年5月に発足したマハティール政権の下で、南シナ海における権利に関する問題について積極的に取り組むよう方針が変わったためと考えられている。ただし、2020年2月の政変によって同政権を担った連立与党の協力関係が崩れ、ムヒディン内相を首班とした新たな政権が発足している[34]。

一方のベトナムでは2019年12月、14の管区に海洋民兵組織を創設することを発表し、軍民協力の下での対応能力の強化を目指した[35]。また2020年4月に、中国海警局の船舶とベトナム漁船の衝突事故が発生したとベトナムのメディアで報じられ、中国に対する国内世論の反発が強まった[36]。

2020年4月、中国の海洋調査船が再びベトナムの開発鉱区に接近していると報じられたが、同調査船はその後、複数の船舶と共に南下してマレーシアが主張する排他的経済水域（EEZ）近くを航行し、探査作業を続けていた掘削船ウエストカペラに接近した[37]。ベトナムの舟艇もこれに追走していたことから、同一海域で3カ国の船舶が向かい合うという緊張した状況が生じた[38]。翌5月、ウエストカペラが予定していた作業を完了し同海域から離れ、その後、海洋地質8号も撤収した。なお、米国とオーストラリアはこの状況に反応し、4月下旬に両国の海軍艦船を派遣して同海域近くで訓練を実施、翌5月には米国が沿海域戦闘艦（LCS）を含め2隻の艦船を派遣して警戒を続けていた[39]。

図4-2　南シナ海における各国の主な主張

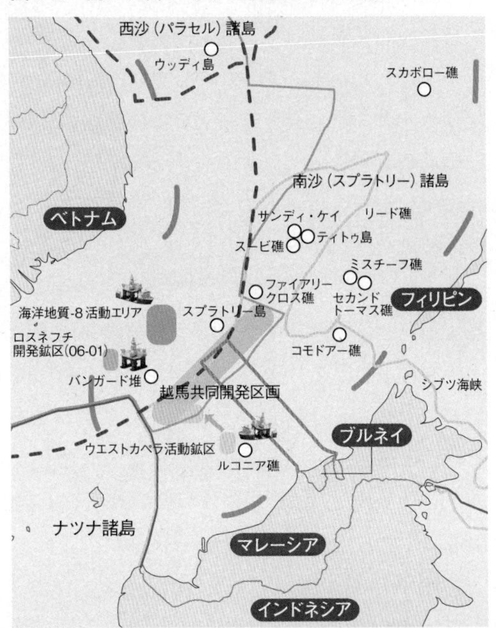

中国が主張する「九段線」
中国（200海里）
ベトナムが主張する大陸棚
ベトナム（200海里）
マレーシアが主張する大陸棚
インドネシアが主張する大陸棚
ブルネイが主張する大陸棚

（出所）AMTI, “Maritime Claims of the Indo-Pacific,” CSISなどを基に執筆者作成。

（注）本文中で言及のある主要なもののみを記述。

これまでも米国およびオーストラリアなどは、中国が権利を主張する海洋地形の周辺などで「航行の自由」作戦（FONOPs）を実施するなど日常的に警戒を続けてきたが、この事案は、より個別の状況に対応したものといえ、南シナ海における米国の関与についての新しい動きと見ることもできる。一方でマレーシアは、中国の圧力に直面する中で閣僚らが「平和的な解決」を求める発言を繰り返し、粘り強く交渉を続ける以外に有効な手段は見出せなかった。そしてこの際、「平和と貿易の海」や「関係するすべての主体」といった表現が使われる場合があり、これらがどのような意味を含むのか、新政権の下での同問題に対する姿勢を見極める必要がある[40]。

中国は、マレーシアと対峙していた海域からは撤収したものの、翌6月、今度はベトナムが主張するEEZで海洋調査船を航行させたことが確認された[41]。米国も艦艇による「通常の」警戒任務を続けたが、続く7月には、中国海警局の船舶がバンガード堆で活動中の掘削船に接近するなど、その示威的な行動は続いた。

フィリピンのドゥテルテ政権における南シナ海問題をめぐる中国への対応は、経済開発と安全保障を切り離して2国間協力については積極的に推進しようというもので、この姿勢は基本的には変わっていないとみられる。しかし、2020年になり、同問題について平和的解決を基本としつつも、中国の示威的な行動に対して、国際ルールなどをこれまでよりも有効に活用しようという動きも見られた。これはフィリピンが事実上支配するティトゥ島（パグアサ）周辺における中国との間で続く係争が契機の1つとなっている。

2018年12月のティトゥ島の船着き場の建設が開始されたのと時期を同じくして、同島および近隣のサンディ・ケイ周辺に多数の中国船が集まり、その後、船舶の航行や漁船の操業が妨害されるといった事案が続いた[42]。また2019年6月にリード礁付近で操業していたフィリピン漁船が中国漁船に追突され乗組員が遭難する事案も発生し、中国に対する世論は厳しいものとなった[43]。さらに翌7月と8月には中国海軍の艦船が立て続けにフィリピン沿岸を航行したが、この際、船舶自動識別装置（AIS）は切られ、沿岸国への通告もなかったと報じられている[44]。

2020年に入り、中国海警局の船舶が初めてフィリピンを訪問し、フィリピン沿岸警備隊との合同訓練が実施されるなど緊張緩和が進むかと思われた[45]。しかし同年2月にフィリピンが実効支配するコモドアー礁付近で、同国海軍のコルベットが中国海軍の艦艇とみられる船から火器管制レーダーを照射されていた事案が後になって報じられており、両国間での信頼醸成の難しさが浮き彫りとなった[46]。

当該海域における事実上の支配を強めようとする中国の動きに対してフィ

リピンは3月、マレーシアがCLCSに提出した資料に対し口上書を提出した際、中国による反論についても、その主張が無効であると述べ、比中仲裁判断に基づいた正当性を訴えた[47]。中国は4月に南沙諸島および西沙（パラセル）諸島に行政区の設置を発表し、5月には同海域での禁漁を発表するなど、南シナ海に係る一方的な決定を行ったが[48]、同月インドネシアが口上書を提出し、翌6月には米国が国連において書簡を提出、そして7月にマイク・ポンペオ国務長官が南シナ海問題に関する米国のポジションについて声明を出し、同問題に積極的に関与する姿勢を示した[49]。さらにオーストラリア、そして英国、フランス、ドイツなどからも同様の意見が国連に提出され、ドゥテルテ大統領が就任後は積極的には言及してこなかった2016年の比中仲裁判断に対する支持が、東南アジアの同問題関係国からだけではなく、西側主要国からも明確に示される結果となった[50]。

南シナ海における米国のプレゼンスおよび同問題への関与は、一般論としてはフィリピンの安全保障環境を有利にすると考えられる。デルフィン・ロレンザーナ国防相は2018年12月以降、米国に対し相互防衛条約（MDT）における防衛義務の適用範囲の明確化を求めており、2019年3月には、ポンペオ国務長官から「南シナ海での武力攻撃はMDTの適用対象」との言質を得ている。ただし実際には適用範囲の明確化などに関する協議は進んでおらず、2019年11月にマーク・エスパー米国防長官が訪問した際も、ロレンザーナ国防相が2019年中にMDTを見直す予定と発言したが、同年中には協議は実施されなかった。その一方で、ドゥテルテ政権下におけるフィリピンの米国に対する外交姿勢は、過度な依存からの脱却、あるいは中国とのバランスも考慮するため、複雑なものとなっている。2020年2月、フィリピンは訪問米軍地位協定（VFA）という同盟の維持に係る重要な取り決めの破棄を一方的に決定した[51]。しかしその後、フィリピン周辺海域での中国の示威的な活動が続くと、6月に協定破棄手続きの一時凍結が発表された[52]。そして同海域における米中間の緊張が高まると、8月にはフィリピン軍が南シナ海公海上で他国との合同軍事演習に参加することを禁ずることが発表されるなど、米中との距離の取り方に腐心している[53]。

以上のようにフィリピンは、南シナ海問題について国際ルールを活用した中国への対抗策を講じる一方で、自身による主張も行っている。2019年8月、ドゥテルテ大統領は中国の招待により就任後5度目の中国訪問を実施したが、そこで初めて比中仲裁判断を取り上げた。しかし、習主席はそれを認めない姿勢を固持したため、双方は意見に相違があることをあらためて確認し、対話などによって平和的に解決していくことで一致した。また2020年9月にフィリピンを訪問した中国の魏鳳和国防部長に対し、ドゥテルテ大統領は「南シナ海の紛争解決における国際法の重要性」を強調し、「すべての紛争は国連海洋法条約（UNCLOS）などに完全に一致して平和的に解決されなければならない」と発言している。また、2020年7月にフィリピン外務省が声明の中で、同年9月にはドゥテルテ大統領が国連総会での演説において、あらためて比中仲裁判断へのコミットメントを示した。上述のティトゥ島の船着き場については、妨害を受けながらも2020年6月に完成し、軍高官と共に同地を訪れたロレンザーナ国防相は、インフラの整備や滑走路の修理など今後も工事を続けるとした[54]。そして同年8月にはティトゥ島を管轄するカラヤアン町が、漁民の退避場所として利用されてきた同島周辺にある6つの砂州・礁に名前を振り当てるなど、同海域での事実上の支配を主張する姿勢も見せている[55]。

他方で、南シナ海における資源開発や非伝統的安全保障分野などについては、フィリピンは管理可能な範囲で中国との協力を受け入れる姿勢も示している。例えば、上述のドゥテルテ大統領訪中の際、両国間で南シナ海における資源の共同探査についての協議が行われ、「政府間共同運営委員会」のメンバーを記した文書を相互交換し、同委員会が設置された。また9月の魏国防部長来訪の際には、ロレンザーナ国防相との会談で、南シナ海の平和と安定の維持が確認されるとともに、フィリピン国軍がHA/DR活動用装備などを調達する際に利用可能な中国による1億3,000万元相当の金融支援に関するガイドラインに署名している[56]。

インドネシアは南シナ海の領有をめぐる問題について非係争国であるとの立場を取っている。また中国とインドネシアとの間に領海をめぐる争いはないと、両国の間でこれまでも度々確認されてきた。一方で、中国は、いわゆる九段線の主張とインドネシアの海洋権益の主張の範囲に重複があるとしている。そして中国は、境界未画定海域における伝統的な漁業権はUNCLOSの定めるEEZにおける排他的な経済活動に先行するものといった主張とともに、その既成事実化を進めようと試みており、これを拒否するインドネシア側との攻防が続いている。

2019年12月、大臣として初めて中国を公式訪問したプラボウォ・スビアント国防相は許其亮中央軍事委員会副主席、魏鳳和国防部長らと会談し、両国の国防分野での関係強化について話し合った。しかし同月後半より、ナツナ諸島北部のインドネシアが主張するEEZ内で中国海警局の船舶を伴った中国漁船が「違法・無報告・無規制」（IUU）漁業を繰り返し行っていることが報じられた。インドネシアは海上保安機構バカムラの巡視船を派遣し、中国大使館を通じて抗議した[57]。そして2020年1月に入ると、インドネシア海軍はナツナ諸島に展開する艦船を増強し、また海洋哨戒機（MPA）による監視活動を実施した。さらに、通常任務の一環としつつも空軍がF-16戦闘機による同海域での警戒活動も行い、海上法執行機関だけではなく、軍との連携も含めた厳格な対応を見せた[58]。

政治的な反応としては、モハンマド・マフッド政治・法務・治安担当調整相が自国の主権に関する交渉には応じないとし、またジョコ大統領は同月、ルフット・ビンサル・パンジャイタン海洋・投資担当調整相、国軍司令官ハディ・チャフヤント空軍大将らを伴って大ナツナ島を訪問して漁業従事者らと同島の開発計画について対話するなど、ナツナ諸島の権益を守る姿勢をアピールした[59]。その一方でマフッド調整相やプラボウォ国防相らは、同問題はあくまで外交上の争点であるとして議論の鎮静化を図った[60]。これは、物理的な能力ギャップがある中国との対立を先鋭化させたくないという現実的な情勢認識に基づく政府の方針と考えられている[61]。

他方、国際場裡では、インドネシアは南シナ海問題の「非当事国」の立場から明確に国際ルールを支持することで、同海域における自国の主張の既成事実化を試みる中国に正面から対抗した。2020年5月、インドネシア政府は、マレーシアがCLCSに提出した資料への中国の反論に対し口上書を提出した。

そこでは、UNCLOSの締約国としてUNCLOSを含む国際法に違反するいかなる主張も支持しないとし、2016年の比中仲裁判断を支持する立場を表明した[62]。これに対し6月、中国はインドネシアと交渉する用意がある旨の口上書を送ったが、ルトノ・マルスディ外相は、南沙諸島での権利や歴史的権利に関して中国側の主張を認めず、交渉する必要性はないとこれを拒否した[63]。

同年9月、中国海警局の船舶が再びインドネシアが主張するEEZ境界付近を航行した。すべての国の船舶は、公海はもちろん他国のEEZにおいて航行の自由を享有するが、同船は長時間停留し、また不審な航跡が見られるなど行動に疑義が持たれたことから、バカムラがこれを追尾し、同エリアから退去するよう警告したと報じられた[64]。

このようにインドネシアによる厳格な対応と、中国の主張を否定する国際世論が明確に示されたにもかかわらず、中国の行動に大きな変化は見られなかった。そして、今後、同海域においても自国の主張の既成事実化を進めようとする中国の試みは常態化することが予想される。これについて、シンガポールの南洋工科大学S・ラジャラトナム国際研究院（RSIS）のコリン・コー研究員は、今後、インドネシアは、これまでの戦略を見直し、新たなアプローチで中国と対峙しなければならないのではといった見解を示している[65]。

(2) 米中による南シナ海での活動——展開能力とプレゼンスの強化

2020年、コロナの影響が各国に及ぶ中、上述のように中国は、マレーシアやベトナムの資源開発に対する示威的な行動を取るようになった。南シナ海問題に対してより積極的な関与を検討していた米国は、コロナによる影響で太平洋における空母の運用について一時的な制約を受けつつも、中国に対して厳格な対応を示した。

2020年3月、米空母セオドア・ルーズベルトがベトナムのダナンに寄港した後、艦内でコロナに感染した乗組員が確認された。このため同艦はグアムに寄港し長期間の停泊を余儀なくされた[66]。また同時期、横須賀を母港とする空母ロナルド・レーガンとキトサップを母港とする空母ニミッツは乗組員の自主隔離を実施中であったため、西太平洋に展開中の空母がないという状態が生じた[67]。一方で同年4月、米空軍は常続的爆撃機プレゼンス（CBP）任務としてグアムのアンダーセン空軍基地に展開していた爆撃機の帰還計画を予定どおり実施した[68]。このように西太平洋における米軍の展開状況に変化が見られる中、これを試すかのようなタイミングで中国の南シナ海での行動が活発化した。

空母2隻体制での訓練において艦載機との航空訓練に参加するB-52H（U.S. Navy photo by Lt. Cmdr. Joseph Stephens）

これを受けて米海軍は同月、駆逐艦バリーが西沙諸島で、続いて巡洋艦バンカーヒルが南沙諸島でFONOPsを実施した。さらに、必要に応じて米国本土から戦力を展開する動的戦力運用（DFE）として、第28爆撃航空団（サウスダコタ州エルズワース空軍基地）のB-1Bが南シナ海上空で爆撃機任務部隊（BTF）ミッションを行うことで、海軍、空軍共に西太平洋での展開力に陰りがないことを見せた（第6章第2節第2項参照）[69]。対して中国は5月、南沙諸島ファイアリークロス礁に早期警戒管制機KJ-500やMPAのKQ-200（もしくはY-8輸送機）などを派遣したとの分析が報じられ、また西沙諸島ウッディ島ではH-6K爆撃機が離着陸訓練を行ったとの報道がされており、中国が南シナ海で事実上支配する地形および埋め立てた地形を活用した同海域での展開力を示した[70]。

一方で米国は5月、第7爆撃航空団（テキサス州ダイエス空軍基地）から4機のB1-B爆撃機をアンダーセン空軍基地に展開させ、また6月にはバシー海峡付近でMPAなどによる哨戒活動を行ったのではないかと報じられた[71]。そして同月末からは、任務に復帰した空母ロナルド・レーガンと空母ニミッツが合流し、南シナ海では6年ぶりとなる空母2隻体制での訓練が実施され、これにB-52H爆撃機も加わり航空訓練などが行われた[72]。

南シナ海での米中両大国による訓練や戦力の展開はその後も続いた。7月初旬に西沙諸島近辺で中国が海軍演習を行うと、直後に米国は同海域で再び空母2隻体制での訓練を実施した。ここにB-1B爆撃機任務部隊も加わると、今度は中国がウッディ島にJ-11B戦闘機とJH-7戦闘爆撃機を展開させた[73]。

このように2020年中頃までは、米国がグローバルな戦力投射能力によって南シナ海でのプレゼンスを示すと、中国が南シナ海で事実上支配する地形および埋め立てた地形を利用して展開能力を示すという状況が続いたが、その後、中国は、沿海域での訓練を実施する中で、より遠距離からの攻撃力も誇示するようになった。7月末から8月初旬にかけて中国は複数の海域で演習を行い、その際、弾道ミサイルDF-21およびDF-26が南シナ海に向けて発射され、加えて長距離対艦ミサイルYJ-12の搭載が可能とされる爆撃機H-6Jも実射訓練を行ったと報じられている[74]。また、空母ロナルド・レーガンが他のエリアでの任務終了後に南シナ海に戻り航空訓練を実施すると、中国は同月末にも再び南シナ海に向けて弾道ミサイルを発射したとされる[75]。

以上のように、南シナ海では米中双方によるプレゼンス強化の動きが見られた。こうした状況について、同海域において、米国に対して中国が軍事的能力を含む「全面的競争」を仕掛けているとの見方もある[76]。

(3) ASEANでの外交的取り組み

上述のような南シナ海をめぐる問題と米中のプレゼンスの強化は、地域機構としてのASEANの運営にも影を落とした。2020年の議長国は中国に強い態度を示すベトナムであることから、南シナ海問題についてASEANとして従来よりも強い態度を取るのではないかとの観測も事前になされていた。

当初4月にハノイで予定されていたASEAN首脳会議は新型コロナの影響により延期され、6月26日にオンラインで実施された。翌27日に発表された議長声明では、南シナ海問題に関して、「南シナ海の状況について議論し、その中で、信用および信頼を損ね、緊張を高め、平和・安全保障・安定を損なう地域における埋め立てや、最近の展開、活動、深刻な事案についての懸念が示された」と表記された[77]。この表現は、2018年、2019年の首脳会議での「埋め立てや活動に対するいくつかの懸念に留意する」との表現に比べて、

表4-1　各国の南シナ海における主な事案・活動

	2019年	2020年1月	2月	3月	4月	5月	6月	7月	8月	9月	10月	11月	12月
フィリピン（比）	中艦船、比シブツ海峡通過（10月）	中海警船、寄港	中艦艇、比艦にレーダー照射	中海警船、セカンドトーマス礁航行					比軍の南シナ海での合同演習参加を禁止 中調査船、リード礁で活動				
インドネシア（尼）	中海警船、漁船がナツナ諸島周辺で活動、尼コルベット等派遣（12月）							第1、第2艦隊訓練	バカムラ関連法改正	中海警船、ナ島沖接近 「アルマダ・ジャヤ」海軍演習	第1艦隊海兵隊訓練		中調査船、ナ島沖航行
マレーシア（馬）	中海警船、馬調査船を追尾（12月） 馬海軍、対艦ミサイル訓練（7月） 中海警船、ルコニア礁航行（6月）				越沖の中調査船、馬沖に移動 米豪艦船、中馬対峙付近で訓練	米艦船、中馬対峙付近に派遣					馬、中漁船を拿捕	中海警船、ルコニア礁航行	
ベトナム（越）	中海警船、バンガード堆航行（7月）、越フリゲート派遣（8月）	海洋民兵設置			中海警船、越漁船に衝突 中調査船、越沖で活動		中海警船、越漁船を拿捕	再派遣 米艦艇、中調査船に対する監視活動	中海警船、越沖を巡航	中越新漁業協定	中調査船、越沖で活動		越印海軍、航行訓練
米国（米）				空母（CVN-71）コロナ感染	B-52グアム撤収		空母2隻体制（CVN-76/78）で訓練／航空訓練（B-52）	空母2隻体制（CVN-76/78）で訓練（2回目）	空母（CVN-76）訓練 環太平洋合同演習		空母（CVN-76）訓練		
BTFミッション					B-1B	B-1B		B-1B					B-1B
FONOPs（南沙）	計6回			DDG-85	DDG-52	DDG-89			DDG-89		DDG-56		DDG-56
〃　（西沙）	計3回	LCS-8			CG-52			DDG-114					
中国（中）			駆逐艦、米哨戒機にレーダー照射（フィリピン海）	海軍実射訓練 対潜戦訓練	空母（遼寧）南シナ海航行 ファイアリークロス礁に早期警戒管制機、海洋偵察機	ウッディ島に爆撃機		海軍演習［西沙域周辺］ 弾道ミサイル／新型爆撃機訓練［西沙域周辺］ ウッディ島に戦闘機、戦闘爆撃機	［西沙域含む］広域海上演習／弾道ミサイル訓練 ウッディ島に爆撃機	［西沙域含む］広域海上訓練 空母2隻体制で訓練			空母（山東）訓練［075型揚陸艦も］

（出所）各種報道より執筆者作成。

当事者を名指しはしないものの、上述したようなより具体的な問題を示唆して懸念の度合いを高めたものと思われる。

同じ段落内には、UNCLOSが海洋の領有権や主権、海域に対する法的権限や合法的権利を決定する基礎であり、すべての海洋での活動はその法的枠組みの中で行われなければならない旨を再確認するとの一文が追加されている。また、「南シナ海における行動規範」（COC）に関する段落を見ると、前回声明にあった、同問題に係る中・ASEAN関係の文脈での「ASEAN・中国協力における継続的改善を温かく歓迎する」との表記がなくなっており、COCの締結について「相互に合意されたタイムラインでの」との表現（『東アジア戦略概観2020』第4章第1節参照）が消え、「UNCLOSを含む国際法と一致した」に置き換わっている。こうした点も、上述の比中仲裁判断への各国の支持とも相まって、南シナ海問題で中国に対しASEANとしてより原則的な立場を示そうとする意図をうかがわせる。

9月9～12日には、当初8月に予定されていたASEAN外相会議、ASEAN地域フォーラム（ARF）閣僚会議、東アジア首脳会議（EAS）外相会議などがいずれもオンラインで行われた。報道によれば、南シナ海問題に関して、ミャンマー、ラオス、カンボジアなど中国傾斜が指摘される国も含め、多くの国から発言があったとされる[78]。9日のASEAN外相会議共同声明、12日のARF議長声明では、いずれも南シナ海問題に関する表現ぶりはほぼ前年と同じであったが、6月の首脳会議での「深刻な事案」の表現がここでも使われた。またCOCの文脈では、中・ASEAN協力を歓迎する表現は維持されており、「相互に合意されたタイムライン」と「UNCLOSを含む国際法と一致した」の両方が用いられている[79]。

9日のEAS外相会議では、ポンペオ米国務長官が、中国の南シナ海での攻撃的行動への懸念を表明し、同国の拡張主義的な領有権主張は不法だと述べた[80]。また、10日の米・ASEAN外相会議では、南シナ海で軍事拠点建設を支援する企業との関係断絶を訴えたと報じられている[81]。一方、王毅・中国外交部長は、EAS外相会議で、米軍の展開強化による領有権・海洋問題への介入が、南シナ海における軍事化の最大の要因だと述べ、域外国である米国が地域諸国の望みを尊重するように求めた[82]。

11月18日に公表された、同12日のASEAN首脳会議（オンライン）の議長声明でも、上述の6月の首脳会議、9月の外相会議などの表現がほぼ踏襲されたが、継続して入っている「南シナ海を平和・安定・繁栄の海とすることの恩恵を認識する」との表現に、「特に新型コロナウイルスに対する共通の戦いをしている時に」との文言が加えられた[83]。同じ表現は、20日に公表された、12日の中・ASEAN首脳会議、14日の東アジア首脳会議（いずれもオンライン）の各議長声明でも用いられている[84]。このことには、コロナ危機下にもかかわらず中国の挑発的な活動が続いたことへのASEAN側のやんわりとした批判が込められているとも考えられる。

なお、COC交渉については、6月の首脳会議後に議長であるベトナムのグエン・スアン・フック首相が会見で「新型コロナで交渉が中断し協議を延期している」と述べている[85]。9月9日の中・ASEAN外相会議の議長声明では、南シナ海行動宣言（DOC）履行共同作業グループの臨時のオンライン会議が開かれたことに言及されており、パンデミックの状況下でも、COC交渉用単一案文の第2読を含む、段階的な協議の再開が確認されている[86]。COCについては2021年中の締結とも目されていたが、2020年2月を最後に対面での交渉機会が持てず予定どおりの進展が不透明な中、首脳会議議長声明でのUNCLOSへの繰り返しの言及は、速さよりも実効性ある内容をより重視しようとの試みとも考えられる。

以上のように東南アジア各国は、南シナ海における中国の示威的な活動について、自国の取り組みに加えて、国際ルールなども利用した対抗策を講じるようになった。その一方で、地域機構であるASEANとして中心性および一体性を保つべく、中国とのCOC締結交渉に対応している。9月会議の議長であるベトナムのファム・ビン・ミン副首相兼外相は、終了後の会見で、ASEAN諸国は地域の平和と安定に影響する大国間の競争に巻き込まれたくないと述べ[87]、フック首相も11月の首脳会議後に、ASEAN、とりわけベトナムは大国間の前向きな関係と健全な競争を期待すると表明した[88]。2021年の米新政権の下で地域のパワーバランスがどう変化するかを、ASEANとしては注意深く観察していると思われる。

3　各国の海上戦力強化に向けた取り組み

(1) マレーシア・ベトナム――国内生産基盤確立への取り組み

前節で見たように2020年、南シナ海では米中双方がプレゼンスの強化を続けている。一方で東南アジア各国の軍は、コロナの影響による予算の縮減や活動の制約といった困難に直面しながらも、中国との能力ギャップの克服を試みている。本節では、このような情勢の中で東南アジアの南シナ海問題関係国が、どのような海上戦力や海洋ISR能力の強化に取り組んでいるのかについて概観する。

現在、マレーシア海軍は、「15 to 5艦隊変革プログラム」の下で水上艦艇の増勢と近代化を進めている。この一環として2019年12月末、中国で建造されたケリス級沿海域任務艦（LMS）ケリスが上海近郊のCSOC武昌船舶重工でマレーシア海軍に引き渡された。同艦は4隻のLMS取得プログラムの1番艦で、南シナ海問題での相手国である中国に艦艇の建造を依頼することは当時より議論があった[89]。

一方で2020年8月、国内で建造中のLCS取得プログラムに遅延が発生していることを会計検査院が指摘した。同プログラム（『東アジア戦略概観2019』第4章第3節参照）は約91億リンギでボーステッド海軍造船所（BNS）と契約が交わされ、2019年4月から2023年6月にかけて計6隻が引き渡されることとなっていたが、2020年9月の段階でまだ1隻も完成していなかった。これに対しBNSはすでに約60億リンギ支出しており、残りの予算で少なくとも2隻を完成させるつもりだが、計画を完了するには追加で30億リンギが必要であるとの見解を示した[90]。このようにプログラム管理能力に不安があることから、政府は2019年7月にBNSが主契約者であるLMSプログラムについて計画を見直した。当初は計4隻のうち、まず2隻を中国で建造し、残りは技術移転を受けて国内で建造する計画であったが、それをすべて中国での生産に変更した[91]。

2020年9月には、第2期LMS取得プログラムについて評価プロセスが開始されたと報じられた。報道によると、国内からは小型舟艇などの造修を行ってきたプレストン造船と、オランダのDSNSと合弁チームを組んだデスティニの2社が、それに米国とドイツから各1社の計4チームが応募し、各社からは巡視船を基にした提案がなされているという[92]。

対艦攻撃能力については2019年7月、モハマド・ビン・サブ国防相視察の下、約4年ぶりとなる「タミンサリ」ミサイル実射訓練が「クリスマス26」訓練と同時に行われ、対艦ミサイル・エグゾセMM40ブロック2がフリゲート・カスツーリから、空対艦ミサイル・シースクアがスーパーリンクス・ヘリコプターから発射された[93]。また2018年に取得計画が発表されたネーバル・ストライク・ミサイル（NSM）のマレーシア向けの生産が2019年4月に開始されたと伝えられたが、搭載予定であるLCSの建造が上述のように遅延しており、部隊への配備は当初の計画より遅れるものと考えられる[94]。

海洋ISR能力については2月、インドネシアの国策航空機メーカーPTDIで生産された7機のCN-235-200M輸送機のうち2機をMPAに改修する計画が発表された[95]。同改修で必要なミッションシステムは、海洋安全保障イニシアティブ（MSI）に基づいて米国から提供されることとなっており、2機は同年9月に改修作業を担当するPTDIに預けられた。CN-235はインドネシア軍でもMPAとして運用され、またPTDIはマレーシア空軍と保守・修理・オーバーホール（MRO）契約を結んでおり、2018年4月に同空軍のCN-235の機齢延伸プログラムを実施した実績がある。

その他のMSIに基づく米国からの支援としては2020年2月、マレーシア海軍が、計12機の供与が計画される無人航空機（UAV）スキャンイーグルの最初の6機と同関連システムを受領したことを発表した。残りの6機については2022年に引き渡される予定である。この支援パッケージには訓練、保守および実地指導が含まれ、同機は2018年11月に創設されたマレーシア海軍601飛行隊によって運用される予定である[96]。

ベトナムについては、2020年（9月）現在、新たな主力水上戦闘艦の取得に関する情報は得られていない。その他の艦種については、2019年12月にハイフォンのZ189造船所で建造された潜水艦救難母艦MSSARS9316が就役し、同月ダナンのソン・トゥ造船所が4隻目の揚陸艦（LST）Roro 5612の建造について契約を交わしたと報じられた[97]。また6月には3隻目のRoro 5612が進水したことも報じられている。両艦とも設計はオランダのDSNSで、これを国防省防衛産業総局隷下の造船所がライセンス生産しており、艦船の国内生産基盤の育成が軍によって進められていると考えられる。

対艦攻撃能力については、2019年11月、韓国の浦項級コルベットを再就役させたコルベットにロシアの対艦ミサイルSS-N-25（ウラン-E）を装備させたとみられる[98]。そして2020年5月にSS-N-25を国産化したVCM-01の生産をZ189造船所で開始したことが報じられた[99]。この開発にはベトナムの国有携帯電話事業者ベトテルの子会社ベトテル軍事産業通信グループが参加しており、電子機器を含むコンポーネントの国産化を推進していると伝えられている。

(2) フィリピン――軍近代化プログラムの見直し

2020年度のフィリピンの国防予算は当初1,917億ペソであったが、予算管理庁はコロナ対策への追加予算に充当するため、4月に国防予算の67億ペソの縮減を決め、6月にも30億ペソの追加縮減を求めた[100]。一方で2021年度予算について、議会に示された予算教書では、政府がテロ対策および軍近代化の必要性を訴え2,091億ペソを要求した。予算案の内訳は陸軍が968億ペソ、海軍が311億ペソ、空軍が298億ペソ、統合本部が454億ペソで、兵器廠の増強にも13億ペソの予算が計上されている。また一般予算とは別建ての改訂フィリピン軍近代化プログラム（RAFPMP）予算について、過去数年間は250億ペソであったのに対し、本年度は80億ペソ多い330億ペソが割り当てられるとしている[101]。

現在フィリピン海軍は約750億ペソの予算で水上戦闘艦の建造を進めている[102]。また、このほかにも支援船を約100隻、固定翼および回転翼機を30機以上取得することも計画されており、長期的には総額1,000億ペソ以上の費用がかかると見込まれている。

表4-2　フィリピン海軍における水上艦艇の整備計画（当初）と取得時期の見直し

艦　種	取得隻数・時期の見直し（ホライゾン2｜同3）	主要装備	契約会社
ミサイルフリゲート	6隻（2｜4）	対艦・対空ミサイル	現代重工業
OPV	12隻（6→0｜6→?）	――――	オースタル・セブ造船所
ミサイルコルベット	12隻（2→0｜12→?）	対潜戦装備・ミサイル	現代重工業
高速阻止ミサイル艇	40隻（8→0｜16→?）	自動機銃・短距離ミサイル	イスラエル造船所
多目的攻撃艇	42隻（12｜30）	短距離ミサイル（一部）	龍徳造船（Mk3）
大型輸送艦	4隻（4→2｜2）	――――	PT PAL

（出所）執筆者作成。

2020年7月、フィリピン初のミサイルフリゲートであるホセ・リサールが就役し、同型艦アントニオ・ルナも翌2021年に韓国から回航される予定であると発表された[103]。一方でコルベット取得プログラムは、計画では第2期RAFPMP（ホライゾン2）中の2023年までに2隻を取得する予定であったが、コロナによる経済財政状況への影響によりホライゾン3（2023～2028年）に先送りされる見込みとなった。その他の取得プログラムも1年以上の遅れが見込まれ、その結果、旧式艦船の置換計画もずれ込むとされる[104]。

訓練などの活動については、コロナの流行を踏まえ5月の米比合同演習「バリカタン2020」はキャンセルされた[105]。RIMPACも安全性を考慮して海上での訓練のみ行う形で実施され、その規模や参加国は縮減したが、フィリピンは就役したばかりのホセ・リサールを派遣している[106]。

(3) インドネシア――水上艦艇の増勢

2020年度のインドネシアの国防予算は、当初131兆1,820億ルピア計上されていたが、他国と同様、コロナ対策費に充当するべく、5月に122兆4,470億ルピアへ縮減され、さらに7月には117兆9,000億ルピアまで縮減された[107]。

財務省が示した2021年度予算案では、国防予算案について前年度（執行ベース）より約19兆ルピア多い136兆9,900億ルピア（約12%増）とされ、景気の減速が心配される中での予算の拡大が認められた[108]。

現在、インドネシア海軍は最小必須戦力（MEF）を満たすべく、水上戦闘艦の増勢を急いでいる。4月末、デンマークからアイヴァー・ヒュイトフェルト級フリゲートを2隻取得するための準備契約がインドネシア国防省、国営造船会社PT PALおよびデンマークのオーデンセ・マリン・テクノロジー（OMT）の代理店PT SKPの間で締結されたと報じられた[109]。そして9月にはオランダDSNSと共同開発したR.E.マルタディナタ級フリゲート（シグマ10514）2隻の追加取得予算を国家開発計画庁に求めた[110]。一方で、軍近代化ブループリント第3フェーズ（2020〜2024年）の優先事項として、能力ギャップを一時的に埋める暫定即応準備フリゲート（IRF）の取得も急がれている。その一環として7月、国防省が退役間近のドイツ海軍のブレーメン級フリゲート・リューベックの取得に関心を示していると報じられた[111]。

対艦攻撃能力については、DSNSとPT PALは、2019年末から2020年3月にかけてR.E.マルタディナタ級フリゲート2隻の戦闘システムについて海上公試と装備認定試験を実施し無事終了したと発表した[112]。また同月には多目的軽フリゲートのウスマン・ハルン359について、フランスの総合防衛装備メーカー・タレスとインドネシア国防装備メーカーPT Lenによる近代化計画が発表され、同艦に対艦ミサイル・エグゾセMM40ブロック3が装備される予定である[113]。

海洋ISR能力については、7月、米国から供与されるスキャンイーグルなどを運用するために新設された第700海軍航空隊の整備拠点を建設する計画が報じられた。この施設は、海軍航空隊本部のあるジュアンダ基地に建設され主にUAVとその関連機器の保管と保守に使用される[114]。

訓練などの活動については、3月にロシアと初となる海上訓練を実施することで合意し、12月に両国の海軍艦船がジャワ海で航行訓練を実施した[115]。一方で7月に第2艦隊司令部がジャワ海東部の海岸やバリ島で上陸訓練などを行い、続いて第1艦隊司令部がナツナ諸島南部を含むジャワ海で機動訓練などを行った[116]。そして、これらの準備訓練を経て9月には、潜水艦などを含む181隻の艦艇と約8,500人の要員が参加する、インドネシア海軍として最も高度な実動訓練「アルマダ・ジャヤ」を実施している[117]。

以上のように各国は、南シナ海問題に対応するために必要な能力ギャップを克服すべく積極的に水上艦艇の増勢、対艦攻撃能力の付与、海洋ISR能力の構築に取り組んでいる。そして、厳しい経済財政状況の中で、最新装備の調達だけではなく、既存装備の改修、海外からの能力支援、中古装備の購入といったさまざまな手段によって、その目標を達成しようと努めている。

注

1) WHO, "COVID-19 Situation in WHO: Western Pacific Region," WHO website; WHO, "COVID-19 Situation in the WHO South-East Asia Region," WHO website.
2) ADB, *Asian Development Outlook (ADO) 2020 Supplement: Paths Diverge in Recovery from the Pandemic* (December 2020), 4.
3) WHO, "COVID-19 Situation in WHO: Western Pacific Region"; WHO, "COVID-19 Situation in the WHO South-East Asia Region."
4) IMF, *Regional Economic Outlook Asia and Pacific: Navigating the Pandemic; A Multispeed Recovery in Asia* (October 2020), 8.
5) [Singapore] Ministry of Manpower, "Ministerial Statement by Mrs Josephine Teo, Minister for Manpower, 4 May 2020" (May 4, 2020).
6) Reuters, January 30 and February 2, 2020.
7) 『朝日新聞』2020年9月23日、9月24日。
8) [Brunei] Ministry of Health, "Media Statement of the Current Situation of the Covid-19 Infection in Brunei Darussalam" (May 21, 2020).
9) *Phnom Penh Post*, April 7, 2020; *Khmer Times*, July 11, 2020.
10) 『日本経済新聞』2020年6月17日; *Nikkei Asian Review*, July 3, 2020.
11) ADB, *ADO 2020 Supplement*, 7.
12) World Bank, *East Asia and the Pacific Economic Update: From Containment to Recovery* (October 2020), 11.
13) *Nikkei Asian Review*, August 20, 2020.
14) *Nikkei Asia*, December 23, 2020.
15) 『日本経済新聞』2020年9月11日;『朝日新聞』2020年10月26日。
16) *The Star*, March 15, 2020.
17) *The Star*, July 5, 2020.

18) ASEAN Secretariat, "Declaration of the Special ASEAN Summit on Coronavirus Disease 2019 (COVID-19)" (April 14, 2020).

19) ASEAN Secretariat, "Chairman's Statement of the 37th ASEAN Summit" (November 12, 2020); ASEAN Secretariat, "Terms of Reference: ASEAN Regional Reserve of Medical Supplies for Public Health Emergencies," approved November 10, 2020.

20) CGTN, August 24, 2020.

21) [Chinese] Ministry of Foreign Affairs, "Wang Yi Attends a Video Conference of China-ASEAN Foreign Ministers' Meeting" (September 9, 2020);『朝日新聞』2020 年 9 月 17 日。

22) *Bangkok Post*, December 31, 2020; Reuters, January 4, 2021.

23) *Nikkei Asia*, December 15, 2020; Sebastian Strangio, "Is Cambodia Really Turning Its Back on Chinese Vaccines?" *Diplomat*, December 22, 2020.

24) ASEAN Secretariat, "Chairman's Statement of the 8th ASEAN-United States Summit" (November 14, 2020).

25) 外務省「第 13 回日メコン外相会議」2020 年 7 月 9 日。

26) 外務省「日・ASEAN 外相会議」2020 年 9 月 9 日。

27) ASEAN Secretariat, "Chairman's Statement of the 37th ASEAN Summit"; 外務省「第 23 回日 ASEAN 首脳会議」2020 年 11 月 12 日。

28) Reuters, January 23, 2019.

29) *South China Morning Post (SCMP)*, July 17, 2019; Asia Maritime Transparency Initiative (AMTI), "Update: China Risks Flare-Up over Malaysian, Vietnamese Gas Resources," Center for Strategic and International Studies (CSIS) (December 13, 2019); *SCMP*, July 26, 2019.

30) Reuters, August 24, 2019.

31) Reuters, October 24, 2019.

32) AMTI, "Malaysia Picks a Three-Way Fight in the South China Sea," CSIS (February 21, 2020).

33) Voice of America (VOA), December 23, 2019.

34) *SCMP*, September 18, 2019.

35) VietNamNet Global, January 23, 2020.

36) *SCMP*, April 3, 2020.

37) *Benar News*, April 14, 2020.

38) *Benar News*, April 16, 2020; Reuters, April 17, 2020.

39) *U.S. Naval Institute (USNI) News*, April 20 and May 8, 2020; ABC News, April 22, 2020.

40) Reuters, April 23, 2020; *New Straits Times*, June 26, 2020; *Edge Markets*, September

12, 2020.

41) *Benar News*, June 16, 2020.

42) *Philippine Inquirer.net (Inquirer)*, March 4, 2019.

43) *SCMP*, June 13, 2019.

44) CNN Philippines, July 29, 2019.

45) Philippine News Agency (PNA), January 14, 2020.

46) PNA, April 23, 2020.

47) *Inquirer*, March 10, 2020; *SCMP*, March 18, 2020; 原田有「南シナ海の今——中比越の動向を焦点に」『NIDSコメンタリー』防衛研究所、第76号(2018年6月18日)。

48) *Inquirer*, April 20, 2020; *Benar News*, May 1, 2020.

49) *Benar News*, June 3, 2020; [U.S.] Department of State, "U.S. Position on Maritime Claims in the South China Sea" (July 13, 2020).

50) PNA, September 18, 2020.

51) PNA, January 30, 2020; CNN Philippines, February 11, 2020.

52) PNA, June 3, 2020.

53) *Inquirer*, August 3, 2020; PNA, August 13, 2020.

54) *SCMP*, June 9, 2020.

55) *Philippine Star*, August 17, 2020.

56) PNA, September 11, 2020.

57) Radio Free Asia, December 30, 2019; *Tempo*, December 31, 2019.

58) *Benar News*, January 3, 2020; Reuters, January 7, 2020; *Janes*, January 10, 2020.

59) *Tempo,* January 6, 2020; Reuters, January 8, 2020.

60) *Tempo* (English), January 6, 2020.

61) CNN Indonesia, January 7, 2020.

62) *Benar News*, May 28, 2020.

63) *Benar News*, June 18, 2020.

64) Reuters, September 15, 2020.

65) *SCMP*, September 14, 2020.

66) *USNI News*, March 24, 2020.

67) *USNI News*, May 6, 2020.

68) *Military.com*, April 20, 2020.

69) *Stars and Stripes*, April 28, 2020; [U.S.] Pacific Air Forces (PACAF), "B-1s Conduct South China Sea Mission, Demonstrates Global Presence" (April 30, 2020).

70) *Global Times*, May 4, 2020; AMTI, "China Lands First Bomber on South China Sea Island," CSIS (May 18, 2018).

71) *Stars and Stripes*, May 28, 2020; *SCMP*, June 26, 2020.

72) *Navy Times*, July 6, 2020.

73) [U.S.] Department of Defense, "People's Republic of China Military Exercises in the South China Sea" (July 2, 2020); *USNI News*, July 17, 2020; PACAF, "B-1s Conduct Bomber Task Force Mission in South China Sea" (July 22, 2020); *Stars and Stripes*, July 23, 2020.

74) *Global Times*, July 30, 2020.

75) *USNI News*, August 17, 2020; [U.S.] Department of Defense, "DOD Statement on Recent Chinese Ballistic Missile Launches" (August 27, 2020).

76) Patrick M. Cronin and Ryan Neuhard, "Total Competition: China's Challenge in the South China Sea," Center for a New American Security (January 2020).

77) ASEAN Secretariat, "Chairman's Statement of the 36th ASEAN Summit" (June 26, 2020).

78) 『日本経済新聞』2020 年 9 月 12 日。

79) ASEAN Secretariat, "Joint Communiqué of the 53rd ASEAN Foreign Ministers' Meeting" (September 9, 2020); ASEAN Secretariat, "Chairman's Statement of the 27th ASEAN Regional Forum" (September 12, 2020).

80) U.S. Mission to ASEAN, "Secretary Pompeo's Participation in the 10th East Asia Summit Virtual Foreign Ministers' Meeting" (September 9, 2020).

81) 『日本経済新聞』2020 年 9 月 12 日。

82) [Chinese] Ministry of Foreign Affairs, "Wang Yi: The United States is Becoming the Biggest Factor Fueling Militarization and the Most Dangerous Factor Jeopardizing Peace in the South China Sea" (September 9, 2020).

83) ASEAN Secretariat, "Chairman's Statement of the 37th ASEAN Summit."

84) ASEAN Secretariat, "Chairman's Statement of the 23rd ASEAN-China Summit" (November 12, 2020); ASEAN Secretariat, "Chairman's Statement of the 15th East Asia Summit" (November 14, 2020).

85) 『日本経済新聞』2020 年 6 月 30 日。

86) ASEAN Secretariat, "Chairman's Statement of the ASEAN Post Ministerial Conference (PMC) 10+1 Session with China" (September 9, 2020).

87) 『日本経済新聞』2020 年 9 月 12 日；*SCMP*, September 12, 2020.

88) *Hanoi Times*, November 16, 2020.

89) *Janes*, January 6, 2020.

90) *Janes*, August 27, 2020.

91) *Malaysia-kini*, July 23, 2019.

92) *Janes*, September 16, 2020.

93) *Benar News*, July 24, 2019.

94) *Naval News*, April 2, 2019.
95) *Janes*, February 3, 2020.
96) *Janes*, March 27, 2020.
97) *Vietnam Shipbuilding News*, December 19, 2019; *Navy Recognition*, December 29, 2019; *Janes*, June 25, 2020.
98) *Asia Pacific Defense Journal (APDJ)*, November 8, 2019.
99) *APDJ*, May 27, 2020.
100) *Inquirer*, June 8, 2020.
101) *Inquirer*, August 29, 2020.
102) PNA, May 12, 2020; *One News*, May 25, 2020.
103) PNA, July 11, 2020.
104) PNA, July 11, 2020.
105) *Stars and Stripes*, March 27, 2020.
106) PNA, July 7, 2020.
107) *Kompas*, April 13, 2020; *Jakarta Post*, July 6, 2020.
108) *Janes*, August 18, 2020.
109) *Janes*, June 12, 2020.
110) *Janes*, September 4, 2020.
111) *Janes*, July 30, 2020.
112) Damen, "Damen Completes Combat Systems Installation and Trials on Second Indonesian Guided Missile Frigate" (March 18, 2020); TNI-AL, "Tiga KRI dan Tiga Rusia Terlibat Latihan PASSEX RUSINDO-20" (December 20, 2020).
113) Thales, "LEN Industri and Thales to Modernise Indonesia's Naval Capabilities" (March 10, 2020).
114) *Janes*, July 7, 2020.
115) TASS, March 13, 2020.
116) TNI-AL. Koarmada II, "Koarmada II Uji Profesionalisme dan Kesiapan SSAT Melalui Glagaspur Tingkat L-3 Terpadu" (July 4 2020); *Kompas*, July 22, 2020.
117) Kompas TV, August 27, 2020.

第5章

ロシア

ポスト・プーチン問題と1993年憲法体制の変容

執筆者

長谷川雄之（代表執筆者、第1節、第2節）
坂口賀朗（第3節）

6月24日、モスクワ・赤の広場で開催された対独戦勝75周年軍事パレード（新華社／共同通信イメージズ）

Summary

1991年12月のソ連邦解体後、新たに誕生したロシア連邦では、1993年12月に制定された連邦憲法を国家運営の礎とした。1990年代のボリス・エリツィン政権は、社会・経済の混乱と不安定な政治秩序、中央・地方関係の遠心化に特徴付けられる。その一方、2000年5月に発足したウラジーミル・プーチン政権は、垂直的権力の構築を目指し、連邦制を含む大規模な政治改革を遂行し、憲法体制の安定化を図った。こうした中、テロ・過激主義対策の強化やマスメディアの法規制を背景に、93年憲法第2章が保障する「人および市民の権利と自由」をめぐる問題が顕在化し、特に近年、ロシア政治の焦点となっている。

2020年初頭に本格化した93年憲法の修正プロセスを経て、プーチン体制を維持する基本的メカニズムが構築された一方、変革を求める市民の声も高まっており、ロシア社会は変動期を迎えている。憲法修正により、大統領の3選禁止が明確化されたものの、現職・元職者の任期数をカウントしない条項が設けられたため、プーチン大統領とドミートリ・メドヴェージェフ安全保障会議副議長は、次期大統領選挙に出馬することが制度上可能である。本稿では、憲法問題に焦点を当て、ロシアの政治体制やポスト・プーチン問題の示唆を得る。

中距離核戦力（INF）全廃条約の失効や新戦略兵器削減条約（新START）の延長問題など、米露間の軍備管理問題が国際的な関心事となっている。さらに反体制派のアレクセイ・ナヴァリヌィの毒殺未遂事件により露欧関係は一層厳しい局面を迎えている。

新型コロナウイルスのグローバルな感染拡大の中、ロシア軍は、多機能医療センターの建設、核・化学・生物防護部隊による消毒活動、イタリアやセルビアへの緊急援助など新たな役割を担った。軍の装備更新と態勢強化は引き続き進展し、大規模演習「カフカス2020」を通じた対外軍事協力の強化が図られ、アフリカ諸国への武器輸出の拡大を目指す動きも見られた。

1　憲法体制の変容——憲法修正プロセスと新内閣の発足

(1) 2020年憲法修正の要諦とポスト・プーチン問題

2020年1月15日、プーチン大統領による年次教書演説では、93年憲法[1]の大幅な修正が提案され、その日のうちにメドヴェージェフ内閣が総辞職し、憲法修正を準備する作業部会（以下、作業部会）が大統領命令により設置された[2]。近年、ヴャチェスラフ・ヴォロージン国家会議（下院）議長を中心に[3]、政権幹部から憲法問題に関する発言・論評が多くなされていたことに鑑みて、今般の憲法修正については、政権中枢において、入念なシナリオ策定が行われていたものと考えられる。表5-1に示したとおり、修正プロセスは、極めて短期間のうちに進展し、主権者たるロシア国民の間で十分な憲法議論が行われたとは言い難い。ただ、後述するように、新型コロナウイルスが政局を直撃し、入念に準備されたシナリオは、描き直しを迫られることとなる。

93年憲法において、第3章から第8章を改める憲法修正（popravka）とそれ以外の章（第1・2・9章）を改める憲法改正（peresmotr）では手続きが大きく異なる[4]。後者は、人権保障や権力分立、改憲手続きを定めた条項を含んでおり、憲法制定会議の招集や国民投票（vsenarodnoe golosovanie）の実施など、前者に比べて手続き上のハードルは高い。今回は国民投票の実施を要件としない憲法修正に該当するが、プーチン大統領は憲法裁判所に対して合憲性の判断を仰ぎ、あえて全ロシア投票（vserossiiskoe golosovanie）を実施することで、正当性の担保に努めた。投票日は、ロシア国内における新型コロナウイルス感染症の拡大を受けて、4月22日から7月1日に延期され、賛成多数により憲法修正が成立した。修正事項の要諦は以下のとおりである。

第1に、保守主義的な条項の新設である（表5-2）。連邦制について定めた第3章第67条では、第2項の1において領土の譲渡および譲渡に向けた活動を禁止した。境界画定（delimitatsiya）や画定作業（demarkatsiya）は禁止事項の対象から除外されているものの、こうした条項が新たに設けられること自体が、プーチン政権の外交姿勢を強く示すものであり、内政的な文脈だけで

表5-1　憲法修正プロセス（2020年1～7月）

1月15日	大統領年次教書演説	プーチン大統領が大統領3選禁止規定を含む憲法修正を提案。
	メドヴェージェフ内閣総辞職	ミシュースチン税務長官を後継の首相候補者として国家会議（下院）に提案、翌16日正式に就任。メドヴェージェフは安保会議副議長に就任。
	憲法修正準備作業グループ設置	クリーシャス連邦会議憲法・国家建設委員長、クラシェニーンニコフ国家会議国家建設・法制委員長、ハブリーエヴァ連邦政府附属法制・比較法学研究所長を共同代表として、75人の委員から構成。翌16日に大統領公邸にて第1回会合実施。
1月20日	プーチン大統領、下院に憲法修正法案提出	第2読会準備段階（2月14日～）において、現職・元職大統領の「任期数のリセット条項」など大幅な修正が提案される。第3読会を経て、3月11日に連邦議会連邦会議（上院）に送付、同日可決。
3月11日	連邦構成主体議会に憲法修正法案送付	3月12日・13日にすべての連邦構成主体（地方）議会が憲法修正法案を承認。
3月14日	法律公布および憲法裁判所による合憲性判断	プーチン大統領、法案に署名・公布の上、憲法裁判所に合憲性を照会、2日後の3月16日に憲法裁判所が合憲性を認める。
3月25日	新型コロナにより全ロシア投票日延期	当初、4月22日を投票日としていたが、新型コロナの感染急拡大により投票日の延期を決定。
7月1日	全ロシア投票の実施	全国平均の投票率67.97%、賛成票率77.92%

（出所）Prezident Rossii, “Sobytiia”; Gosudarstvennaia Duma RF, “SOZD: Zakonoproekt No. 885214-7”; Konstitutsionnyi sud RF, “16 marta 2020 goda Konstitutsionnyi Sud RF opublikoval Zakliuchenie po zaprosu Prezidenta RF” (March 16, 2020); *RBK*, July 3, 2020より執筆者作成。

この条文を解釈することは難しい。また、第67条の1第2項では、国家が「祖国防衛者の功績を敬い、歴史的真実を守ること」が定められ、第二次世界大戦をめぐる歴史認識問題がクローズアップされた。全般として保守主義的内容を含む第67条の1は、戦後国際秩序の担い手たる国連安保理常任理事国としての地位の擁護という外交政策上の基本理念[5]を背景として、第二次大戦の結果、すなわち「国民の祖国防衛に伴う偉業の意義」を強調している。今後、こうした憲法の条項に基づいて、歴史教育などを通じた愛国主義政策が一層推進されるものと考えられる。

さらに連邦政府と共和国・州など連邦構成主体の共同管轄事項を定めた第72条では、「男性と女性のつながりとしての婚姻制度の保護」が盛り込まれた。

表5-2　2020年憲法修正における領土に関する条項と愛国主義・保守主義的側面（一部抜粋）

第3章 連邦制	
第67条	（第2^{1}項） ロシア連邦は、自らの主権および領土的統一性を擁護する。（ロシア連邦と隣国との境界画定、ならびに画定作業およびその再画定作業を除く）ロシア連邦領土の一部の譲渡に向けた活動、ならびにそのような活動を呼び掛けることは認められない。
第67^{1}条	（第2項） 千年の歴史によって統合され、理想および神への信仰、ならびにロシア国家の発展の継続性を我々に伝えてきた祖先の記憶を持つロシア連邦は、歴史的に形成された国家の統一を認める。
	（第3項） ロシア連邦は、祖国防衛者の功績を敬い、歴史的真実を守ることを保障する。国民の祖国防衛に伴う偉業の意義を過小評価することは認められない。
	（第4項） 子供は、ロシアの国家政策において最も重要な優先項目である。国家は、子供の全面的、精神的、道徳的、知的および身体的成長、ならびに子供の愛国心、市民としての自覚および年長者に対する敬意を育むことを促進する条件を創出する。国家は、家族による養育の優先性を保障し、監護を受けない子供に対する親の義務を引き受ける。
第72条	ロシア連邦とロシア連邦構成主体の共同管轄事項は、以下の通りである。（中略） zh^1）家族、母性、父性および児童の保護、男性と女性のつながりとしての婚姻制度の保護、家庭における適切な子供の養育、および成年した子供が両親の面倒を見る義務を遂行するための条件の創出。

（出所）E.Iu. Barkhatova, *Kommentarii k Konstitutsii Rossiiskoi Federatsii novaia redaktsiia s popravkami 3-e izdanie* (Moskva: Prospekt, 2021); *Kommentarii k Konstitutsii Rossiiskoi Federatsii 2-e izdanie* (Moskva: Prospekt, 2020); 上野俊彦「ロシアにおける2020年の憲法修正をめぐる諸問題」『ロシアNIS調査月報』第65巻第5号（2020年）80–105頁；溝口修平「ロシア連邦」初宿正典、辻村みよ子編著『新 解説世界憲法集 第5版』（三省堂、2020年）281–341頁より執筆者作成。

2013年のいわゆる「同性愛宣伝禁止法」の制定をはじめ[6]、プーチン政権の保守主義的な社会政策は、欧米諸国や国際人権団体から批判を招いてきた。そもそも新たな条項は、人権保障に関わる問題を含んでおり、「憲法改正」の手続きを要する93年憲法の根幹（第1・2・9章の条項）との整合性が今後の焦点となろう。新たな憲法では、近年一層強まっている政権の保守主義的傾向が如実に反映されており、建て増し部分（憲法修正箇所）の多くにおいて、人権擁護や政治的多元主義に象徴される93年憲法の基本理念とは相いれない国家観が示されることとなった。

第2に、執政制度に関わる憲法修正が挙げられる[7]。半大統領制（Semi-Presidentialism）の大枠を維持しつつも、大統領および連邦議会の権限に一定の変更が加えられた。大統領には政府議長（首相）の解任権および連邦政府に対する指揮権が付与された一方、連邦政府の編成手続き（閣僚人事等）における連邦議会の権限も強められた。従来、首相任命後の副首相および連邦大臣の人事については、実質的に大統領および首相の専権事項であった。憲法修正後は、副首相および連邦大臣の任命に当たり、首相が下院にその候補者を提案し、大統領は下院が承認した候補者に限って任命するよう制度が改められた。一方で、下院が候補者の承認を3度拒否した場合、大統領は一定の条件の下、下院を解散することが可能であり、大統領を支える与党勢力が大統領－議会関係を規定するという大きな構図に変化はない。

また、国防・内務・外務・インテリジェンスをはじめとする国家安全保障政策の担当省庁の長は、連邦会議（上院）と協議の上、大統領が任命するよう制度が改められた[8]。従来、連邦保安庁（FSB）や対外諜報庁（SVR）といった内閣に含まれない準軍事・インテリジェンス機関の長官人事は、大統領の専権事項であった。今般の制度変更により、準軍事・インテリジェンス機関の人事政策への上院の関与が認められた一方、国防相・内相・外相などの主要閣僚の人事に対する下院の関与はなくなった。

さらに、大統領の連邦政府に対する指揮権が明記されたことに鑑みて、執行権力機関の長としての大統領の地位がより明確なものとなった。従来、連邦の憲法的法律「政府について（以下、政府法）」において、「最高執行権力機関」[9]と位置付けられてきた連邦政府は、憲法修正に伴う政府法改正によって、「公権力機関としての執行権力機関」[10]に改められ、大統領の全般的指揮の下で執行権力を行使することとなった。大統領による首相解任権と合わせて大統領権限の強化といえよう。

大統領任期は、連続2期12年から通算2期12年に変更され、3選禁止が明確化された。ただし、下院における審議過程で、憲法修正時における現職者・元職者を当該規定の対象外とする「任期数のリセット条項」が導入され、プー

第5章 ロシア

モスクワ市内の投票所を訪れたプーチン大統領（タス＝共同）

チン大統領とメドヴェージェフ安保会議副議長は、次期大統領選挙に出馬することが制度上可能である。さらに大統領の退任後における不逮捕特権や終身セナートル（上院構成員）としての地位など、大統領の身分保障制度が強化された[11]。総じて、連邦議会権限は、部分的に拡大されたものの、大統領権限も相当に強化されたため、ロシアの強い大統領制、いわゆる「超大統領制」は維持されることとなった。

今般の憲法修正は、プーチン大統領が任期満了を迎える2024年を前にして、ポスト・プーチン問題への関心が高まっている中で実施されたが、上述の制度変更を経て、ロシア政治をめぐる不確実性は一層高まった。2024年以降のロシア政治の展望について、現行制度の下では、①次期大統領選への出馬により通算5期目のプーチン政権が誕生する（ただし任期途中の辞任を含む）、②不逮捕特権を持ち、終身セナートルに就任する、③首相や国家評議会議長など他の機関の長に就任する、といったシナリオが想定される。

次期大統領選に出馬可能なプーチン大統領とメドヴェージェフ安保会議副議長のほか、地方の有力首長を含む現体制の中核的メンバーの動向に留意しつつ、1990年代半ばのプーチンと同様に、名前の知られていない人物が最高権力者の地位に就くシナリオも想定する必要があろう。次期大統領が2000年以降のロシアにおける基幹的政策を継承するならば、連邦中央・地方関係のマネジメント能力やシロヴィキ（軍・治安機関関係者）との関係、首脳外交や国民との対話など表の舞台における強いリーダーシップが政権運営の重要な要素となろう。

(2) ミシュースチン新内閣の発足と執政中枢の変容

2020年1月、メドヴェージェフ首相に代わり、ミハイル・ミシュースチン率いる新内閣が発足した。ミシュースチン首相はモスクワ生まれの54歳で、2010年から連邦税務長官を務めた経済・税務畑である[12]。新内閣では、副首相や経済発展相、デジタル発展・通信・マスコミ相を含む14人が新たに入閣した一方、国防・内務・外務・インテリジェンス部門の長は続投した[13]。2000年以降、プーチン政権を長年にわたって支えるシロヴィキ勢力の人事政策は、固定化と高齢化に特徴付けられよう。

内閣総辞職に伴い、メドヴェージェフには安保会議副議長のポストが用意され、引き続き権力中枢に残ることとなった。副議長ポストの新設に伴い、安全保障法制も一部改められ、新たな安保会議規程によると、副議長には国家安全保障領域における大統領指令などの実施状況の監督権や命令の発令権など、一定の権限が付与されている[14]。また副議長の下には官房が設置され、幹部職5人体制（官房長1人、補佐官4人）でメドヴェージェフの活動を支えている。メドヴェージェフ副議長は、就任後、2月にキルギス、3月にはカザフスタンの首脳と経済協力や安全保障協力について会談するなど、外交面でプレゼンスを示したほか、内政面でも新型コロナウイルス対策の関係閣僚級会議を主宰するなど、首相退任後も一定の実務を担っている[15]。

さらに2020年7月にはメドヴェージェフ副議長を委員長、国防相・外相ら閣僚級を委員として「北極における国益擁護の諸問題に関する安保会議附属省庁間委員会（以下、安保会議北極委員会）」が設置された[16]。2019年2月には極東発展省が極東・北極圏発展省に改組され、2020年10月には「2035年までの北極圏発展および国家安全保障戦略」と題する政策文書が承認されるなど[17]、プーチン現政権は、国家安全保障上の重要課題として、北極海航路とArcticLNG2プロジェクトを始めとする資源エネルギーの開発を加速化すべく、政策とその実施体制の構築を進めている。

一方で、首相率いる連邦政府にも、ユーリー・トルートネフ副首相兼極東連邦管区大統領全権代表を委員長として、地方首長や次官級から構成される「北極発展問題に関する国家委員会（以下、国家委員会）」が設置されている[18]。安保会議北極委員会と国家委員会とのすみ分けが問題となるが、トルートネフ副首相が安保会議北極委員会副委員長に任命されていることに加え、委員のランクに鑑みて、メドヴェージェフ率いる安保会議北極委員会が政策遂行に当たり主導性を発揮するものと考えられる。シロヴィキ勢力が多くを占める安保会議において、大統領・首相経験者のメドヴェージェフ副議長が引き続き政権の下支え役に徹するのか、政治的影響力の拡大を模索するのか、ポスト・プーチン問題を考える上でも、クレムリンの政治動向から目が離せない。

また、2020年9月13日に実施された統一地方選挙では、連邦構成主体の首長選、議会選、地方自治体議会選および国家会議（下院）補選が実施されたが、投票日を2～3日間設定するなど、新型コロナウイルス感染症の拡大防止措置が取られた[19]。連邦構成主体の首長選挙では、18人の現職者・臨時代行（統一ロシア党12、無所属5、自民党1）が勝利し、議会選挙においても統一ロシアが第1党の地位を獲得した一方[20]、新たな政党の躍進も見られた。「新たな人々」はノヴォシビルスク州、カルーガ州、リャザン州およびコストロマ州で議席を獲得し、「真実のために」はリャザン州、「緑オルタナティブ」はコミ共和国とチェリャビンスク州で議席を獲得した[21]。これらの政党は、連邦構成主体議会において議席を獲得したため、連邦法の規定に従い、2021年9月実施予定の下院選挙には署名収集なしで参加することができる[22]。政権支持率の低迷やハバロフスクにおける抗議活動の長期化など、プーチン政権にとって厳しい選挙戦の展開が想定されたものの、統一ロシア党が堅実な戦いぶりを見せた。

(3) コロナ対策に直面したプーチン政権——対外緊急支援と国内の感染爆発

2020年3月下旬、ロシアにおける新型コロナウイルスの感染状況が急速に悪化し、プーチン大統領は国民向けのビデオメッセージを発出して、感染対策への協力を呼び掛けるとともに、大統領の広範な権限を定めた憲法第80条を根拠として3月30日から4月3日までの5日間を非労働日とするなどの緊急措置を取った。ただし、2020年初頭の流行初期段階においては中国や欧米諸国と比べて感染確認者数が少なく、イタリアやセルビア、米国などへの対外緊急援助に力を注いだ。例えば、3月21日のジュゼッペ・コンテ伊首相とプーチン大統領の電話会談を経て[23]、翌22日にはロシア航空宇宙軍による輸送オペレーションが開始された（詳細は第3節）。作戦名は「ロシアより愛をこめて（From Russia With Love）」とされ、医療物資・人員を載せたIL-76型輸送機がローマ郊外のプラティカ・ディ・マーレ空軍基地に次々と降り立つ光景がソーシャル・ネットワーキング・サービス（SNS）などを通じて積極的に発信された[24]。これらは北大西洋条約機構（NATO）主要加盟国への軍用機派遣というインパクトを持つとともに、軍による対外オペレーションの高い機動性、迅速な意思決定・政策実施に特徴付けられるロシアの統治スタイルを内外に示すこととなった。

一方で、3月下旬以降、ロシア国内における感染確認者数は急増し、12月時点で累計300万人を超えて、世界第4位の多さとなっている[25]。公衆衛生などの社会政策は基本的に連邦政府（内閣）の所掌であることに加え、4月1日の連邦法「自然・産業による緊急事態における住民保護・領土保全について」改正により緊急事態をめぐる連邦政府権限が強化され、新型コロナウイルス対策は、ミシュースチン首相、タチヤーナ・ゴーリコワ副首相、セルゲイ・ソヴャーニン・モスクワ市長が中心となって展開されている。その一方で、重要な局面ではプーチン大統領やメドヴェージェフ安保会議副議長などクレムリンの直接的な関与も見られる。執行権力を大統領と首相率いる連邦政府の間で分掌している以上、事態対処における総合調整メカニズム、さらには遠心的な性質を有する連邦中央・地方関係が、ロシアの長期的なコロナ対策の焦点となろう。

ロシア国内における新型コロナウイルスの感染爆発は、折しも2020年1月の大統領年次教書演説と新内閣発足を経て、憲法修正に向けた政治日程が組まれたタイミングと重なったため、政局に大きな影響を及ぼした。4月22日に予定されていた憲法修正をめぐる全ロシア投票や5月9日の対独戦勝75周年を記念した軍事パレードは延期され、ミシュースチン首相やドミートリー・ペスコフ大統領報道官など閣僚・政府高官の感染も相次いだ。歴史的な原油価格の下落により経済は低迷し、政権支持率も4月・5月には2カ月連続で過去最低の59%を記録するなど[26]、プーチン政権は、改憲と戦勝75周年を軸とした2020年のシナリオの大幅な見直しを迫られた。

こうした中、8月11日には、世界初となる新型コロナ・ワクチン「スプートニクV」が保健省から登録証明を受け[27]、9月にはセルゲイ・ショイグ国防相がワクチン接種を受ける映像が公開されるなど[28]、ロシア産ワクチンの安全性・有効性が内外にアピールされた。さらに10月13日には、国産第2号となるワクチン「エピヴァクコロナ」が登録証明を受け、2021年1月に流通が開始されると報じられた[29]。ロシア産ワクチンはインドやブラジル、サウジアラビアなど10カ国以上に供給される予定で[30]、ロシアが重視する上海協力機構（SCO）やBRICSなどの枠組みを通じて「ワクチン外交」が本格化するものとみられる。

また、2020年7月にはロシアの長期的な社会・経済政策の基本方針を定めた政策文書「2030年までのロシア連邦発展の国家目標（以下、7月令）」が大統領令によって承認された[31]。目下の社会・経済情勢を踏まえ、2018年5月に承認された前バージョン「2024年までのロシア連邦発展の国家目標および戦略的課題（以下、5月令）」[32]の成果を点検し、軌道修正を図るもので、「人口維持・保健・福祉」、「快適かつ安全な住環境」、「デジタル・トランスフォーメーション」など5項目を柱に、社会・経済政策の重点目標が数値化されている。プーチン大統領は2018年の政権発足時、経済発展の遅れに対する強い危機感の下、積年の課題である経済構造の「近代化」を強力に推進すべく、5月令を発令したものの、長期化する欧米諸国の対露経済制裁に加え、コロナ禍によるロックダウンと歴史的な原油価格の低迷が重なり、7月令によって掲げられた目標達成の道のりは険しい。2020年12月に承認された2021～2023年の3カ年連邦予算法においても、国防費は2021年単年度で3兆1,132億ルーブル（対GDP比2.7%）、2022年および2023年の計画予算でも対GDP比2%台を維持する見込みで[33]、抑制傾向にある。

2　対外政策——ロシアを取り巻く戦略環境

(1)「核抑止分野におけるロシア連邦国家政策の基礎」の承認と軍備管理問題

2014年3月のクリミア併合以降、ロシア－米欧関係は、継続的に不安定な東部ウクライナ情勢や経済制裁をめぐる対立の構図が固定化し、近年では軍備管理・軍縮レジームの動揺が焦点となっている。2019年8月のINF全廃条約の失効、2020年5月の米国によるオープンスカイズ条約（OST）からの脱退表明を受けて、冷戦末期からポスト冷戦期にかけて構築された軍備管理・軍縮レジームの象徴が失われつつある。

2020年6月22日、ロシアのセルゲイ・リャプコフ外務次官とマーシャル・ビリングスリー米大統領特使（軍備管理担当）参加の下、ウィーンで開催された米露戦略問題協議では、戦略的安定性の問題に関する作業部会の設置で合意した[34]。7月末に開かれた作業部会の主たるテーマは、宇宙、核ドクトリン・弾頭、透明性・査察であったといわれる[35]。一連の交渉において米側は、軍備管理レジームへの中国の参加を強く求めているほか、極超音速滑空飛翔体（HGV）など新戦略兵器を新たに条約の規制対象とすることや現行の査察体制の不備を問題視していた。

冷戦期の米露軍備管理交渉の最中、1979年に上院議員としてモスクワを訪問したのが、ジョセフ・バイデン米大統領である。バイデン大統領は、上院外交委員長、さらにバラク・オバマ政権期の副大統領として、冷戦期から長年にわたり対露外交に携わってきた。新政権は、多国間協調、同盟重視の政策方針を掲げており[36]、新START条約の延長問題をめぐる対露外交が最初の政策課題となったが、そのプロセスは急速に進展し、2021年1月26日、米露両首脳による電話会談では、条約の延長で合意したことが発表された[37]。条約の期限切れという事態は避けられたものの、長期的な観点からは、軍拡競争に歯止めをかける多国間の軍備管理レジームの構築が急務である。

その他米露関係全般についても、バイデン政権が人権や民主主義に重きを置く価値観外交を強力に展開すれば、2020年の憲法修正を経て、保守主義的傾向を強めるプーチン政権との本格的な関係構築は難しいものとなろう。

こうした中、2020年6月2日には「核抑止分野におけるロシア連邦国家政策の基礎」が大統領令により承認された[38]。本文書は、2010年2月5日に「軍事ドクトリン」と共に承認された、非公開文書「2020年までの核抑止分野における国家政策の基礎」[39]の後継文書と考えられ、大統領による承認と文書の公表、そのタイミングは、米露間の軍備管理・軍縮レジームの行き詰まりと無関係ではなかろう。

本文書は、(I) 総則、(II) 核抑止の要諦、(III) 核兵器使用の条件、(IV) 核抑止分野における国家政策の実現に関する連邦国家権力機関およびその他国家機関・組織の任務と権限の4章から構成され、連邦憲法や連邦が批准する国防・軍備管理分野の国際条約などを法的基盤とするが (第6項)、国防に影響を与える内外の要因に応じて、修正され得ると定められている (第8項)。

(III) に示された使用基準では、主に4つのシナリオが想定されている[40]。第1に、ロシアおよび (または) 同盟国に対して、核兵器およびその他の大量破壊兵器が用いられた場合、ロシアは核兵器使用の権利を有するとされる (第17項)。第2のシナリオとしては、ロシアに対する通常兵器による侵攻で、国家の存立危機に陥った場合の核兵器使用である (第19項b, g)。第3のシナリオは、ロシアおよび (または) 同盟国に対する弾道ミサイルの発射について信頼に足る情報を得た場合の核兵器使用であり (第19項a)、いわゆる警報下発射ドクトリンといわれるものである。第4のシナリオとしては、機能不全により核戦力の報復活動が阻止される、ロシアにとって死活的に重要な国家・軍事施設に対する相手方による妨害作用があった場合の核兵器使用である (第19項v)。

また、(IV) では、大統領を核抑止政策の最高指揮権者とし、首相率いる連邦政府は、核抑止手段の維持および発展に向けた経済政策・対外政策・情報政策を担う一方、大統領が議長を務める安保会議は、核抑止分野における軍事政策の基本方針を策定し、関係機関の活動の調整を担当することが定められたほか、国防相は参謀総長を通じて、核抑止分野における組織・軍事的性質の諸措置を直接に立案・実施するなど、職務分掌が明確に示された。

ロシア国内外の戦略コミュニティの注目を集めたのは、従来「軍事ドクトリン」など他の重要政策文書に記載されてこなかった第3および第4のシナリオ、さらにエスカレーションを抑止するためのエスカレーション（E2DE）政策に関する評価である[41]。E2DEについて、本文書の（I）総則では、核抑止の国家政策の1つとして、「軍事紛争の発生時における軍事活動のエスカレーション阻止、ロシア連邦および（または）その同盟国が受け入れ可能な条件での停止を保障すること」が示されたが、上述のとおり、（III）に示された核兵器使用基準の中にこの点は含まれなかった。このように政策文書内での一貫性が認められず、解釈に曖昧性が残り、ロシアの核抑止政策、特に度々取り上げられてきたE2DEをめぐる議論に決着がついたわけではない[42]。核戦力はソ連解体後、現代ロシアの国家安全保障政策において特に枢要な位置を占め、本文書が公開されたインパクトは大きい。一方で、ロシアの政策文書は本来「国家安全保障戦略」を筆頭とした階層的な構造を成しているが、同戦略については改訂作業が進められており[43]、同じく見直しを予定している「軍事ドクトリン」も含め、政策文書間の整合性が注目される。

(2) ナヴァリヌィ事件と露欧関係

ロシアの反体制派ナヴァリヌィの毒殺未遂事件は、ロシアにおける民主主義・政治的多元性や国際条約で禁止されている化学兵器の使用という観点から、ロシア－米欧関係に大きな影響をもたらした。2020年8月中旬、ナヴァリヌィは、統一地方選（9月13日実施）に向けた政治活動のため、シベリアのノヴォシビルスクおよびトムスクを訪れていた。与党勢力の当選阻止を第一義的な目標とした「賢い投票キャンペーン」は、2019年の統一地方選においても一定の成果を挙げており、シベリア歴訪もキャンペーンの展開が主たる目的であった[44]。8月20日朝、トムスク空港を飛び立ったモスクワ行きの民航機は、ナヴァリヌィの体調急変のため、間もなく近傍のオムスク空港に緊急着陸した。ナヴァリヌィは、空港付近の救急病院に搬送され、なおも昏睡状態が続き、8月22日に治療のためドイツ・ベルリンに移送された。

ドイツ政府は、ナヴァリヌィについてノヴィチョク類の化学神経剤による攻撃を受けたと断定し[45]、これを受けて、欧州連合（EU）、NATOおよびG7がそれぞれ声明を発出した。9月9日付G7外相声明では、ロシア政府に対して化学兵器禁止条約の下で、犯人の処罰を求めた上で、ナヴァリヌィ事件について「ロシアにおける民主主義および政治的多元性に対する新たな重大な打撃である」と指摘した[46]。

2014年3月のクリミア併合以降、ロシアと欧米諸国が対立を深める中、ドイツのアンゲラ・メルケル首相は、ロシアとドイツを直接結ぶガスパイプライン・ノルドストリーム2の建設をはじめ、ロシアとの経済関係を一定のレベルで維持してきた。一方で、ヨーロッパがロシア産エネルギー資源への依存を強めることへの懸念を背景として、2019年12月、米国のドナルド・トランプ大統領は、ノルドストリーム2敷設事業に参画する企業に制裁を科す法案に署名したが[47]、これに対してメルケル首相が強く反発するなど、クリミア後の対露経済関係については、欧米諸国の間で認識のギャップが度々見られた。米国は、ナヴァリヌィ事件を受けて、ノルドストリーム2に関連するさらなる制裁強化を打ち出しており、ドイツとの駆け引きが予想される。

(3) 転換期の日露関係

2020年9月の安倍晋三政権から菅義偉政権への移行により、ロシアでは日本の対露政策の行方に注目が集まっている。2012年12月に発足した第2次安倍政権においては、2013年12月に承認された「国家安全保障戦略（以下、国家安保戦略）」を政策の基軸として、積極的な対露外交が展開された。国家安保戦略では日露関係について「東アジア地域の安全保障環境が一層厳しさを増す中、安全保障及びエネルギー分野を始めあらゆる分野でロシアと協力を進め、日露関係全体を高めていくことは、我が国の安全保障を確保する上で極めて重要である」[48]と言及され、安全保障面での対露アプローチが活発化した。

第2次安倍政権下では、2013年4月の首脳会談を機に日露防衛・安全保障協力の深化が見られた。会談の結果として発出された共同声明では、日露外務・防衛閣僚協議（「2+2」）の立ち上げとともに、民主党政権下に署名された「日本国外務省とロシア連邦安保会議事務局との間の覚書」を両首脳は歓迎し、これに基づく定期協議を実施する意向で一致した[49]。第2次安倍政権下において、日露「2+2」は計4回実施され、外務・防衛当局間での協議、自衛隊とロシア軍の部隊間交流や共同訓練も継続的に実施された。特に海上自衛隊とロシア海軍の交流は活発で、日露捜索・救難共同訓練（SAREX）の定期開催のほか、直近では2020年1月、海上自衛隊の護衛艦はるさめとロシア海軍フリゲート・ヤロフラフ・ムードルィなどが参加して、アデン湾において通算2回目となる海賊対処共同訓練が実施された[50]。

ロシア海軍艦艇と戦術運動を行う護衛艦はるさめ（統合幕僚監部HPより）

また2013年12月の日本における国家安全保障会議（NSC）創設に伴い、翌2014年1月、内閣官房に設置された国家安全保障局（NSS）は、ロシア連邦安保会議事務局のカウンターパートとして機能し、谷内正太郎初代局長とニコライ・パトルシェフ安保会議書記との間で定期的に安全保障に関する協議が開催されることとなった。2014年初頭のウクライナ紛争・クリミア併合により、ロシアと欧米諸国の関係が急激に悪化する中、同年3月14日および5月5日には立て続けに谷内局長がモスクワを訪れ、パトルシェフ書記との間で協議を実施した[51]。谷内局長の在任中には、8回の協議が行われ、この外交チャンネルは後任の北村滋局長に引き継がれた。北村局長の就任後間もない2019年9月17日には、パトルシェフ書記が訪日し、安倍首相を表敬するとともに、日露関係全般、両国の安全保障政策について北村局長との間で意見交換が実施された[52]。さらに2020年1月、ロシアで憲法修正プロセスが本格化する最中、北村局長がモスクワを訪問して、パトルシェフ書記と協議を実施

プーチン大統領を表敬訪問する北村国家安全保障局長（タス＝共同）

し、大統領公邸にてプーチン大統領を表敬した[53]。

日露間の「2+2」やNSC外交の制度化により、第2次安倍政権では日露間の外交チャンネルが多角化された。プーチン政権の対外政策・軍事安全保障政策には、大統領府や国防省、外務省、対外諜報庁、連邦保安庁など多くのアクターが関与するが、各部門の長を集めた安保会議・会議体とそれを支える安保会議事務局は、政策メカニズムにおいて、中核的役割を果たしているものと考えられる。2020年の安保会議改革により、メドヴェージェフ前首相が安保会議副議長に就任したが、今後の対日政策において、ロシアがどのように外交チャンネルを使い分けてくるのか、政権中枢の人事政策や統治機構の改編を含め、注視する必要がある。また、第1節で言及したとおり、2020年7月のロシア連邦憲法の修正では、領土や歴史認識をめぐる保守主義的な条項が新たに設けられた。2020年9月の菅政権の誕生により、日露関係も新たなフェーズを迎える中、憲法修正やポスト・プーチン問題をめぐるロシアの内政動向が日露関係に与える影響を冷静に評価することが求められている。

3　新型コロナウイルス感染症対応と能力向上を図るロシア軍

(1) 新型コロナウイルス感染症対応とロシア軍

新型コロナウイルス感染症の拡大はロシアにおいても深刻であり、ロシア軍もその発生および拡大を防止するための対応に追われた。国防省が定期的に公表している国防省・軍内の新型コロナウイルス感染症の感染状況に関する報告によれば、12月24日時点で新型コロナウイルスに感染し回復した者の総数は、軍人2万2,979人、文官職員3,312人となっている。また12月24日時点で陽性と診断され治療を受けているのは、軍人4,228人、文官職員571人である[54]。軍内での新型コロナウイルスの感染状況についてショイグ国防相は、ロシア軍に対して何らの実質的影響を及ぼしていないとの認識を示してきた[55]。

2020年3月以来、新型コロナウイルス感染症の拡大防止のための対策が取られてきた。3月12日、国防省にルスラン・ツァリコフ第1国防次官を本部長とする対策本部が設置され、ロシア軍各部隊、各軍教育機関、国防省諸組織における検査体制の強化が決せられた。そのほかにも、外国との軍事代表団の行き来の停止、部隊の大規模行事の中止、新型コロナウイルス感染症対策を厳格に講じた上での徴兵の予定どおりの実施、32の軍病院に新型コロナウイルス感染症対応のための特別セクションを設置、検疫・消毒活動強化のための核・化学・生物防護部隊の態勢強化に関わる諸措置といった対策が講じられることになった[56]。

3月25日、ショイグ国防相は、ロシア連邦議会上院においてロシア軍の現状について報告する中で、国防省がロシアの15地域に16の新型コロナウイルス感染症対応のための多機能軍医療センターを建設中であることを明らかにした[57]。多機能軍医療センターの建設は2段階で進められ、2020年4月30日までに最初の8カ所が、さらに5月15日までに残りの8カ所が建設された。建設にはロシア政府予備費から88億ルーブルが支出され、国防省の建設部門の職員約1万2,000人が24時間体制で作業に当たった。さらに建設にはロシアの工兵部隊も動員された[58]。同センター建設担当のチムール・イワノフ国防次官によれば、同センターは最新鋭の医療機器を備え、16施設全体で総病床数は1,600床に達する。さらに、同センターで治療活動に当たる医療スタッフは全体で約2,300人に達し、軍・医学アカデミーでの事前訓練を受けている。そして同センターは軍勤務者だけでなく、一般市民の新型コロナウイルス感染症患者も受け入れる[59]。12月24日時点で、同センターが治療した患者の総数は1万3,325人で、このうち4,442人は一般市民である。そして12月24日時点で、ロシア連邦構成主体の新型コロナウイルス感染症対策を強化するためのものも含め、最終的に30の多機能軍医療センターが建設された[60]。

新型コロナウイルス感染症拡大防止のための核・化学・生物防護部隊による検疫・消毒活動も強化されている。12月24日時点で、モスクワに駐屯する諸部隊では約3万8,000個の装備と各部隊、軍教育機関および国防産業の建物など総面積で約102万6,000m^{2}の施設の消毒がなされた。各軍管区および北洋艦隊では全体で約1,900施設のべ約20万m^{2}の消毒がなされた[61]。

こうした国内での対応だけでなく、ロシア軍は外国に対しても、相手国の医療スタッフに対する検査や治療面での支援のほか、軍および民間施設に対する消毒活動などの新型コロナ対応の支援を実施した。2020年3月、ロシア国防省はイタリア政府の要請を受け、ロシア軍の感染症や防疫の経験が豊富な医師や核・化学・生物防護部隊の専門家から成る専門家チームをイタリアに派遣し、同チームはロンバルディア州の83カ所で支援活動を行った。同様の支援はセルビアに対しても実施され、ロシアの派遣チームはセルビアの28都市で活動した[62]。さらに2020年7月にはキルギスに対して、同年8月にはカザフスタンに対して医療専門家チームを派遣し、両国の新型コロナウイルス感染症対策を支援した[63]。イタリアに対する支援の背景には、欧米との関係悪化の中で関係改善のきっかけを得たいという思惑が見て取れる[64]。また、中央アジアの2カ国やセルビアへの支援の背景には同盟国や友好国との関係をさらに強化してロシアの影響力を高めたい狙いがあろう。これらの派遣は、航空・宇宙軍の長距離輸送航空部隊、国防省軍・医事総局、および核・化学・生物防護部隊の協力によってなされたものであり、その活動に関しては常に国防省内の対策本部がモニタリングし、統制していた[65]。

新型コロナウイルス感染症に対する対応を通じてロシア軍は高い能力を示したが、ロシア軍の作戦遂行能力向上の観点から特に注目されるのは以下の3点である。第1は工兵部隊の役割の高まりである。ロシア国内各地で多機能軍医療センターの短期間での建設完了に対して工兵部隊が高い能力を示したことは注目される。ショイグ国防相もロシア軍の特殊作戦の遂行や演習実施の過程で生じるさまざまな問題解決のため工兵部隊の運用の重要性は高まりつつあるとの認識を示している[66]。

第2は核・化学・生物防護部隊の役割の高まりである。新型コロナウイルス感染症拡大防止の観点から同部隊がロシア国内外で示した高い能力は注目される。特に核物質や化学兵器や生物兵器を用いたテロが生起する可能性が懸念される中、同部隊の役割は重要になっている。2020年においては、核・化学・生物防護部隊が参加した演習が増えており、同年8月には東部軍管区のサハリンで、同軍管区の反テロ部隊が核・化学・生物防護部隊と合同演習を実施した[67]。

第3は長距離輸送航空部隊の役割の高まりである。2020年2月、中国湖北省武漢で新型コロナウイルス感染症が深刻化した時、プーチン大統領の指示により航空・宇宙軍はIL-76輸送機2機を送り、同省に滞在していたロシア市民144人を帰国させていた[68]。これに加えて既述の外国への支援での人員および機器などの輸送でも高い能力を示したことになる。

(2) 継続する軍改革と軍事態勢の強化

2020年5月の国防省参与会議においてショイグ国防相は、依然としてロシアが最も深刻な軍事的脅威に直面しているのは西部戦略正面であるとの認識を示し、こうした脅威に対応するために西部軍管区の活動計画において規定されている2019年から2025年までの諸措置を着実に実行する必要があると指摘した。そして2020年においては最新装備の導入に見合う部隊の戦闘態勢確立のための新たな自動車化狙撃師団、ミサイル旅団および砲兵旅団の編成を含む28の組織的諸措置が実行され、約2,000個の最新装備が導入されることにより西部軍管区全体の最新装備の保有率は65%まで高まるとの見通しを示した。さらに2020年の西部軍管区での演習は約320でそのうち10は規模の大きいものであると指摘した[69]。

西部軍管区の軍事態勢強化とともに、北極地域を管轄する北洋艦隊（北部統合戦略司令部）の態勢強化の動きがより顕著になった。2020年6月、プーチン大統領は「ロシア連邦の軍事・行政区分」に関する大統領令を発し、2021年1月1日からロシアの軍管区は、西部、南部、中央、東部、ならびに北洋艦隊に分けられることになった[70]。これによって北洋艦隊は、現在西部軍管区に属しているコミ共和国、アルハンゲリスク州、ムルマンスク州およびネネツ自治管区の領域を管轄することになる。北洋艦隊については、2020年12月の大統領令により、軍管区の任務を遂行する統合戦略司令部とされた[71]。装備面でも北洋艦隊の強化が図られている。2020年中に6隻の戦闘艦および180個以上の新たな装備が導入され、その中には2隻の原子力潜水艦および新型の揚陸艦が含まれる。作戦能力向上のための演習も活発であり、2020年6月、バレンツ海とノルウェー海で演習が実施され、8月から9月にかけて、北極軍集団がベーリング海のクレスト湾に至る遠洋航海を行い、途中タイムィル半島、チュコト半島、ヤクートで重要工業施設を防護するための戦術演習を実施した[72]。

ロシア軍の装備更新は引き続き進展している。2020年6月末、国防省参与会議が開催され、2020年前半の軍改革の成果について検討された。同会議でのショイグ国防相の報告によれば、2020年前半の6カ月間でロシア軍には776個の主要な最新装備が導入された。その内訳は、飛行機およびヘリコプター58機、戦闘装甲車140両以上、多目的自動車510両、戦略原子力ミサイル潜水艦（ボレイA級）1隻および補給艦2隻などである。これによってロシア軍全体の最新装備の保有率は68.5%まで高まり、2020年末までに72%まで達するとの展望が示されている[73]。冬季訓練シーズンに実施された演習は大小合わせて1,200件に及び、新型コロナウイルス感染症拡大の影響も回避し計画どおり実施された[74]。

6月1日からの夏季訓練シーズンにおいては、1万5,500件のさまざまな演習が予定され、計画どおり実施されてきているが、その最大のものは2020年9月21日から9月26日まで南部軍管区を中心に実施された大規模演習「カフカス2020」であった。「カフカス2020」は各軍管区が毎年持ち回りで実施する戦略演習の1つであり、兵員約8万人（防空部隊を含む）、戦車最大250両、歩兵戦闘車両および装甲輸送車両最大450両が動員される大規模なものであり、南部軍管区の7演習場、黒海およびカスピ海だけでなく、関連する戦術演習がアルメニア、南オセチアおよびアブハジアでも実施された。演習の主要な

図5-1　南部軍管区を中心とする「カフカス2020」演習

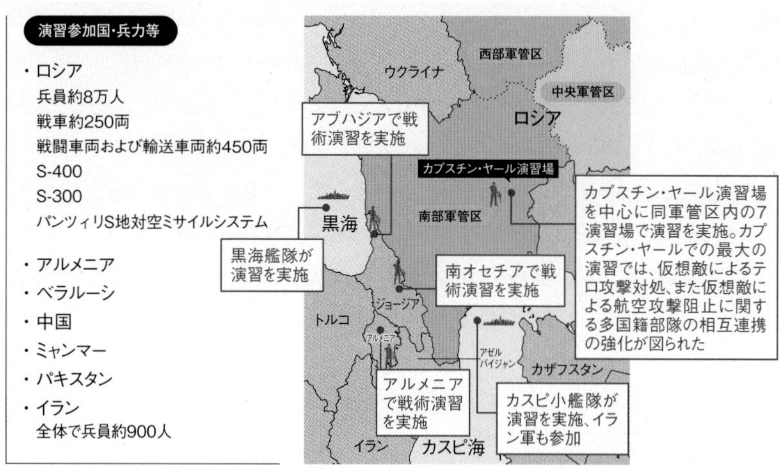

（出所）*Krasnaia Zvezda*, September 28, October 12 and October 14, 2020より執筆者作成。

段階は多国間演習の形を取り、アルメニア、ベラルーシ、中国、ミャンマーおよびパキスタン各軍部隊も参加した。さらにカスピ海でのカスピ小艦隊の演習にはイラン軍の部隊も参加した[75]。演習は2段階で行われ、第1段階では仮想敵国に支援されたテロ勢力との戦いにおける多国籍部隊の相互連携の在り方および仮想敵による航空攻撃をいかに撃退するかという問題を検討し、第2段階では実際の戦闘作戦遂行の過程で多国籍部隊を直接指揮する上での課題の解決が図られる。「カフカス2020」は、シナリオ上は仮想敵国に支援されたテロ勢力との戦いを想定しているものの、航空攻撃の阻止が重要な課題となっている点、参加した防空部隊がS-400やS-300地対空ミサイルシステムや対巡航ミサイル防衛のための地対空ミサイルシステム・パンツィリSを投入していることから、ハイテク兵器を持つ国家による航空攻撃からの防衛が演習の重要な課題であったことがうかがえる[76]。

東部軍管区の軍事態勢強化の動きも引き続き進展している。2020年8月、ショイグ国防相は、東部軍管区のカムチャツカ地方とハバロフスク地方および東シベリアのイルクーツク州を訪問し、軍施設の整備状況や国防産業の現状について視察した。カムチャツカ地方においてショイグ国防相は、太平洋艦隊の戦略原子力ミサイル潜水艦の主要な基地であるヴィリュチンスク基地を訪問し、今後太平洋艦隊に導入される予定のボレイA級およびヤーセンM級戦略原子力ミサイル潜水艦のための新たな施設の建設状況を視察した。ショイグ国防相は、建設作業が計画どおり進展していることを確認するとともに、2020年末までに作業を完了するよう指示した[77]。また、地対空ミサイルS-300V4の配備が新たに発表され[78]、主力戦車T-72B3の配備が報じられるなど[79]、北方領土および千島列島における展開部隊の能力向上を図る動きが継続している。

ハバロフスク地方でショイグ国防相は、アムール造船所とコムソモリスク・ナ・アムーレ航空機工場を視察した。アムール造船所は現在、4隻の小型ミサイル艦（プロジェクト22800）と2隻のコルベット艦（プロジェクト20380）を建造中であるが、ショイグ国防相は、国防省がさらに同型コルベット艦6隻の建造を契約する用意があることを表明した[80]。コムソモリスク・ナ・アムーレ航空機工場は航空機製造企業スホイの支社であり、多目的戦闘機Su-35および最新鋭の第5世代戦闘機Su-57の生産を行っている。スホイ社のイリヤ・タラセンコ総裁はショイグ国防相への報告の中で、2020年における航空・宇宙軍へのSu-35およびSu-35S戦闘機の納入は、計画どおり進展していることを説明した。これに対しショイグ国防相は、国防省がSu-35Sの追加調達を計画しており、その総額は700億ルーブル規模であると表明した。さらにタラセンコ総裁は2028年までに76機のSu-57を製造しなければならない契約に触れ、現在、Su-57製造のための流れ方式の生産設備の準備を進めており、年末には完成するとの見通しを示した[81]。

イルクーツク州では、ショイグ国防相はイルクーツク航空機製造会社イルクートを訪問した。イルクート社は、多目的戦闘機Su-30SMおよび戦闘訓練機Yak-130の製造および改修を行っている。同社においてショイグ国防相は、国防省が21機のSu-30SMおよび25機のYak-130の追加契約（総額1,000億ルーブル規模）を決定したことを表明した[82]。

戦術演習を通じた東部軍管区部隊の能力強化も図られている。特に沿岸防衛や遠海域への展開能力を高める演習が目立った。2020年6月、カムチャツカで2つの沿岸防衛演習が行われ、これらは、沿岸部における仮想敵の海上目標を輸送・戦闘ヘリコプターKa-29で攻撃する演習や地対空ミサイルシステム・パンツィリSで仮想敵の航空攻撃を撃退する演習であった[83]。2020年9月、北方領土および千島列島でも仮想敵による揚陸を阻止する演習が実施された[84]。さらに同月、沿海地方に所在する太平洋艦隊の航空連隊が遠海域でのロシア艦艇の空からの防御のための演習に参加し、同連隊所属の航空機がオホーツク海や日本海に展開した[85]。

(3) 対外軍事協力の強化と拡大を目指す武器輸出

集団安全保障条約機構（CSTO）を通じた軍事協力は引き続き強化されている。2020年3月、CSTO合同参謀部において、合同参謀部内に設置されている危機対応センターと加盟各国との相互連携の強化に関する会議が開催された。会議では、危機事態が生起した場合の加盟各国の軍指揮機関と危機対応センターとの相互連携の在り方が検討され、特に情報面の相互協力システムの可能性を拡大するための通信システムの発展の方向性が議論された。さらに危機対応センターに不可欠な人材の養成のために単一の教育プログラムをロシア軍参謀本部軍事アカデミーで行うことが確認された。また、この会議に先立って、CSTOが実施する多国間演習への参加国の拡大の動きが見られた。すなわち、合同演習「ネルシモエ・ブラツトヴォ2020」にセルビアが、合同演習「ルベジ2020」にウズベキスタンがオブザーバー参加することが合意されたのである[86]。

さらに、2020年9月、モスクワでCSTO、独立国家共同体（CIS）およびSCOの3つの枠組み合同の国防相会合が開催され、12カ国の国防相が一堂に会することになった。ロシアはこの会合を、国際軍事協力を活発化させる土台としたいとの思惑を抱いている。実際この会議で得られた成果は以下のとおりである。第1に、各国国防相はテロとの戦いにおける協力拡大で合意した。第2に、新型コロナウイルス感染症拡大に対する各国の経験を交換し、感染症対応能力の構築に関する相互支援の問題を議論した。第3に、核兵器を含む軍備管理の分野における条約に基づく体制を崩壊させることは許容できないとの文言が会合の共同文書に盛られた。また、CSTO、CIS個別の枠組みでも成果があった。CSTOでは、国防相会合付属の電子戦問題担当作業グループが設置されることが決定した。CISでは、2021年の国防相会合活動計画が承認され、それに基づいて合同防空システム発展のための予算が決定したのである[87]。

中国との軍事協力は引き続き強化されている。中国軍は既述の大規模演習「カフカス2020」に兵員約100人を参加させた[88]。さらに、2020年12月22日、中露両軍は、2019年7月に次いで2回目となる東シナ海から日本海にかけての共同哨戒飛行を行った。ロシアの戦略爆撃機Tu-95MS2機と中国の戦略爆撃機H-6K4機を含む編隊が東シナ海から日本海の上空を飛行した。ロシア国防省によれば、この飛行の目的は、中露両国の全面的なパートナーシップの深化と発展、両軍の相互連携のレベルのさらなる向上、両軍の共同作戦遂行能力の向上、およびグローバルな戦略的安定の強化であった[89]。

CSTOの同盟国との軍事協力は全般的に強化されているが、ナゴルノ・カラバフ紛争の激化やキルギスにおける政変など、ロシアにとって難しい対応を迫られる問題も生起している。アルメニアは「カフカス2020」に参加するとともに、関連する戦術演習が同国で実施されるなど、ロシアとアルメニアの軍事協力は強化されている。しかし、2020年9月に再燃したナゴルノ・カラバフ紛争ではロシアは同盟国アルメニアを軍事的に支援するというより、停戦合意の主導と平和維持部隊の派遣という対応にとどまっており、集団防衛体制としてのCSTOの信頼性に否定的な影響を及ぼす可能性がある。カフカス地域の安定のためにはアゼルバイジャンとの良好な関係も重要であるとの認識がこうしたロシアの対応の背景にある。対テロ協力を含め軍事協力強化が図られているキルギスで2020年10月に生起した政変では、ロシアはいかなる勢力にも与することなく静観する姿勢を見せてきた。経済的、軍事的にロシアに強く依存するキルギスは、いかなる勢力が政権を担当しても親ロシア路線を取らざるを得ないとロシアは考えていることが背景にある[90]。ロシアと国家連合を形成しているベラルーシとの軍事協力は最重要課題の1つであり、ベラルーシは「カフカス2020」に参加し、2020年8月には同国でロシアとベラルーシ両国の空挺部隊による合同演習「スラブの絆2020」が実施された[91]。

軍事協力の相手国の多様化の動きも認められる。その1つは、「カフカス2020」にも参加したパキスタンである。2020年9月5日、ヴァレリー・ゲラシモフ参謀総長は、ハジム・ラザ・パキスタン軍統合参謀本部議長と会談し、両軍間の合同演習の強化および参謀総長と統合参謀本部議長間のホットラインの強化で合意した[92]。アフガニスタンの不安定化とイスラム過激主義勢力の拡大が中央アジア全体に脅威を及ぼすのを抑え込むためには、アフガニスタンに隣接するパキスタンとの軍事協力は不可欠であるとロシア軍指導部が認識していることが、両国の軍事協力強化の背景にあると考えられる。

2020年においてロシアの武器輸出は、対アフリカ諸国で新たな動きを見せた。2020年4月、ロシアの武器輸出企業ロスオボロンエクスポルトは、サブサハラ・アフリカ地域のある国に強襲艦を供給する契約を結んだことを明らかにした。ロシア製の完成した海軍装備がこの地域に輸出されることは、この20年間のアフリカ諸国との武器取引で最初であるという。ロシアはこうした取引をきっかけとしてアフリカに輸出の足掛かりを作り、その後輸出市場を拡大しようとしてきた。この20年間でロシアはアフリカ諸国に対する最大の武器供給者となっており、アフリカ諸国に対する全武器輸出に占める割合は49%に達しているとの指摘もある[93]。今後のこの地域に対する武器輸出の動きを注視する必要がある。

注

1) 93年憲法（修正前および後）の条文·先訳については、特に断りがない限り、次の文献を参照。E.Iu. Barkhatova, *Kommentarii k Konstitutsii Rossiiskoi Federatsii novaia redaktsiia s popravkami 3-e izdanie* (Moskva: Prospekt, 2021); *Kommentarii k Konstitutsii Rossiiskoi Federatsii 2-e izdanie* (Moskva: Prospekt, 2020); 上野俊彦「ロシアにおける2020年の憲法修正をめぐる諸問題」『ロシアNIS調査月報』第65巻第5号（2020年）80–105頁; 溝口修平「ロシア連邦」初宿正典、辻村みよ子編著『新 解説世

界憲法集 第5版』（三省堂、2020年）281–341頁；渋谷謙次郎「ロシア」高橋和之編著『新版 世界憲法集 第2版』（岩波書店、2012年）457–517頁。脚注における憲法の条文は特に断りがない限り、修正後のもの。

2) Rasporiazhenie Prezidenta RF ot 15.01.2020g., no. 5-rp, "O rabochei gruppe po podgotovke predlozhenii o vnesenii popravok v Konstitutsiiu Rossiiskoi Federatsii," *Sobranie zakonodatel'stva Rossiiskoi Federatsii (SZRF)*, January 20, 2020, no. 3, art. 251.

3) 長谷川雄之「プーチン政権下の憲法修正議論にみる大統領権力」『ブリーフィング・メモ』防衛研究所（2020年1月）。

4) Stat'i 135 i 136, Konstitutsii RF.

5) Punkt 87, Strategii natsional'noi bezopasnosti RF, Ukaz Prezidenta RF ot 31.12.2015g., no. 683, *SZRF*, January 4, 2016, no. 1 (chast' II), art. 212.

6) *Rossiiskaia gazeta*, July 2, 2013.

7) «a», «b», «b[1]», «d» stat'i 83, «a[1]» stat'i 103, chast' 1 stat'i 110, i chasti 3 i 4 stat'i 112, Konstitutsii RF.

8) «d[1]» stat'i 83, Konstitutsii RF.

9) Stat'ia 1, Federal'nyi konstitutsionnyi zakon ot 17.12.1997g., no. 2-FKZ (red. ot 28.12.2016g.), "O Pravitel'stve Rossiiskoi Federatsii," *SZRF*, December 22, 1997, no. 51, art. 5712.

10) Stat'ia 1, Federal'nyi konstitutsionnyi zakon ot 06.11.2020g., no. 4-FKZ, "O Pravitel' stve Rossiiskoi Federatsii," *SZRF*, November 9, 2020, no. 45, art. 7061.

11) Stat'i 81, 92[1], i «b» chasti 2 stat'i 95, Konstitutsii RF.

12) *Kommersant*, January 15, 2020.

13) *RBK*, January 21, 2020.

14) «zh» i «o», Punkta 23, "Polozhenie o Sovete Bezopasnosti Rossiiskoi Federatsii," Ukaz Prezidenta RF ot 07.13.2020g., no. 175, "O nekotorykh voprosakh Soveta Bezopasnosti Rossiiskoi Federatsii," *SZRF*, March 9, 2020, no. 10, art. 1323.

15) 長谷川雄之「第2次プーチン政権における安全保障法制の変容——安全保障会議副議長設置とその法的諸問題を中心として」『ロシア・ユーラシアの社会』第1052号（2020年）21–35頁。

16) Ukaz Prezidenta RF ot 25.08.2020g., no. 526, "Mezhvedomstvennoi komissii Soveta Bezopasnosti Rossiiskoi Federatsii po voprosam obespecheniia natsional'nykh interesov Rossiiskoi Federatsii v Arktike," *SZRF*, August 31, 2020, no. 35, art. 5549.

17) Ukaz Prezidenta RF ot 26.10.2020g., no. 645, "O Strategii razvitiia Arkticheskoi zony Rossiiskoi Federatsii i obespecheniia natsional'noi bezopasnosti na period do 2035 goda," *SZRF*, November 2, 2020, no. 44, art. 6970.

18) Pravitel'stvo RF, "O Gosudarstvennoi komissii po voprosam razvitiia Arktiki" (March

23, 2015).

19) TASS, September 13, 2020.

20) *Kommersant*, "Itogi vyborov."

21) *Vzgliad*, September 15, 2020; *Vedomosti*, September 14, 2020.

22) *Kommersant*, September 14, 2020.

23) Prezident Rossii, "Telefonnyi razgovor s prem'er-ministrom Italii Dzhuzeppe Konte" (March 21, 2020).

24) *Telekanal* (Zvezda), March 23, 2020.

25) Johns Hopkins University, "COVID-19 Dashboard by the Center for Systems Science and Engineering (CSSE) at Johns Hopkins University (JHU)," JHU website; Stopkoronavirs.RF website.

26) Levada-Tsentr, Odobrenie deiatel'nosti Vladimira Putina.

27) Minzdrav Rossii, "Minzdrav Rossii zaregistriroval pervuiu v mire vaktsinu ot COVID-19" (August 11, 2020).

28) *Rossiiskaia gazeta*, September 4, 2020.

29) RIA Novosti, October 14, 2020; *Izvestia*, October 26, 2020.

30) *Wall Street Journal*, September 20, 2020.

31) Ukaz Prezidenta RF ot 21.07.2020g., no. 474, "O natsional'nykh tseliakh razvitiia Rossiiskoi Federatsii na period do 2030 goda," *SZRF*, July 27, 2020, no. 30, art. 4884.

32) Ukaz Prezidenta RF ot 07.05.2018g., no. 204, "O natsional'nykh tseliakh i strategicheskikh zadachakh razvitiia Rossiiskoi Federatsii na period do 2024 goda," *SZRF*, May 14, 2018, no. 20, art. 2817.

33) Interfax, September 30, 2020.

34) *Gazeta.ru*, June 23, 2020.

35) Kingston Reif and Shannon Bugos, "U.S.-Russian Arms Control Working Groups Meet," Arms Control Association (August 5, 2020).

36) Joe Biden for President, "The Power of America's Example: The Biden Plan for Leading the Democratic World to Meet the Challenges of the 21st Century," Biden-Harris Campaign website.

37) Prezident Rossii, "Telefonnyi razgovor s Prezidentom SShA Dzhozefom Baidenom" (January 26, 2021).

38) Ukaz Prezidenta RF ot 02.06.2020g., no. 355, "Ob Osnovakh gosudarstvennoi politiki Rossiiskoi Federatsii v oblasti iadernogo sderzhivaniia," *SZRF*, June 8, 2020, no. 23, art. 3623.

39) Prezident Rossii, "Utverzhdena Voennaia doktrina Rossiiskoi Federatsii" (Feburary 2, 2010); *Vedomosti*, June 2, 2020.

40) Shannon Bugos, “Russia Releases Nuclear Deterrence Policy,” Arms Control Association (July/August 2020).

41) Paul Dibb, “Russia's New Strategy for Nuclear War,” *Strategist*, Australian Strategic Policy Institute (June 19, 2020).

42) 小泉悠「〔研究レポート〕『核抑止の分野におけるロシア連邦国家政策の基礎』に見るロシアの核戦略」日本国際問題研究所（2020 年 8 月 24 日）。

43) *Rossiiskaia gazeta*, Feburary 10, 2020.

44) *Meduza*, August 20, 2020.

45) *New York Times*, September 2, 2020.

46) 外務省「G7 外相声明」2020 年 9 月 9 日。

47) Congressional Research Service, *Russia's Nord Stream 2 Pipeline: Running in Place*, by Paul Belkin, Michael Ratner, and Cory Welt, IF11138 (September 28, 2020).

48) 内閣官房「国家安全保障戦略」2013 年 12 月 17 日。

49) 外務省「日露パートナーシップの発展に関する日本国総理大臣とロシア連邦大統領の共同声明」2013 年 4 月 29 日。

50) 統合幕僚監部「ロシア海軍との海賊対処共同訓練の実施について」2020 年 1 月 22 日。

51) Sovet Bezopasnosti RF, “Sekretar' Soveta Bezopasnosti Rossiiskoi Federatsii N. P. Patrushev vstretilsia s General'nym sekretarem Soveta natsional'noi bezopasnosti Iaponii S. Iati” (March 14, 2014); Sovet Bezopasnosti RF, “O vstreche Sekretaria Soveta Bezopasnosti Rossiiskoi Federatsii N. P. Patrusheva so spetsial'nym poslannikom Prem'er-ministra Iaponii S.Abe” (May 6, 2014).

52) 外務省「パトルシェフ・ロシア連邦安全保障会議書記による安倍総理大臣表敬」2019 年 9 月 17 日。

53) Prezident Rossii, “Vstrecha s General'nym sekretarem Soveta natsional'noi bezopasnosti Iaponii Sigeru Kitamuroi” (January 16, 2020).

54) Ministerstvo oborony RF, “Informatsionnyi biulleten' Ministerstva oborony Rossiiskoi Federatsii po nedopushcheniiu rasprostraneniia novo koronavirusnoi infektsii,” accessed December 24, 2020.

55) *Krasnaia Zvezda*, July, 1, 2020.

56) *Krasnaia Zvezda*, March 23, 2020.

57) *Krasnaia Zvezda*, March 27, 2020.

58) *Krasnaia Zvezda*, May 6 and July 1, 2020.

59) *Krasnaia Zvezda*, May 6, 2020.

60) Ministerstvo oborony RF, “Informatsionnyi biulleten' Ministerstva oborony Rossiiskoi Federatsii po nedopushcheniiu rasprostraneniia novo koronavirusnoi infektsii,” accessed

December 24, 2020.

61) Ibid.

62) *Krasnaia Zvezda,* May 6, 2020.

63) *Krasnaia Zvezda*, August 5 and August 24, 2020.

64) Marlene Laruelle and Madeline McCann, "Post-Soviet State Responses to COVID-19: Making or Breaking Authoritarianism," PONARS Eurasia (March 2020).

65) Ibid.

66) *Krasnaia Zvezda*, May 22, 2020.

67) Ministerstvo oborony RF, "V armeiskom korpuse VVO na Sakhaline sostoialas' sovmestnaia trenirovka podrazdelenii antiterrora i R X B zashchity" (August 10, 2020).

68) *Krasnaia Zvezda*, February 7, 2020.

69) *Krasnaia Zvezda*, May 22, 2020.

70) Ukaz Prezidenta RF ot 05.06.2020g., no. 374, "O voenno-administrativnom delenii Rossiiskoi Federatsii," *SZRF*, June 8, 2020, no. 3, art. 3629.

71) Ukaz Prezidenta RF ot 21.12.2020g., no. 803, "O Severnom flote," *SZRF*, December 28, 2020, no. 52 (chast' I), art. 8795.

72) *Rossiiskaia Gazeta*, June 6 and June 7, 2020.

73) *Krasnaia Zvezda*, May 6 and July 1, 2020.

74) *Krasnaia Zvezda*, May 27, 2020.

75) *Krasnaia Zvezda*, September 28, 2020.

76) Roger McDermott, "Russia's Armed Forces Test UAV Swarm Tactics in Kavkaz 2020," *Eurasia Daily Monitor* 17, issue 136 (September 30, 2020).

77) *Krasnaia Zvezda*, August 12, 2020.

78) Ministerstvo oborony RF, "Noveishaia zenitnaia raketnaia sistema S-300V4 VVO v ramkakh ucheniia vpervye budet perebazirovana na Kurily" (October 26, 2020).

79) *Izvestiia*, October 28, 2020.

80) *Krasnaia Zvezda*, August 14, 2020.

81) *Krasnaia Zvezda*, August 14, 2020.

82) *Krasnaia Zvezda*, August 14, 2020.

83) *Rossiiskaia Gazeta*, June 5 and June 25, 2020.

84) *Krasnaia Zvezda,* September 11 and September 30, 2020.

85) *Krasnaia Zvezda*, September 14, 2020.

86) *Krasnaia Zvezda*, March 4, 2020.

87) *Krasnaia Zvezda*, September 7, 2020.

88) *Krasnaia Zvezda*, September 14, 2020.

89) *Rossiiskaia Gazeta*, December 22, 2020; *Krasnaia Zvezda*, December 23, 2020.

90) Kate Mallinson, "Kyrgyzstan's Protracted Political and Economic Crisis," *Expert Comment*, Chatham House (October 26, 2020).

91) *Krasnaia Zvezda*, September 23, 2020.

92) *Krasnaia Zvezda*, September 8, 2020.

93) *Nezavisimaia Gazeta*, November 12, 2020.

第6章
米国
コロナ危機下の米国の安全保障

執筆者

菊地茂雄

2021年1月20日の大統領就任式の当日、連邦議会議事堂周辺で警戒にあたるマサチューセッツ州兵隊員（Massachusetts National Guard photo by Capt. Aaron Smith）

Summary

2020年、新型コロナウイルスの感染拡大がやまない状況においても米国では、対中政策をはじめとして、安全保障政策上の重要な展開が見られた。そこでは、米国国内に対する中国の脅威が強調され、州以下のレベルが中国の影響工作の標的となっているという認識が深まった。これを受けて、2019年から2020年にかけて、具体的な対策が講じられた。まず、国務省は、中国政府職員が米国の州、地方、市政府の関係者と接触することを同省への事前通告の対象とした。また、中国国営メディア15社を1982年外交使節団法上の「外交使節団」に指定し、同省が定める諸条件に従うことを求めた。さらに、2020年6月には、中国の新疆ウイグル自治区における人権侵害に対する米国内での懸念の高まりを受けて、人権侵害に加担した者に対する制裁を求める2020年ウイグル人権政策法が成立し、7月、米国政府は、一部の中国当局者に対して資産凍結や入国拒否の制裁を科すと同時に、人権侵害に加担したとする中国企業などを輸出規制の対象とした。

その一方、国防省は、各軍が中露を想定した作戦コンセプトの開発をそれぞれ進める中、これらの作戦コンセプトを包含し、一定の方向性を付与するための統合コンセプトの開発に着手している。また、2020年には、新型コロナウイルス感染拡大による影響も見られたが、西太平洋においては戦略爆撃機や空母の積極的な展開が見られた。

2020年11月3日には大統領選挙が行われ、7日にはジョセフ・バイデン元副大統領の当選確定が報じられた。しかし、ドナルド・トランプ大統領は大規模な選挙不正を主張し、各激戦州で数十の訴訟を起こした。さらに、2021年1月6日には、前年12月14日の選挙人投票の結果の認証を行う両院合同会議が行われていた連邦議会議事堂が、トランプ大統領を支持する暴徒に襲撃される事件が発生した。

1　トランプ政権の対中戦略の展開

(1) トランプ政権における「中国脅威」認識

2020年1月21日、ワシントン州において米国で最初の新型コロナウイルス感染者が確認され、同月31日、米国政府は公衆衛生緊急事態を宣言するとともに、米国入国前14日以内に香港とマカオを除く中国全土に滞在した外国人の2月2日以降の入国を禁止した。しかし、3月に入って米国内の感染は急激に増大し、3月28日には報告された患者数で中国を抜いて、米国は世界最大の感染国となった。その後も、7月をピークとする第2波が到来したが、10月になると冬季の接近に合わせて患者数は、第1波、第2波をはるかに上回る急激な拡大を見せた。2020年12月31日の時点では、感染者1,989万3,181人、死者34万4,497人に達している。

そうした状況ではあっても、2020年、米国の安全保障政策には重要な展開が見られた。その1つが対中政策である。マイク・ポンペオ国務長官は、2020年1月13日にシリコンバレー・リーダーシップグループ会合において、2月8日には全米知事協会において各州の知事に対して演説を行い、中国において活動を行う米国企業の技術が中国の軍事近代化に流用されていることや、州以下のレベルに中国が影響力を伸長していることなどについて注意を喚起した。また、5月20日、ホワイトハウスは、2019会計年度国防授権法が中国に対する「全政府的戦略」の提出を求めていたことに基づき、「中華人民共和国に対する米国の戦略的アプローチ」報告書を議会に提出した。

さらに、2020年6月から7月にかけては、ロバート・オブライエン大統領補佐官(国家安全保障担当)(6月24日)、クリストファー・レイ連邦捜査局(FBI)長官（7月7日)、ウィリアム・バー司法長官（7月16日)、ポンペオ国務長官（7月23日）が中国の脅威に関する一連の演説を行った(表6-1)。4つの演説は、ポンペオ長官を中心にセットで企画されたもので、新しい方向性を打ち出すものというより、彼らがいう中国の脅威を明らかにし、これに対してドナルド・トランプ政権がこれまで展開してきた対策をあらためて提示する

表6-1　トランプ政権高官による対中政策演説（2020年）

時　期	講演者	主催者・演説場所	演説タイトル
1月13日	ポンペオ国務長官	シリコンバレー・リーダーシップグループ（サンフランシスコ）	シリコンバレーと国家安全保障
2月6日	バー司法長官	中国イニシアティブ会議（ワシントンDC）	
2月8日	ポンペオ国務長官	全米知事協会（ワシントンDC）	米国各州と中国による競争
6月19日	ポンペオ国務長官	コペンハーゲン民主主義サミット（バーチャル会議、オンライン参加）	ヨーロッパと中国からの挑戦
6月24日	オブライエン大統領補佐官	アリゾナ州フェニックス	中国共産党のイデオロギーとグローバルな野心
7月7日	レイFBI長官	ハドソン研究所（ワシントンDC）	中国政府と中国共産党が米国の経済と国家安全保障にもたらす脅威
7月16日	バー司法長官	フォード大統領博物館（ミシガン州グランドラピッズ）	
7月23日	ポンペオ国務長官	ニクソン大統領図書館・博物館（カリフォルニア州ヨーバリンダ）	共産中国と自由世界の将来
9月23日	ポンペオ国務長官	ウィスコンシン州上院	州議会と中国からの挑戦
12月9日	ポンペオ国務長官	ジョージア工科大学	米国のキャンパスにおける中国共産党

（出所）各省庁の公表資料より執筆者作成。

ことで、国内外の注意を喚起し、理解を求めようとしたものといえよう。

これらの演説にはいくつかのテーマが見受けられる。第1に、中国がもたらす脅威をイデオロギーに基づくものと位置付けていることである。イデオロギーの問題を取り上げて演説を行ったオブライエン大統領補佐官は「我々が中国共産党のイデオロギーを軽視」していたことが中国を見誤った原因であるとして、中国共産党を「マルクス・レーニン主義の組織」、「最後の『スターリンと決別していない政権共産党』」であると説明した。そして「マルクス・レーニン主義においては個人には固有の価値などなく」、個人は「国家に奉

7月23日、ニクソン大統領図書館・博物館で対中政策演説を行うポンペオ国務長官（UPI／ニューズコム／共同通信イメージズ）

仕する」ものと位置付けられており、こうした考え方が「中国共産党の根本を成す」とした。そして、オブライエン補佐官は、中国共産党が、こうした考え方に基づき経済的支配、政治的支配、物理的支配、思想支配を含む「人民の生活の全面的な支配」を目指していると説明した。また、ポンペオ国務長官も「中国共産党レジームはマルクス・レーニン主義レジーム」であり「このイデオロギーこそが、中国共産主義のグローバルな覇権を目指す、数十年来の彼［習近平総書記。以下、直接引用中の筆者注は［　］で示す］の願望を性格付けている」とし、米中の間の「根本的な、政治的およびイデオロギー的違いを無視することはもはやできない」と指摘した。

同時に、これらの演説においては「中国共産党と、中国という国あるいはその国民とはイコールではない」というオブライエン大統領補佐官の発言にも見られるように、現在中国を支配するところの中国共産党と、中国国民は明確に区別されている。そして、後者に対しては米国との「長い友好の歴史」と「深い敬意と称賛」（オブライエン補佐官）が強調される。

第2に、これらの演説が、中国共産党が主導する中国内外での活動をイデオロギーに基づく「プロパガンダ」と位置付けていることである。オブライエン大統領補佐官は「レーニン、スターリン、毛［毛沢東］および習［習近平］」にとって「言葉」は「弾丸」であり、「敵を明確に示し、孤立化し、破壊」するものであるとのオーストラリアのジャーナリストの言葉を引いて「プロパガンダは中国共産党にとって中核的な政治上の役割を果たしている」と指摘した。オブライエン補佐官は、プロパガンダ活動は中国国内にとどまるものではなく、中国共産党は買収その他の方法により「世界各地で『非友好的』な中国語メディアを消滅」させつつあり、さらには、米国でも買収したラジオ局を通じて「巧妙な親中プロパガンダ」を流していると述べた。

第3に、第2からも明示されているように、中国の脅威が米国内に浸透し、米国民の身近に迫ってきていることを強調していることである。ポンペオ国務長官は「我々は中国市民に門戸を開放」したところ、「中国は、我々の記者会見、我々の研究センター、我々の高校、我々の大学、さらに我々のPTAの会合にまでプロパガンディストを送ってきた」と述べた。また、バー司法長官も「目先の利益のために、米国企業が、米国における自由と公開性を犠牲にしてまで、その［中国の］影響力に屈服してしまうことが非常に多い」と指摘した。そして、バー長官は、そうした実例として『ワールド・ウォーZ』(2013年米国公開）や『ドクター・ストレンジ』(2016年米国公開）などの米国映画を挙げて「今やハリウッドは、世界最強の人権侵害者である中国共産党に媚びるために自分たちの映画の検閲を行っている」と批判した。

レイFBI長官も「中国と中国共産党が米国人を操るために活用」する方法として「外国による悪意ある影響工作」を挙げた。レイ長官は、例えば、米国の政治家が台湾訪問を計画していることを中国当局が察知した場合に、その選挙区にある米国企業の中国での工場操業の許可を取り上げるといった脅しを行う、あるいは、当該政治家と親密な関係者に接近して、「媒介者として中国のために行動」するよう当該関係者を取り込み、台湾訪問を取りやめるようその政治家を説得させる、ということが行われていると指摘した。また、レイ長官は、こうして中国に「取り込まれてしまった媒介者」は、説得する対象の政治家に「中国共産党の手先」となっていると明らかにすることはないし、本人自身「手先として使われていることに気付きさえしない」ことがあると警告した。

第4に、6月・7月の演説を行った4人のうち2人が司法長官とFBI長官であったことが示すように、対中政策が米国内における具体的な措置を伴う、法執行・カウンターインテリジェンスの問題としても位置付けられていることである。特に司法省においては、2018年11月、ジェフ・セッションズ司法長官の下で、司法次官補（国家安全保障担当）を長とする中国イニシアティブが設置され、中国が関与したとされる、企業秘密の窃取に関連する事件の訴追が強化されている。レイFBI長官は、中国による海外ハイレベル人材招聘プログラム「千人計画」に参加し元の雇用主である米企業から高度な技術情報を窃取して中国側に提供した中国人研究者や、米国の技術を「消化・吸収」し中国国営企業に提供する目的で会社を設立し、米国企業から技術者を引き抜いて技術情報を提供させた中国系ビジネスマンの例を挙げて、中国によるこうした経済諜報活動が米国企業と経済に対してもたらす脅威を強調した。レイ長官によると、中国が関係する経済諜報事件の件数は過去10年間で14倍に増大したという。

演説においてポンペオ国務長官は、リチャード・ニクソン大統領以来の米国においては、中国が繁栄すればするほど同国の自由化が進み、自由化が進めば国際社会にとっても中国は脅威ではなくなるという流れは「不可避」であると考えられていたが、その「不可避性の時代は終わりを告げた」と述べた。ポンペオ長官がそれを宣言する場所にニクソン大統領図書館・博物館を選んだのも、トランプ政権下で進められる対中政策の見直しが米中国交樹立以来の根本的な変化であることを印象付けようとした意図があったものと考えらえる。

(2) 中国による「影響工作」への対応

中国による米国内における「影響工作」は、ポンペオ国務長官らの演説以前から問題となっていた。議会においては、2019年12月に成立した2020会計年度国防授権法に、国家情報長官室（ODNI）内に「外国による悪意ある影響工作対応センター」を設置する規定が盛り込まれた。同センターは、ロシア、イラン、北朝鮮、中国が公然・非公然の手段により行う、米国の政策と世論に影響を与えるための「敵対的活動」を意味する「外国による悪意ある影響工作」について「米国政府が取得したすべての情報の分析と統合」を行い、米国政府の職員と政策決定者、議会に対して「包括的な評価、兆候、警告を提供」するとともに、要請に応じて対応策の勧告を行うという。また、同法では、ODNIの国家カウンターインテリジェンス・保安センター（NCSC）に対して、中国共産党において対外活動を担当する統一戦線工作部の名前を挙げて「米国における中国共産党による影響工作とキャンペーンに関する年次報告」を提出することを定める規定も盛り込まれていた。

こうした、中国による米国内での影響工作に対して特に脆弱であると認識されたのが、州以下のレベルである。2018年9月25日、ダン・コーツ国家情報長官は、シタデルで行った演説で中国の米国内での影響工作について触れ、「中国政府は持てるすべての能力を活用して、米国の政策に影響力を行使し、プロパガンダを流布し、メディアを操作し、学生を含め、中国の政策に批判的な人々に対して圧力」をかけており、さらには「［米国の］州および地方政府、その職員を標的にして、連邦と地方レベルの間の政策の間隙」を利用し、「投資その他のインセンティブを使って影響力の拡大を図っている」と述べた。マイク・ペンス副大統領も、2018年10月4日、ハドソン研究所において行った対中政策演説で、情報コミュニティの評価を引用する形で、中国による米国の州・地方を標的にした影響工作に言及した。さらに、ポンペオ国務長官も、2020年2月8日の全米知事協会に対する演説や9月23日のウィスコンシン州上院に対する演説において、中国側が「弱いつなぎ目」と認識する、州政府以下の地方に影響工作を仕掛けているとして、「協力や友好」を装った中国外交官などからの働き掛けに注意を喚起した。

こうした危機感の高まりを背景に米政府は、中国政府の特に州・地方・市政府レベルへの働き掛けを制限するための措置を打ち出していった。2019年10月21日付連邦官報において国務省は、中国の外交使節団の構成員（米国において臨時勤務を行う代表者、これらの被扶養者と世帯構成員を含む）が「米国の州、地方、および市政府の代表者」との間で行う「すべての公的会合」や米国の教育・研究機関に対する「すべての公的訪問」を、国務省を通じて提供されるべき「便益」と規定し、中国の外交使節団の構成員が、そうした公的会合・訪問を計画する場合は国務省に事前通告を提出することを求めることとした。さらに、国務省は、2020年7月6日付連邦官報で、事前通告の対象を拡大した。すなわち、米国を「一時的に訪問」する中国政府の職員が、公的なものに限定されない「接触」を、州・地方・市政府の「職員」(選出公務員、任命公務員、代表者、被雇用者を含む)との間で行う場合にまで、事前通告を求めるようになった。さらに、国務省は、2020年9月21日の連邦官報において、中国の在米大使館・領事館などが、その敷地外で、50人超が出席する「文化イベントを主催」する場合、国務省の事前許可を得るよう求めた。

米国政府が中国の「影響工作」に対抗する姿勢を示したのが中国メディアへの対応である。国務省は2020年2月18日の記者会見で、5つの中国国営メディアの「米国における代表事務所」を1982年外交使節団法上の「外交使節団」に指定することを明らかにした。続いて、6月22日と10月21日には、それぞれ4つと6つの中国国営メディアの「米国における代表事務所とその活動」を「外交使節団」に指定することを明らかにした。なお、これら3回の「外交使節団」指定に係る告示において、国務省は「合衆国の利益を擁護」するため、これらのメディアに対し、米国において活動を行う際には、国務省が定める諸条件に従うことを求めるとした。

これらで国務省が引用した外交使節団法は、「米国に対する使節団、または在米の機関もしくは主体」が、①外交・領事業務に従事する場合、あるいは、②それらが外国政府などに「実質的に所有または実効的に統制」されている場合、「外交使節団」に当てはまると定義しており[1]、国務省は、これらのメディアが②の要件で「外交使節団」に該当するとの立場を取っている。2月18日の記者会見において国務省担当者は、これら中国国営メディアは「100%、中国政府あるいは中国共産党のために働いて」おり、指定はこれらが「中国の一党国家のプロパガンダ機構の一機関」である実態に即したものであると説明した。その際、同担当者は、外交使節団に指定したこれら中国メディアに対して、第1に、米国で勤務する要員の基本的情報や、米国における要員の現況と人事異動に際してのアップデート、第2に米国における不動産の保有状況、の2点について報告を求めるのが趣旨であると説明した。一方で、「これらの機関が行うジャーナリスト活動にいかなる方法、形式、形態の制約を課すものでもない」としており、実際に公告を見てもこれらメディアは、中国政府職員に課されている州・地方・市政府関係者と接触する際の事前通告の義務から適用除外されている。

なお、国務省が5つの中国国営メディアの外交使節団指定を明らかにした2月18日の記者会見の翌19日、中国外交部は、2月3日付『ウォール・ストリート・ジャーナル』に掲載された大学教授による寄稿記事を理由に、同紙の北京駐在記者3人の記者証を取り消したことを明らかにした（同紙によると3人は5日以内の国外退去を命じられたという）。3月2日、国務省は、2月18日に外交使節団指定を行った中国国営メディア5社に対して、米国において5社のために働くことができる中国市民の「人数制限」を設けることとし、5社合計で100人まで削減するよう求めたことを明らかにした。国務省担当者は3月22日の記者会見で5社への「人数制限」について「個人に課されるものではなく、機関に課されるもの」とし、人数制限内に収めるために誰を残し、誰を出国させるかの決定は各機関が行うものと説明した。また、『ウォール・ストリート・ジャーナル』記者の国外退去といった「特定の出来事に結び付いたもの」ではなく、中国における「報道に対する長年のネガティブな傾向」に対するものであるとした。

国務省が計15の中国国営メディアを外交使節団に指定したことは、2月18日の記者会見で国務省担当者が中国メディア側に報告を求めるとした、在米要員や不動産保有状況について情報を得ること自体が目的ではないであろう。2020年6月22日、2回目の指定に当たり記者会見に臨んだ、デービッド・スティルウェル国務次官補（東アジア・太平洋担当）は、中国共産党が「常に中国の国営報道機関を厳しく統制」してきたが、その「コントロールは近年厳しさを増し」ており、「彼らが発信することは、実のところ、共産党の要望に合わせ」られており「ジャーナリズムとは呼べない」と指摘した。スティルウェルは、これらを外交使節団に指定することで「中国の党国家が、米国で活動するものを含め、いわゆるメディア機関を実質的にコントロールしていることを正式に認識」し「米国におけるこれらあるいはその他の中国政府によるプロパガンダ活動について透明性を向上」させるものであると述べた。また、10月21日の指定を公表した際にも国務省は同様の説明を行った。こうしたことからも、これら一連の中国の国営メディアを外交使節団に指定したことは、これらに「共産党のプロパガンダ機関」とのラベリングをすること自体が目的であったといえよう。

国務省が、15の中国国営メディアと同様の措置を講じたのが孔子学院である。孔子学院は、中国教育部の下部組織である国家漢語国際推広領導小組弁公室（以下、漢弁）が管轄し、海外における中国語教育、中国の言語・文化の理解促進、教育文化交流、協力の強化、友好関係の増進などを目的として提携する海外の大学などの教育機関内に設置されているものとされる（漢弁のウェブサイト（2020年12月31日確認）によると、全世界で541校が開設）[2]。なお、大学レベルの孔子学院に対して、中等教育レベルの孔子学級も展開されている。

2004年に米国に孔子学院が初めて開設されて以降、100を超える孔子学院、500を超える孔子学級が設置されたという[3]。これに伴い、米国の大学キャンパス内の孔子学院のプレゼンスに対して懸念が表明されるようになった。2014年6月、全米大学教員協会（AAUP）は孔子学院に関する声明を発出し、孔子学院を設置する際に提携先の大学との間で取り交わされる合意文書の大部分には「中国政府の政治的目標と慣行に対する受け入れ難い妥協」が含まれ、孔子学院が「教員の募集とコントロール、カリキュラムの選択、討論に関する制約について中国の国家アジェンダを推進」することを認めたものとなっており、こうした学術上の事項について第三者のコントロールを認めることは、学問の自由と大学の自治の原則に反すると主張した[4]。また、全米学術協会（NAS）も、2017年4月に公表した報告書において、2009年に李長春・中央政治局常務委員が行ったとされる「孔子学院は中国の海外におけるプロパガンダ組織の重要な部分」との発言を引いて、孔子学院・学級を設置している米国の大学に対して、これらを閉鎖し、漢弁との関係を絶つよう勧告した[5]。

さらに、2019年2月27日、上院国土安全保障・政府問題委員会が公表した「米国の教育システムに対する中国のインパクト」報告書は「中国政府は、米国教育機関における孔子学院のほぼすべての側面をコントロール」しており、孔子学院の学院長と教員も「中国の国益擁護を誓約」させられ、「孔子学院による資金提供には学問の自由を棄損しかねない付帯条件が付けられ」ているが、国務省や教育省もその実態を十分把握していないと指摘していた[6]。

米国の大学内における孔子学院の存在に対する懸念が深まったことを受けて、2020年8月13日、ポンペオ国務長官は、米国における「孔子学院ネットワーク」の「事実上の本部」であるとする、孔子学院米国センター（CIUS）を外交使節団に指定したことを明らかにした。なお、8月24日付連邦官報において、国務省は、CIUSが米国において活動を行う場合、同省が定める諸条件に従うことを求めることとし、①2018～2020年の3年間においてCIUSが米国内の孔子学院、孔子学級、その他教育機関に対して行い、または行う予定の財務的、その他の支援に関する詳細な報告書、②2016年以降、CIUSにより米国内の孔子学院および孔子学級に配置された中国市民のリスト（以後、半年ごとにアップデート）、③孔子学院等を新規に開設する場合に資金・人員その他を配分する際の、国務省への60日前の事前通告、④2016～2020年に孔子学院等で使用するためにCIUSが配付した教材の写しを提出することを求めた。

こうした措置について、ポンペオ国務長官は、CIUSの外交使節団指定に関する8月13日付声明において「米国の大学とK–12［幼稚園～高等学校］教育において北京のグローバルなプロパガンダと悪意ある影響工作キャンペーンを推進する主体」であり、かつ「中国の資金拠出を受ける、中国共産党のグローバルな影響工作・プロパガンダ機構の一部」であるというCIUSの実態に即したものであるとした。そして、指定を行った「目的」は、学校関係者に「これら中国共産党が支援したプログラムの継続を認めるかどうかについて情報に基づいた選択」をしてもらうことであると説明した。こうした説明に鑑みても、今回のCIUSの外交使節団指定は、CIUSを含む孔子学院が中国のプロパガンダ機関であり、在米中国人学生に対する監視機関であるということを強調することに目的があったものとみられる。キース・クラック国務次官（経済成長・エネルギー・環境担当）が国内の各大学理事会に宛てた書簡（8月18日付）や、ポンペオ国務長官とベッツィ・デボス教育長官が連名で各州の教育長官に宛てた書簡（10月9日付）が、米国の大学・学校に設置された孔子学院や孔子学級が、中国政府の承認したカリキュラムと、同じく中国政府が訓練した教員により運営される「中国のグローバルな影響工作の重要な一部」であると指摘し、財政的なインセンティブをテコに大学における言論にまで介入してくることなど、孔子学院・学級の受け入れによってもたらされるデメリットを強調したのも、そうした目的に沿ったものであろう。

(3) 中国人権問題に対する制裁強化

2020年における対中政策の展開のもう1つの特徴は、中国、特に、新疆ウイグル自治区における人権侵害に対する米国内での懸念の高まりを受けて、これに対する制裁措置が強化されたことである。共和・民主両党の上下院議員と行政府から選任された委員から成る、議会・行政府合同中国委員会(CECC)は、2018年10月10日に公表された『2018年版年次報告書』において「2016年8月に陳全国が新疆ウイグル自治区共産党書記に任命されて以来、現地の民族的少数派の住民に対する人権侵害のエスカレーション」が見られると指摘した。

その例として『2018年版年次報告書』が挙げたのが「『政治的再教育』センター・キャンプにおける100万人以上の人々の司法管轄外の拘束」である。拘束される理由も「祈祷の頻度、『政治的に正しくない』見解の表明、海外渡航歴、中国国外との人的つながり」といったものであり、「教育を通じた変革」を掲げる再教育センターでは、拘束された人々に共産党、母国、習近平国家主席への感謝表明が強制されるとともに、拘束椅子の使用を含む「拷問」、「医療ネグレクト・虐待、独房監禁、睡眠遮断」などが行われていると同報告書は指摘した。2020年1月8日に公表された『2019年版年次報告書』も、新疆ウイグル自治区人民代表大会が「職業訓練センター」に関する規則改正を行ったとの中国側報道に言及しつつも、2019年においても中国当局は「司法管轄外の大量抑留キャンプのシステムを拡大」し、150万人を拘束したと述べた。

さらに『2018年版年次報告書』で言及されていたのが、新疆ウイグル自治区において中国政府が虹彩・ボディスキャナ、音声パターン分析、DNAシークエンサー、市街・街路・駅に展開した顔認識カメラなどを住民の監視に利用する「データ駆動型の監視」体制を構築したことである。こうした、12億ドルにも上る監視体制構築プロジェクトをハイクビジョンや大華技術などの中国企業が受注したと同報告書は指摘した。

こうした「新疆ウイグル自治区の民族的少数派に対する前例のない抑圧」(『2018年版年次報告書』)に対しては、議会においても深刻な懸念が表明された。2018年8月28日、CECC議長のマルコ・ルビオ上院議員を中心とする上下両院・共和・民主両党の議員17人は連名で「中国政府は新疆ウイグル自治区においてハイテク警察国家を構築」しており「プライバシーと国際的な人権の重大な侵害」に当たるとし、同自治区における「抑圧政策を監督」してきた陳全国書記を含む中国政府・共産党幹部に対するグローバルマグニツキー人権説明責任法(以下、グローバルマグニツキー法)による制裁の適用を要請する書簡を、国務長官と財務長官に送っていた[7]。ルビオ上院議員を中心とする議員グループは、翌年12月12日にも、陳全国書記らに対する制裁の適用を重ねて求める書簡を国務、財務、商務長官に送ったが、この時は書簡に名前を連ねた議員は48人にまで増えていた[8]。なお、グローバルマグニツキー法は「司法管轄外殺害、拷問、あるいは国際的に認められた人権の、その他の重大な侵害」を行った「外国人」に対し、米国ビザの発給拒否や取り消し、資産凍結などの制裁を科す権限を大統領に付与するもので、これを受けて大統領令13818号(2017年12月20日)は、制裁対象指定の権限を財務長官に付与していた。

さらに、2019年には上下院で、新疆ウイグル自治区の人権状況に関連して制裁や捜査などの、より強い対応を求める法案が提出され、それぞれ本会議を通過していた。2020年にはこれらの法案を踏まえて、ルビオ上院議員より2020年ウイグル人権政策法が提出され、上院を全会一致、下院を413対1で可決、6月17日に大統領の署名を得て成立した。同法では、大統領に対し、新疆ウイグル自治区においてウイグル人やカザフ人などに対する「拷問」、「残酷、非人間的、尊厳を傷つける扱いや懲罰」、「罪状や裁判なしの長期間の拘束」などに「責任を有する」者を特定して法律施行後180日以内に議会に報告し、さらにこれらの者に資産凍結や米国ビザの発給拒否や取り消しなどの制裁を行うことを求めている。

度重なる議会からの要請はあったものの、財務省が、新疆ウイグル自治区の人権状況に関連してグローバルマグニツキー法に基づく制裁を発動したのは2020年になってからであった。2020年7月9日、財務省は、陳全国書記、朱海侖・元新疆ウイグル自治区共産党委員会副書記、王明山・新疆ウイグル自治区公安庁長官・同党書記、霍留軍・元新疆ウイグル自治区公安庁党書記の4人と新疆ウイグル自治区公安庁をグローバルマグニツキー法による資産凍結の対象に指定した。財務省の公表と同日に、国務省からはポンペオ長官が、陳全国・朱海侖・王明山の3人を入国拒否の対象とすることを公表した。続いて、7月31日、財務省は追加で新疆生産建設兵団と同兵団の幹部2人をグローバルマグニツキー法による資産凍結などの制裁の対象に指定したことを公表した。新疆生産建設兵団は「中国共産党隷下の準軍隊」であり、陳書記が進める「ウイグル人およびその他の民族的少数グループをターゲットにした包括的監視、拘束および再教育プログラム」の「実行を手助けした」とされる。CECCの正副委員長を務めるジェームズ・マクガバン下院議員とルビオ上院議員は、7月10日、グローバルマグニツキー法に基づく制裁発動について声明を発出し「大幅に遅れたものであるが、歓迎したい」と述べた上で、新疆ウイグル自治区の状況を「世界最悪の人権状況の1つ」として、政府にさらなる行動を求めていた。

また、貿易管理の点からも新疆ウイグル自治区の人権状況に関連した制裁の動きが見られた。2019年10月7日、米商務省産業安全保障局（BIS）は、新疆ウイグル自治区のウイグル族およびその他のイスラム系少数民族に対する人権侵害に関与したとして、新疆ウイグル自治区公安庁と19の同庁下部組織、8つの商業機関（CECC年次報告が言及していたハイクビジョンと大華技術を含む）を「エンティティリスト」に追加したことを発表した。さらに、2020年5月22日には、中国公安部・法医学研究所と8つの中国企業をエンティティリストに追加した。

エンティティリストは、BISが管理する輸出管理規則（EAR）に基づき「米国の安全保障あるいは外交政策上の利益に反する活動」に関与あるいはその恐れがある個人や組織を特定するもので、エンティティリストに掲載された者に対しては、低技術の消費財といった、通常、輸出に際して許可を必要としないような品目を輸出する場合でも、特に許可申請の対象となり、原則その許可は認められていない[9]。なお、EARによる規制対象は極めて広範で、他省庁の管轄を除く「米国にあるすべての品目」、「すべての米国原産品目」、「規制対象の米国原産物品を組み込んだ外国製物品、規制対象の米国原産ソフトウェアを『バンドル』した外国製物品、規制対象の米国原産ソフトウェアを混合した外国産ソフトウェア、規制対象の米国原産技術を混合した外国産技術」を含む[10]。

EARに基づく制裁は中国に対する輸出に関するものであるが、一方、中国からの輸入も新疆ウイグル自治区との関係で取り上げられた。CECCは、2020年3月に公表した「グローバルサプライチェーン、強制労働、および新疆ウイグル自治区」報告書において、新疆ウイグル自治区で、ウイグル族やカザフ系、キルギス系住民が、大規模抑留キャンプ内の工場において、あるいは、キャンプ外の同自治区内の工場において、強制労働に従事させられ、そこで生産された製品が国際的なサプライチェーンに流入していると指摘した。同報告書は、強制労働による製品が含まれる分野として繊維、製綿、電子機器、食料品、靴、茶、手芸品を挙げ、さらに「強制労働者を直接雇用あるいは強制労働者を使用していると疑われるサプライヤーから製品の供給を受けている」20社を、社名を挙げて示した。

7月1日、国務省、財務省、商務省、および国土安全保障省が、共同で「新疆サプライチェーンビジネス勧告」を発出したのもそうした懸念を反映したものであった。同勧告は、新疆ウイグル自治区におけるウイグル族らの大規模抑留、虐待や強制労働に言及した上で、米国企業が新疆ウイグル自治区所在の、あるいは同自治区と関係を持つ現地企業と取引を行う場合に、当該米国企業が「人権侵害」に「サプライチェーンを通じて関わる」ことによって生じる「評判上、経済的、そしていくつかの事例においては、法的なリスク」について、いくつかのパターンを示して、米国企業の注意を喚起した。

現在、トランプ政権が中国に対して、新疆ウイグル自治区における「人権侵害」をめぐって批判を強めていることについては、米国においてそれ自体が問題であるとの認識が強まっていることを反映したものである一方、人権問題を足掛かりに中国に対して圧力をかける目的も含まれるものと思われる。

2020年7月23日の演説で、ポンペオ国務長官は「ダイナミックで、自由を愛し、中国共産党とは全く別の存在」である「中国の人々」に直接訴え掛ける、「人対人の外交」の重要性を訴え、「新疆の強制収容所から逃れてきたウイグル人やカザフ人」、「香港の民主派リーダー」、「天安門事件の生存者」と会談したことを紹介した。そして、「中国共産党は、中国の人々の率直な意見をどのような敵よりも恐れているが、恐れる理由は権力の支配を失うことにほかならない」と指摘した。こうしたポンペオ長官の論理は、「ダイナミックで、自由を愛する」人々に直接関与し、「中国共産党がどのような敵よりも恐れる」「中国の人々の率直な意見」を引き出すことが中国の現体制が内部に抱える脆弱性を突くことになることを認識したものとなっている。

そして、ポンペオ国務長官は演説の終わりで「中国共産党から我々の自由を守ることは我々の時代のミッション」であり、すべての人は「譲り得ない権利」を持つという、1776年の独立宣言に記された「建国の理念」ゆえに「米国はそれを主導する最適の位置にいる」と主張した。そして、米国を「中国国内の人々を含む世界の人々にとって自由の光」と位置付けることで、こうした国際主義的な宣言が中国の国内の人権状況に対しても向けられていることを強調した。

さらに、2019年7月8日、ポンペオ国務長官は、人権専門家、哲学者、活動家の外部有識者からなる「譲り得ない権利委員会」の設置を公表した際、同委員会の意義を「ロナルド・レーガン大統領による欠かすことのできない支持により、人権革命は旧ソ連の全体主義体制を打倒していった」ことと関連付けて説明した。これは、レーガン政権が、軍事力の強化のみならず、ソ連の人権問題の追及を含めてソ連に対して多角的な圧力をかけていったことを引き合いにしたものであり[11]、トランプ政権において進められた中国の人権問題追及には、レーガン政権の新冷戦をモデルとした冷戦戦略の側面があることを示しているものと思われる。

2　2018年国家防衛戦略の具体的展開

(1)「大国間競争」における国防

トランプ政権においては、2018年1月にその要約が公表された国家防衛戦略（NDS）を「ほぼ同格の競争相手である中国とロシアによる長期的、戦略的競争の再興に国防省が対応する上での明確なロードマップ」(2020年3月4日上院軍事委員会公聴会、マーク・エスパー国防長官）として、両国との紛争を前提とした作戦コンセプトの開発やこれに基づく戦力整備が進められている。

その1つが米軍全体を包含する作戦コンセプトの開発である。これまで、陸軍のマルチドメイン作戦(MDO)、空軍のマルチドメイン指揮統制(MDC2)、海軍の分散型海上作戦（DMO)、海兵隊の遠征前方基地作戦（EABO）など、各軍種は中露との紛争を想定したコンセプトの開発を個別に進めてきた[12]。2019年9月の論考においてトーマス・グリーンウッドらは、各軍種の取り組みについて「それぞれがマルチドメインの作戦のそれぞれ異なる側面に焦点を当て」ており「異なる前提条件を取り入れているがため、これらの統合が困難になっている」とし、こうした各軍種のイニシアティブに依拠した「ボトムアップアプローチを、より強力なトップダウンアプローチにより補う必要がある」と指摘していた[13]。

2019年7月の就任以来、エスパー国防長官が開発を押し進めた統合戦闘コンセプト（JWC）もそうした「トップダウンアプローチ」の試みである。2020年3月4日、エスパー国防長官は上院軍事委員会公聴会でJWCについて説明し「このコンセプトは各軍種により実施された最近の実証実験の上に成り立つ」とボトムアップの要素に言及しながらも、JWCを「各軍の要員、装備、組織、訓練、ドクトリンを整合させることで全ドメイン作戦に移行することを可能とする」ためのものと位置付けたのも、各軍種の取り組みに上から一定の方向性を付与する必要性を認めたものである。

エスパー長官の証言にもあるように、JWCの中核は全ドメイン作戦、あるいは統合全ドメイン作戦（JADO）と呼ばれるものである。空軍は2020年3月にJADOに関するドクトリン文書を公表して以来、アップデートを重ねているが、2020年10月8日付のアネックス3-99によるとJADOは「航空、陸上、海上、サイバー空間および宇宙ドメイン、およびEMS［電磁スペクトラム］から成る」もので、「計画において統合され、実施において同期される、優位性を獲得し、任務を完遂するために必要なスピードと規模の、すべてのドメインにおける米統合戦力の行動」と説明されている。JADOにおいて重視されるのが「ドメインをまたがる集合（コンバージェンス）」である。集合は「致死性および非致死性のイフェクツを作り出すためのキネティックおよび非キネティックな能力の同期と統合」を意味しており、これを実現するために、これまで「ばらばらの計画タイムライン」に沿って計画・実施されてきた、特殊作戦、戦術航空、グローバル打撃、グローバル機動、サイバー空間、宇宙、情報環境のさまざまな作戦を「意図したイフェクツ」を生み出すように「整合」させることが必要だと説明している[14]。

上記のようにJADOに見られる「集合（コンバージェンス）」の概念は、初め、陸軍のMDOコンセプトにおいて「すべてのドメイン、EMS、情報環境における能力の急速かつ持続的な統合」を意味するものとして提案されていた。エリック・ウェズリー陸軍将来・コンセプトセンター（FCC）長兼陸軍将来コマンド（AFC）副司令官は、陸軍がJWC・JADOの「開発を推進する主導的役割」を果たしていると述べており（2020年7月22日）、JADOの中に「集合」の概念が盛り込まれていることは、陸軍が開発を進めてきたMDOコンセプトの影響を示すものと見ることができよう[15]。

問題は「すべてのドメイン」の能力の「急速かつ持続的な統合」といっても、米軍はドメインをまたがる能力の集合を「ドメインに結び付いたソリューションを時折統合」することによって実現しており、「すべてのドメイン」の「能力の急速かつ持続的に統合」する能力はまだ備わっていないという点である。これを達成するために指揮統制について進められたのが、2020年8月に退任したデービッド・ゴールドフィン空軍参謀総長が3つのフォーカスエリアの1つに挙げたMDC2であった。MDC2は、空軍が航空、宇宙、サイバー空間の3つのドメインにおいて能力を持つことを前提に「システムが処理し得る限り速やかに、非伝統的なものを含め、さまざまなソースからリアルタイムの情報を統合し、その情報を評価」するものと位置付けられた[16]。2019年になりMDC2は統合全ドメイン指揮統制（JADC2）へと名称も変えて統合コンセプトへと発展したとされる[17]。このJADC2は、各軍種が個別に構築した戦術ネットワークの間の相互運用性がない状況が、時間・分（場合によっては秒）刻みの意思決定が求められる将来の紛争における作戦遂行の障壁となるとの認識に基づき、各軍種の持つセンサーから得られた情報をクラウド的な環境において共有することで迅速な意思決定を可能としようとするものである。

空軍のMDC2から始まった経緯もあり、JADC2は空軍が中心となって推進されている。2019年11月には、海軍は、空軍との間で、両軍の艦艇・航空機の間で目標情報の交換を可能とするためのJADC2ネットワークの構築に関してインフォーマルな合意に達し、両軍の間で作業を開始したとの報道があり、マイケル・ギルデイ海軍作戦部長も、2019年12月5日の講演で、現時点では兵器・プラットフォームを包含する「ネット」が「欠落」していることから、JADC2を海軍にとっての「第1かつ最大の課題」として空軍との間で協力を進めていることを明らかにした。また、2020年9月29日、チャールズ・Q・ブラウン空軍参謀総長とジェームズ・マコンビル陸軍参謀総長は、2022会計年度末までの2年間を対象として、統連合全ドメイン指揮統制（CJADC2）を陸軍と空軍の間で構築していくための協定書に署名した。JADC2に「連合」を意味する「C」を加えたことは、将来的に同盟国を取り込むことを射程に入れているものと解釈されている[18]。

空軍は、JADC2の中核となるシステムとして、航空、陸上、海上、宇宙、サイバー空間の相互運用性と情報共有にある間隙を埋めるためのネットワークと位置付けられる先進戦闘管理システム（ABMS）の開発を進めている。元々、ABMSは、E-8統合監視目標攻撃レーダーシステム（JSTARS）やE-3早期警戒管制機（AWACS）などに代わるものとして開発が進められてきたが、大型旅客機をベースとしたJSTARS・AWACSのように完成したプラットフォームとして調達するのではなく、クラウドによる分散型のシステムを想定している。また、開発に当たっても、オープンかつモジュラー型のシステムを重視し、導入可能となった技術を逐次導入することで漸次的な能力向上を目指すとされる。

ABMSについては2020会計年度中に「オンランプ」と呼ばれる試験が3回行われた。2019年12月16日から18日にかけて最初の試験が行われ、米本土に対する巡航ミサイル攻撃を模した標的機の情報を、低軌道衛星を含むセンサーメッシュネットワークにより、イージス艦、空軍のF-35・F-22、海軍のF-35、陸軍の高機動ロケット砲システム（HIMARS）部隊に伝達する実験が行われた。2020年8月31日から9月3日にかけては2回目の試験が米本土で行われたが、この試験では、空軍のアセットから提供される座標情報により陸軍の榴弾砲が超高速発射弾（HVP）を発射して巡航ミサイルを模した標的機を実際に撃墜する実験も行われた。さらに、3回目の試験は、同9月14日から25日にかけて行われたヴァリアント・シールド演習の一環として実施された。この試験では、マルチドメイン作戦センター（前方）（MDOC-F）において陸軍のマルチドメイン任務部隊（MDTF）、空母打撃群（CSG）、空軍の各部隊をリンクするオプションについて実験したという。

もう一方の陸軍においても、AFCが、プロジェクト・コンバージェンス（PC）を進めている。PCは、その名称から明らかなとおりMDO・JADOコンセプトの中心的な概念である「集合（コンバージェンス）」を実現することを目指すと同時に、空軍と構築を進めるCJADC2に陸軍を組み込むための取り組みである。同プロジェクトは「競争および紛争において敵対者を圧倒」するために「全ドメインをまたがって迅速かつ持続的にイフェクツを集合」する能力を得ることを目的としている。そのために、戦術レベルの指揮にデータとクラウド技術を導入することで、意思決定に必要な時間を圧縮することを目指しており、2020会計年度以降、年1回の大規模な演習を含む作業が年度サイクルで進められる計画である。同プロジェクトに関連した最初の大規模演習として、2020年8月11日から9月18日にかけて、アリゾナ州のユマ試験場で、旅団戦闘団、戦闘航空旅団などによる「近接戦闘」に焦点を当てた「プロジェクト・コンバージェンス2020」(PC20)が行われた。PC20では、低軌道の人工衛星、MQ-1Cグレイイーグル、地上センサーが獲得した目標情報がワシントン州のルイス・マッコード統合基地に送信、処理されて、ユマ試験場の榴弾砲部隊に送信され、これに基づき射撃を行った。目標の探知から射撃まで20秒以下で実施したとされる。PC20の関係者によると、人工衛星のセンサーから情報を得てそれを攻撃に活用するというのは「一見実に単純で、実際にも超速で行われた」が、普段接続されていないシステム・ネットワーク同士をあらかじめ接続するための作業には数週間かかったという。なお、2021年に実施予定のPC21については、海軍、空軍、海兵隊に情報コミュニティも参加し、JWCの要素も取り込んで実施する計画であるとされる。

(2) インド太平洋への戦力展開

2020年には、コロナウイルスの感染拡大により米軍の戦力展開の動きにも制約がかけられた。3月11日、国防省は、同月13日より、すべての国防省職員とその家族による、疾病対策予防センター(CDC)がレベル3(渡航中止勧告)の国・地域に指定した地域を発着・中継する移動の60日間停止を命じ、13日には、同月16日から5月11日までの国防省職員・家族の国内移動の停止、25日には、同日より60日間、国防省職員と家族の海外移動の停止を命じた。さらに、4月20日、国防省は、国内外の移動停止の期限を6月30日まで約1カ月延長することとした。そして、5月22日には、移動制限を期限により定める方式から、現地の条件に応じて制限を緩和する方式に変更した。

また、感染拡大はさまざまな演習に影響を及ぼした。海軍と海兵隊が開発を進めてきた「係争環境における沿海域作戦」(LOCE)、DMO、EABOなどの作戦コンセプトを検証するために2020年夏実施を予定していた「大規模演習2020」は2021年に延期された。2020年1月から始められていた「ディフェンダー・ヨーロッパ20」演習は、陸軍を対象に、大規模の兵員・装備を欧州に送り込む能力を検証するために計画されたもので、過去25年間で最大規模の兵員2万人と装備2万点を米本土から欧州に移動し、これと連動した演習を5月に実施することが計画されていたが、3月13日時点で欧州への兵員・装備の移動を中止し、すでに欧州展開を完了していた部隊と事前集積装備（兵員6,000人、装備1万2,000点）で演習を行うこととなった。

また、太平洋空軍も、アラスカ州で通常年3回実施している「レッドフラッグ・アラスカ」演習のうち、「レッドフラッグ・アラスカ20-1」（4月30日〜5月15日予定）と同20-2（6月11〜26日）を中止した。なお、その後、同演習は再開し、20-3（8月1〜14日実施）、21-1（10月8〜23日実施）が行われている。また、1年おきに実施されている環太平洋合同演習（RIMPAC）は、2020年、規模・期間を縮小して行われた。2018年に実施された前回のRIMPACは陸上での演習も含み、米国側資料によれば、26カ国から水上艦45隻、潜水艦5隻、航空機200機以上、兵員2万5,000人以上が参加し、6月28日から8月2日まで1カ月以上かけて実施された。それに対して、8月17日から31日の2週間で実施された今回の演習は海上での活動に限定され、10カ国、水上艦22隻、潜水艦1隻、複数の航空機、兵員5,300人の参加にとどまった。そのほか、2020年については、毎年、フィリピン軍との間で実施している「バリカタン」演習が中止された。

コロナウイルスによる軍事活動への影響として最も注目を集めたのは、空母セオドア・ルーズベルトの展開中断であろう。セオドア・ルーズベルトは、インド太平洋への展開のため、2020年1月17日、サンディエゴを出港し、3月5日、米越国交正常化25周年を記念してベトナムのダナンに寄港した。しかし、8日、セオドア・ルーズベルト乗員が宿泊していた地元ホテルでコロナウイルス感染者が発生したとのベトナム側からの連絡を受けて、同ホテルに滞在・訪問した乗員39人を艦内隔離した上で、残りの日程をキャンセル（その後、39人は2週間艦内で隔離された後、隔離解除）し、セオドア・ルーズベルトは9日にダナンを出港した。その後、セオドア・ルーズベルトがフィリピン海を航行中の3月24日、艦内でコロナウイルス感染者が確認されたため、予定を繰り上げて3月27日グアムに入港し、感染者の収容と乗員隔離、艦内消毒などの措置を行った。これによって、2カ月以上にわたり展開が中断された。最終的に4,800人の乗員のうち1,200人が新型コロナウイルスに感染したが、ダナン寄港の際にウイルスが艦内に持ち込まれ、それと確認されないまま艦内で感染が拡大していた可能性が高いという。11月4日までの時点で、展開可能な296隻のうち200隻以上の海軍艦艇で新型コロナウイルスの感染者の発生が見られた。ただし、初期に生じたセオドア・ルーズベルト事例以降、感染者の早期隔離、接触者追跡、感染予防策の徹底などにより、2020年末時点では、米海軍艦艇においてこれに匹敵する規模のアウトブレイクは生じていない。

しかし、そうした制約がある中でも、2020年、インド太平洋における米軍の戦力展開は続けられた。ここで強調されたのが「動的戦力運用」(DFE)である。2018年1月に国防省から公表されたNDSは、米軍の戦力の展開方法を変更する方針を示し、「戦略的な予測可能性、作戦上の予測不可能性」(米軍が地域の安全にコミットしているという点は明示しつつも、具体的な戦力の展開・作戦の態様については敵対者に予見させない)という考えの下「戦略環境をよりプロアクティブに形成するために、即応戦力をより柔軟に活用」するものとしてDFEを打ち出した。

DFEの具体化として打ち出されたのが、西太平洋への爆撃機の展開方法の変更である。米空軍は2004年以来、本土の基地からグアムのアンダーセン空軍基地に、爆撃機を半年ごとのローテーションで展開する常続的爆撃機プレゼンス(CBP)を続けてきた。そのCBPが、2020年4月17日、第5爆撃航空団(ノースダコタ州マイノット空軍基地)のB-52爆撃機がグアムへの展開を終えて帰還したことをもって終了となった。CBPは「常続的」の名称に示されるとおり、西太平洋において切れ目のない爆撃機のプレゼンスを維持する趣旨のものであるが、主として、米空軍に2つあるB-52H装備の航空団、第5爆撃航空団と第2爆撃航空団(ルイジアナ州バークスデール空軍基地)が交互で、半年ごとの展開を担当するという比較的規則性のあるものであった[19]。

CBPが突然に終了したこともあり、インド太平洋への米国のコミットメントの減少を示すものとの懸念も一部では示された[20]。しかし、米空軍はCBP終了を「国防戦略に基づき、戦略爆撃機が、本土に恒久的に配備されながらも、必要な時に、一層の作戦上の強靭性を持って、インド太平洋における前方作戦を海外のより多岐にわたる場所から行い得るアプローチへと移行」するもので

表6-2　常続的爆撃機プレゼンス（CBP）終了（2020年4月）以降の戦略爆撃機の米本土から西太平洋への展開

実施時期	機種 機数 所属	西太平洋展開中の行動
4月22日	B-1B 1機 28BW	エルズワース空軍基地より「30時間の往復ソーティ」実施。三沢対地射撃爆撃場において、米空軍F-16、航空自衛隊F-2およびF-15と共同訓練の後、エルズワース空軍基地に帰投。
4月29日	B-1B 2機 28BW	エルズワース空軍基地より「32時間の往復ソーティ」実施。南シナ海に展開後、エルズワース空軍基地に帰投。
5月1日～月末	B-1B 4機 7BW	5月1日、4機のB-1Bが200人の要員・C-130と共に、ダイエス空軍基地よりアンダーセン空軍基地に展開。展開中、東シナ海、ハワイ周辺、南シナ海、アラスカ、日本海で訓練を実施。31日にダイエス基地に帰投。
6月17日	B-52H 2機 2BW	6月14日、3機のB-52Hがバークスデール空軍基地よりアラスカ州イールソン空軍基地に移動。1機が北米防空司令部の枠組みでF-22およびカナダ空軍・CF-18と共同訓練。2機が16日にイールソン基地を離陸、17日に日本海において、航空自衛隊F-2およびF-15ならびに海軍E/A-18と共同訓練実施。
7月4日	B-52H 1機 2BW	1機のB-52Hがバークスデール空軍基地を発進、南シナ海において2個CSG（ニミッツおよびレーガン）と海上統合訓練実施の後、7月4日にアンダーセン空軍基地に到着。
7月17日～8月18日	B-1B 2機 28BW	7月17日、2機のB-1Bがエルズワース空軍基地よりアンダーセン空軍基地に170人の要員と共に展開。往路の途中で日本海において航空自衛隊F-15Jと共同訓練を実施。21日、フィリピン海において、レーガンCSGと海上統合訓練を実施、南シナ海を飛行。27日、1機が日本周辺で航空自衛隊F-2と共同訓練。8月7日、1機が日本周辺で航空自衛隊F-2およびF-15と共同訓練。
8月17～18日	B-1B 2機 7BW	8月17日、2機のB-1Bがダイエス空軍基地より日本海に展開。アンダーセン空軍基地にすでに展開していた2機のB-1B（28BW所属）、F-15C（嘉手納基地）、F-35B（岩国基地）、レーガンCSG、航空自衛隊F-15と共に訓練を実施。演習終了後、B-1Bは本土基地に帰投。ディエゴガルシアに展開していた2機のB-2（第509爆撃航空団、ミズーリ州ホワイトマン基地）も同時に展開。
9月10日～	B-1B 4機 28BW	9月10日、4機のB-1Bが200人の要員と共にエルズワース空軍基地よりアンダーセン空軍基地に展開。展開の途中で自衛隊機と共同訓練を実施。23～25日、ヴァリアント・シールド演習に参加、空軍F-22、海軍の航空機・水上艦と統合訓練を実施。30日、日本周辺において航空自衛隊機と共同訓練を実施。
10月20日～11月22日	B-1B 4機 7BW	10月20日、4機のB-1Bが200人の要員と共にダイエス空軍基地よりアンダーセン空軍基地に展開。展開の途中で航空自衛隊のF-2およびF-15と共同訓練を実施。10月28日に1機、29日に2機が、三沢空軍基地に飛来。11月8日、2機がアンダーセン基地を発進し、南シナ海を飛行しアンダーセン基地に帰投。11月12、13日、空軍、海軍、海兵隊部隊と共に統合相互運用性演習実施。12日には、28BW所属のB-1B 1機も演習に参加。
12月5日～	B-1B 複数機 28BW	12月5日、B-1Bが、BTF任務のためエルズワース空軍基地よりアンダーセン空軍基地に展開。10日、1機のB-1Bがアンダーセン基地を発進、南シナ海においてスタンドオフ兵器訓練を実施、その後、2機のF-22（バージニア州ラングレー・ユースティス統合基地、第94戦闘飛行隊）と緊急対応訓練を実施。

（出所）米軍公表資料などより執筆者作成。

（注）2BW：第2爆撃航空団（ルイジアナ州バークスデール空軍基地）、7BW：第7爆撃航空団（テキサス州ダイエス空軍基地）、28BW：第28爆撃航空団（サウスダコタ州エルズワース空軍基地）。展開した機種・機数・所属、訓練日時は米軍側公表資料による。

あるとし、「米国の戦略爆撃機は、これからもグアムを含むインド太平洋において、我々が選択する時期とテンポにおいて行う」と説明していた[21]。

9月25日、ヴァリアント・シールド演習に参加したB-1B爆撃機と海軍艦艇および海空軍航空機（U.S. Navy photo by Petty Officer 3rd Class Erica Bechard）

CBP終了後も、戦略爆撃機の西太平洋への展開は、爆撃機任務部隊（BTF）の名称で活発に行われている。BTFとしての爆撃機の展開においては、それまでCBPの中心を担っていたB-52Hより、最新の長距離対艦ミサイル（LRASM）が搭載可能で、米空軍関係者も「太平洋戦域に最適」であると評するB-1Bが中心となっていることも、中国の海軍力を牽制する含みがあるものと解釈できる（表6-2）。これらの展開では、200人規模の要員を帯同してグアムのアンダーセン空軍基地に1カ月程度の展開を行い、その期間中に西太平洋の各地で訓練を行うパターン（5月、7～8月、9月、10～11月、12月の展開）、本土の基地から、直接日本周辺に飛来し、共同訓練を行ってそのまま本土の基地に帰投するパターンも見受けられる（4月、7月および8月の展開）。また、8月17・18日の展開の場合のように、テキサス州ダイエス空軍基地から飛来したB-1B爆撃機が、すでにアンダーセン空軍基地に展開していたB-1Bや、本土からディエゴガルシアに展開し、日本付近に飛来したB-2爆撃機と共に訓練を行う場合もある。さらには、6月17日のB-52Hの日本周辺への展開のように、本来の所属基地からいったん、アラスカの別の基地に展開した上で、一部が分かれて日本に向かった例もある。このように展開パターンのバリエーションや複雑さも増している上、これらの展開は期間もあらかじめ告知せず、ショートノーティスで実施している。そうしたことも、NDSがいう「作戦上の予測不可能性」を高めているものとみられる。

表6-3　南シナ海・フィリピン海における2個空母打撃群（CSG）同時展開の事例（2020年）

実施時期	CSG	実施海域	活動内容
6月21〜23日	ルーズベルト、ニミッツ	フィリピン海	21日、フィリピン海において、2隻による発着艦訓練を実施。両CSGによる対空戦闘訓練、対水上捜索、洋上補給、長距離打撃演習などを実施。23日、両CSG・空母航空団による訓練を実施。以後、ニミッツはグアムに寄港、ルーズベルトはサンディエゴに向けて航行。
6月28日	ニミッツ、レーガン	フィリピン海	28日、フィリピン海において、2個CSGによる共同作戦を実施。
7月4〜6日	ニミッツ、レーガン	南シナ海	2個CSGにより空母打撃部隊を編成、防空訓練、戦術運動訓練、模擬長距離海上打撃シナリオ、航空・水上演習などのハイエンド統合演習を実施。
7月17日	ニミッツ、レーガン	南シナ海	南シナ海において空母2隻によるハイエンド演習を実施。以後、ニミッツはインド洋に移動。

（出所）米海軍公表資料より執筆者作成。

また、海軍艦艇の西太平洋への展開については、セオドア・ルーズベルトの展開中断など、コロナウイルスの感染拡大による影響が見られた。しかし、その一方で、2020年には、2018年11月のレーガンとジョン・C・ステニスのフィリピン海への展開以来となる西太平洋における2個CSGの同時展開が複数回行われた。インド太平洋への展開のため1月にサンディエゴを出航したセオドア・ルーズベルトは、2カ月余りの展開中断を経て6月4日にグアムを出港、西太平洋での展開を再開した。横須賀に前方展開している空母ロナルド・レーガンは、年次修理を済ませた後、5月21日、横須賀を出航し、インド太平洋での展開を開始した。さらに、空母ニミッツは、中東地域に展開する空母ハリー・S・トルーマンと交代するため6月8日にサンディエゴを出港、同月17日には第7艦隊の作戦区域（国際日付変更線以西）に到達した。2020年6月から7月にかけて、南シナ海やフィリピン海において、これらのCSGによる同時展開が行われた（表6-3）。

西太平洋に展開した爆撃機とCSGが共同訓練を行った例も見られた。7月4日から6日にかけてニミッツ、レーガンの2個CSGが南シナ海に同時展開した際には、4日に、ルイジアナ州バークスデール空軍基地から飛来したB-52H戦略爆撃機がこれら2個CSGとの海上統合訓練を行った。この訓練は、通信妨害の想定の下、空軍の爆撃機と海軍航空機、海軍艦艇が統合ミッションを達成するために共有ネットワーク上で作戦を行ったものとされる。また、横須賀に前方展開するロナルド・レーガンCSGについては、南シナ海およびフィリピン海においてニミッツCSGとの一連の同時展開を行った後、7月19日から23日にかけてフィリピン海でオーストラリア海軍および海上自衛隊と共同訓練を行い、8月14日に南シナ海で訓練を行った後、8月15日にフィリピン海で海上自衛隊の護衛艦いかづちと共同訓練を行った。

3　2020年大統領選挙と政権移行

(1) 一般投票をめぐる法廷闘争

2020年11月3日に行われた大統領選挙の結果、8,128万票を獲得したジョセフ・バイデン元副大統領とカマラ・ハリス上院議員は、7,422万票を獲得した現職のトランプ大統領とペンス副大統領を下して当選した（以下、本節の日時は米国東部標準時）。今回の選挙では、バイデン元副大統領が選挙人306人を獲得し、232人を獲得したトランプ大統領に対して74人の差をつけて勝利しただけではなく、総得票数でも同大統領を約706万票上回った。なお、2016年の選挙でトランプ大統領は、獲得した選挙人人数ではヒラリー・クリントン元国務長官に74人の差をつけて勝利したものの、総得票数では同元国務長官に約286万票差をつけられていた。またバイデン元副大統領は、激戦州のいずれでも1万票以上の差をつけており、その勝利は明確であった。現職の大統領が2期目の選挙で敗れるのは、1992年の選挙でジョージ・H・W・ブッシュ大統領が、ビル・クリントン・アーカンソー州知事に敗れて以来28年ぶりである。

今回の選挙においてはコロナ感染拡大を受けて、各州で郵便投票を行うための要件の緩和や受付期日の延長などが行われ、実際の投票でも郵便投票を選択する有権者の数が大きく伸びた。その一方で、トランプ大統領が2020年4月7日の記者会見で、郵便投票により「詐欺行為」が行われるなど、郵便投票が「腐敗」しており、「この国にとってとても危険」であると主張して以来、自身に反対する勢力が郵便投票を利用して投票不正を行うとの主張を繰り返すなど、郵便投票の制度そのものに対する攻撃が続けられた。

その背景には、民主党支持者に郵便投票を選択する人が多くなるとみられたことがある。そのため、ペンシルベニア州などでは郵便投票を受け付ける期間を長めに設定することで郵便投票を容易にしようとする民主党と、受付期間を極力短く設定すると同時に、一般投票前に郵便で到着した投票用紙をスキャニングに備えて整え、記載事項の不備を確認することを選挙管理当局が投票日以前から行うこと（プレキャンバシングという）を差し止めようとした共和党との間で争いとなっていた[22]。一般投票直後からトランプ大統領が繰り返し開票・集計作業の中止を主張したのもこれと連携した動きであり、当日投票所で投じられた票よりも、開票・集計作業の遅れが顕著になる郵便で投じられた票の開票・集計を途中でやめることで、無効にすることを狙った戦略とされた[23]。

さらに、投票不正の問題は、選挙で敗北した場合にこれを認めて、政権移行を進める、いわゆる「平和的な権力移行」の確約を拒否することとも関連付けて言及されるようになった。2020年7月19日のインタビューでは、トランプ大統領は、郵便投票による投票不正を主張し、たとえ敗北したとしても選挙結果を受け入れるかとの質問に回答を拒否した。また、9月23日、ホワイトハウスでの記者会見でも、「平和的な権力移行」を約するか質問された際、投票不正の存在を強く主張し、不正に投じられた票を除けば、平和的な権力の「継続」、すなわち自身が勝利するとの見方を示した。

トランプ大統領が投票不正を主張するのは今回が初めてではない。2016年の選挙戦においても大規模な投票不正の存在を度々主張していたが、自身の勝利が確定すると、「とてもオープンで成功した大統領選挙」(2016年11月10日付ツイート）と評価を一転させた。しかし、全国での総獲得票でクリントン元国務長官がリードしていたことに注目が集まると、「選挙人団での地滑り的勝利に加えて、もし、不法に投票した数百万人分を除外すれば、自分は総得票数でも勝利していた」（11月27日付ツイート）と数百万人規模の投票不正の存在を主張するようになった。そして、大統領就任後も「投票不正に関する大規模な調査を要求する」（2017年1月25日付ツイート）と投票不正の存在の主張を続け、2017年5月11日、2016年の選挙における不正行為を調査する、副大統領を長とする超党派の調査委員会を設置した。しかし、この委員会は、不正行為の存在を明らかにすることなく、翌2018年1月、大統領自身によって廃止された。

米国における大統領選挙は、一般投票日に有権者は選挙人を選び、そこで選出された選挙人が大統領を選ぶという間接選挙の形式を取っていることから、複数の段階から成る手続きが進められる。11月3日に行われた一般投票以降、各州では集計結果を取りまとめ、集計の間違いなどがあった場合はこれを訂正し、州によっては票の一部をサンプルとして集計結果の監査を行い、これらの確認作業を基に、各郡の、次いで州の開票点検委員会が投票結果の確認を行う。州知事は、これに基づいて選出された選挙人の名簿と、それぞれの得票数を認証証書にまとめ、州の選挙管理責任者である州務長官の署名を添えて、国立公文書記録管理局長に郵送する。ここまでの手続きが、投票結果の各州における「認証」である。

こうして選出された選挙人が州ごとに大統領・副大統領の正式な投票、選挙人投票を行うのが、12月第2水曜日の直後の月曜日（2020年選挙では12月14日）である。そして、連邦法により、その6日前（同、12月8日）までに、各州が、選挙人の任命に係る一切の争議の「司法、その他の手段・手続き」による「最終的決定」を行った場合、その決定は「確定的」なものとなり、選挙人投票の集計を行う際には、この「確定的」決定に従う必要があるとされる。そのため、選挙人投票の6日前は、これに間に合えばその投票結果が覆されることはないという意味で「セーフハーバー（安全な港）」期日と呼ばれる。なお、選挙人は、選挙人投票の結果を証書に記して上院議長、すなわち副大統領宛てに郵送し、翌年1月6日13時、副大統領を議長とする両院合同会議が開催され、副大統領が各州から送付された選挙人投票の証書を開封し、これを上下院の議員から2人ずつ、計4人が務める「投票計算係」が読み上げ、票の集計を行う。そして、議長は選挙人の過半数を獲得して大統領・副大統領に選出された者を宣言する。この手続きを、一般的に、議会による、選挙人投票の結果の「認証」と呼んでいる。

今回の大統領選挙において、トランプ大統領は、一般投票日から日付の変わった深夜に行った演説で勝利を主張すると同時に「我が国において大規模な不正」が行われているとし、連邦最高裁判所に提訴することにも言及した。すなわち、自分が開票の結果、負けることがあればそれは不正があったからであるという、その後彼が繰り返すことになるメッセージをこの段階で展開したのである。そして、これ以降、トランプ陣営と大統領の協力者、そしてトランプ大統領自身は、激戦州を中心に数十の訴訟を起こす一方で、各州の共和党関係者にそれぞれの州での選挙結果を覆すことに協力するよう圧力をかけた。

トランプ大統領側による訴訟の中でも、20人の選挙人を擁し、大統領選挙全体の勝敗のカギを握るとされた激戦州ペンシルベニア州について提訴されたものが、大きな関心を集めた[24]。トランプ陣営がペンシルベニア州のキャシー・ブックバー州務長官と7つの郡の選挙管理委員会を訴えた「トランプ選挙対策本部対ブックバー」事件で、トランプ陣営側は、大都市部を含むアレゲニー郡とフィラデルフィア郡において郵便で投じられた68万2,479票の開票作業が、(両党から派遣された開票立会人が開票作業の現場から離れた位置からしか監視が許されなかったなど)「各政党および候補者による監視なしに」行われたと主張した。さらに、「民主党支持者の多い郡」は一般投票日前から郵便により投じられた票の形式的不備の確認作業を開始する一方で、「共和党支持者の多い郡」では一般投票日前に確認作業を行わないなど、全州的な統一的指針がないまま作業が行われたことで、前者の郡の有権者が後者の郡の有権者より有利になったと主張した。その上で、トランプ陣営側は、州全体の投票結果の認証を禁止する、あるいは、68万票余りの郵便による投票を除外してペンシルベニア州の投票結果を認証することを求めた(後に後者の求めは取り下げ)。これに対して、ペンシルベニア中部地区合衆国地方裁判所は、

11月21日の判決で訴えを退けた。その後、トランプ陣営側は控訴したが、11月27日、第3巡回区合衆国控訴裁判所はこれを棄却した。

トランプ陣営自体ではないが、その協力者が起こした訴訟としては、11月21日、ペンシルベニア州での投票結果の認証を目前にして共和党のマイク・ケリー下院議員らにより起こされた訴えがある（「ケリー対ペンシルベニア」事件）。ここで原告は、有権者全員に理由のいかんを問わず郵便投票を認めるペンシルベニア州選挙法改正法（2019年10月31日成立）が、郵便投票が認められる条件を規定した同州憲法第7条第14項に違反しているとして、同改正法に基づいて行われた同州の選挙結果の認証の差し止め、郵便投票分の投票結果の認証からの除外、あるいは選挙自体を無効とし、ペンシルベニア州議会による選挙人選出を求める訴えを起こした。これに対して、11月28日、ペンシルベニア州最高裁判所は、原告が2019年10月の選挙法改正法成立後、速やかに法的救済を求めず、ペンシルベニア州での投票結果の認証が間近に迫るまで訴えを起こさなかったのは「相当の注意」を怠ったことになるとして訴えを退けた。その後、原告は連邦最高裁判所に上告したが、これに対して、12月8日、同裁判所は、一切の説明や反対意見への言及のない、原告による「差止請求を却下する」という一文の判決を示した。同様の全州的な票の無効を狙った訴訟はトランプ陣営やトランプ大統領の協力者、あるいは大統領個人によって、アリゾナ州、ジョージア州、ミシガン州、ウィスコンシン州でも起こされた。

法廷闘争に加えて、トランプ大統領が直接的な政治的圧力に訴えた例で注目されたのが「共和党内戦」ともいわれる事態に発展したジョージア州である[25]。同州は伝統的に共和党優位であるが、今回の選挙では僅差でバイデン元副大統領が勝利しただけではなく、同時にジョージア州の2議席をめぐって行われた上院議員選挙（通常選挙と補欠選挙）のいずれでも共和党の現職候補が過半数を獲得できずに決選投票に持ち越されることとなり、さらにこの決選投票に上院全体で共和党が多数を維持できるかがかかる状況となった（1月5日に行われた決選投票では2議席とも民主党が制し、可否同数の場合に上院議長である副大統領が1票を投ずることができることと併せて、多数党の地位を獲得した)。共和党関係者の間ではこうした選挙の責任を彼らが存在を主張する投票不正によるものと主張し、同じ共和党員であるブラッド・ラフェンスパーガー州務長官ら同州の選挙管理当局者を批判する動きが生じた。その中でジョージア州の選挙管理当局者に対する、共和党関係者、とりわけトランプ大統領の支持者による圧力が高まった[26]。

一般投票後、ジョージア州では、11月20日に設定された、投票結果の認証期限を目指し、すべての票の手作業による監査が11日から19日にかけて実施された[27]。これを背景に、トランプ大統領はジョージア州において郵便投票についてなりすましなどの投票不正がなされているとの主張を繰り返して、投票用紙を郵送する封筒に記された署名の監査を行うことを要求した。そして、これらがなければジョージア州においても自身が勝利することになるはずだと主張した。この時期、ラフェンスパーガー州務長官らは、トランプ大統領に同調した、リンゼイ・グラハム上院議員(共和党、サウスカロライナ州)を含む共和党関係者から郵便投票による票を無効化するよう圧力を受ける一方、選挙結果を覆すことを求めた殺害予告などの激しい脅迫を受けており、「特に、私と同じ党派からそれ[脅迫]を受ける」のには「怒りが沸くというより、幻滅させられる」と述べた(ラフェンスパーガー州務長官、『ワシントンポスト』11月16日付インタビュー)[28]。

こうしたジョージア州における選挙で不正が行われたとの攻撃に対し、ラフェンスパーガー州務長官と、同州の選挙管理責任者を務めるガブリエル・スターリング投票システム実施部長は、投票不正の証拠があるとの説を逐一取り上げ、それが間違いであることを示しつつ、ジョージア州選挙管理当局は投票不正の訴えがあれば逐次調査を行っているものの、実際に投票結果を覆す規模の不正は見つかっていない旨訴えた。

なお、トランプ大統領が要求した署名の監査についていえば、今回の選挙においてジョージア州では、郵便投票申請の段階で申請用紙上の署名を有権者データベース上の署名と照合し、次に投票の段階で、郵送されてきた投票用紙が入った封筒を開封する前に封筒上の署名を照合するなど、署名の照合が2回行われている。また、署名の照合を経て封筒を開封した後は、ジョー

12月1日、トランプ大統領に対し、選挙管理関係者への暴力行為を煽るのを止めるよう訴えるスターリング・ジョージア州投票システム実施部長（TNS via ZUMA Wire／共同通信イメージズ）

ジア州憲法で定められる秘密投票の原則により、投票用紙と封筒は分けて保管されるため、それ以降、署名監査で問題のある票が見つかったとしても、それがいずれの候補に投票されたものかを知る手立てはない。すなわち「署名の照合さえ行えば、すぐにでもジョージア州は共和党に転じる」（トランプ大統領、11月19日付ツイート）ということは制度上生じ得ない[29]。そのため、ラフェンスパーガー州務長官は「署名照合プロセスに係る問題についていかなる証拠も提示されていない」、「署名検証プロセスは［両党の立会人が直接監視することができる］公開されたもの」であるとして、トランプ大統領の署名監査の要求を拒否した（その後、ジョージア州では、署名照合が適切に行われなかったと批判された一部の郡についてジョージア捜査局の協力を得て署名監査が行われたが、投票不正の事例は発見されなかった（12月29日、ラフェンスパーガー州務長官））。

11月19日にかけて行われた監査の結果、ジョージア州でのバイデン元副大統領の勝利があらためて確認され、翌20日、ラフェンスパーガー州務長官とブライアン・ケンプ州知事は認証証書に署名した。その後、トランプ陣営の請求に基づき再集計が行われ、セーフハーバー期日の前日12月7日、ケンプ州知事とラフェンスパーガー州務長官は、再集計の結果を踏まえて2度目の認証を行い、ジョージア州におけるバイデン勝利に変化がないことを確認した。トランプ大統領が、かつて「ジョージアの素晴らしい州務長官」（2018年11月26日付ツイート）と称賛したラフェンスパーガーを、「人民の敵」というヨセフ・スターリンも好んで用いた言葉で攻撃した（2020年11月26日、ホワイトハウス）のも、ジョージアにおける選挙結果の1度目の認証が実施された後、トランプ陣営の請求を受けて再集計が進められていたことを背景にしていた[30]。

ジョージア州が2度目の認証を行った12月初旬、トランプ大統領側が一般投票の結果を覆すことができる余地はますます狭まっていった。また、12月8日のセーフハーバー期日には41州の認証が間に合い、この時点までにバイデン側は選挙人270人を正式に確保していた。さらに、前述のペンシルベニア州における選挙を無効として州議会が選挙人を任命することを求めた「ケリー対ペンシルベニア」事件で連邦最高裁判所が原告控訴棄却の判決を出したのも、セーフハーバー期日の12月8日であった。

トランプ大統領がジョージア州議会の特別会を招集することをケンプ州知事に対して繰り返し要求するようになったのがこの12月初旬である。これは、州議会の特別会において州議会が独自に選挙人を任命することを狙ったものであり、12月5日、トランプ大統領はケンプ知事に対してこれを要求し、ケンプ知事はその要求を拒否したと報じられた（同日、ツイッターで特別会招集に初めて言及）。翌6日、ケンプ州知事とジェフ・ダンカン副知事は、連名の声明で「別の大統領選挙人を選出」するために「州議会特別会を招集」するのは「州法および連邦法上許されない」、「事後的に11月3日の選挙のプロセスを変更する試みは憲法違反」として、特別会招集の要求を拒否した。これを受けて、トランプ大統領は、同じ共和党員のケンプ知事らジョージア州幹部を「RINO［名ばかり共和党員］」と呼び、「人々は怒っている」（12月7日付ツイート）、「私が簡単に勝利できた州が盗まれるのを許したRINO共和党員」を「落選させろ」（12月12日付ツイート）、「なんてバカな知事なのか」、「このバカ［ケンプ知事］に特別会を招集するよう要求しろ」（12月14日付ツイート）、「とても簡単なことなのになぜやらないのか。これでジョージア州は我々のものになる。今すぐ行動を起こせ！」（12月18日付ツイート）などと、激しいレトリックで攻撃し、特別会招集を要求した。

ジョージアについてのトランプ大統領による働き掛けはその後も続き、2021年1月2日、トランプ大統領は、ラフェンスパーガー州務長官に18回にわたり接触を試みた後に1時間を超えて行った同長官との電話での会話において、ジョージア州でのバイデン元副大統領との1万1,779票の得票差を覆せる「1万1,780票を探し出したい」として協力を求めた。その際、トランプ大統領は、ジョージア州での選挙不正をめぐる、さまざまな陰謀論を繰り返した上で、ラフェンスパーガー州務長官が不正を知りながら公にしないのは「刑事犯罪」であり、これを放置するのは同長官にとって「大きなリスク」になると述べた。この発言は、ラフェンスパーガー長官がトランプ大統領に協力しなければ、同大統領が「司法省に捜査を開始させる」ことをほのめかすことで、同大統領に協力させる「強要を試みたもの」であると評されている。トランプ大統領とラフェンスパーガー州務長官の会話は『ワシントンポスト』1月3日付で報道され、同紙ウェブサイトでは音声データも公開された[31]。

ケリー下院議員らによる控訴(「ケリー対ペンシルベニア」事件)が連邦最高裁判所で却下されて以降の法廷闘争での新たな展開は、12月7日、トランプ大統領の協力者であるケン・パクストン・テキサス州司法長官が、テキサス州を原告とし、ジョージア、ミシガン、ウィスコンシン、ペンシルベニアの各州における選挙結果を無効として、各州の議会に選挙人の任命を命じることを求めて起こした訴訟(「テキサス対ペンシルベニア」事件)である。この訴訟が起こされた時点では大半の州で認証が完了しており、問題となっている4州と無関係の州による訴えを、これらの州の権限を無視して連邦最高裁判所が取り上げて認める見込みは極めて薄いと評価されていたが、トランプ大統領自身は「皆が待ち望んできた」(12月9日付ツイート)ものとして期待を示しつつ共同参加人として訴訟に参加した。また、共和党からは、17州の司法長官と126人の連邦下院議員が原告側の法廷助言人としてテキサス州の訴えを支持する意見書を提出するなど訴訟に参加した。これに対して、12月11日、連邦最高裁判所はテキサス州が当事者適格に欠けるとして訴えを却下した。

「デモクラシードケット」ウェブサイトによると、トランプ陣営、トランプ大統領の協力者、大統領自身が大統領選挙の結果に関連して起こした訴訟のうち、同大統領退任の時点までで敗訴・取り下げとなったのが64件で、実際に訴えが認められたのはペンシルベニア州で提訴されたマイナーな1件に限られるという。敗訴の連続は、トランプ大統領側が法廷において、選挙管理当局の対応により投票不正が起きたはずと指摘したり、名簿上の情報の不具合などを挙げて二重投票が行われたはずと主張したりすることはあっても、具体的な人物・組織による、具体的な事実として、投票不正を告発することがなかったためである。この点、メディアやツイッター上での発言と法廷での対応は大きく異なる。むしろ、「トランプ選挙対策本部対ブックバー」事件の口頭弁論（11月17日）でトランプ陣営弁護人のルドルフ・ジュリアーニ弁護士が裁判官の質問に対して「本件は投票不正に係る訴訟ではない」と明言したように、裁判の過程でトランプ陣営側弁護人が、裁判官からの追及で、投票不正を訴えるものではない旨、認めざるを得ない立場に追い込まれた事例も見られた。

トランプ陣営側の対応について、ベン・サス上院議員（共和党、ネブラスカ州）は「トランプ陣営の弁護士たちが宣誓下、法廷に立った時、実際に重大な不正を訴えることはなかった。なぜならば、裁判官に対して嘘をつくことには法的効果が付きまとうからである」と説明したが[32]、こうしたトランプ陣営の対応は、必然的に法廷においてもその主張の説得力を著しく損なうこととなった。上記の「トランプ選挙対策本部対ブックバー」事件の判決（11月21日）で、ペンシルベニア中部地区合衆国地方裁判所は、トランプ陣営側が「実体のないこじつけの法的弁論と憶測に基づく非難」しか提示しないため「ただ1人の有権者の参政権剥奪をも正当化することはできない」と述べ、その後、トランプ陣営側の控訴を受けて、第3巡回区合衆国控訴裁判所は、11月27日の判決で選挙が「不公正」とのトランプ陣営の訴えは「その主張は曖昧で、証拠不十分」であるとし、法廷での主張に必要な「具体的な訴えと証拠」の「いずれも示されなかった」とした。これらの判決は、投票不正を外では主張しながら、法廷ではその訴えと証拠を提示しないトランプ陣営側の対応を、司法が「厳しく叱責」したものとして報じられた[33]。

トランプ大統領の主張とは反対に、今回の選挙についてはさまざまな機関から大規模な不正はなかったことが報告されている。11月12日、国土安全保障省サイバーセキュリティ・インフラストラクチャーセキュリティ庁（CISA）は、今回の選挙について「投票システムが票を削除あるいは紛失、変更した、あるいはシステム自体の安全が破られたことを示す証拠はない」、「11月3日の選挙は米国史上最もセキュアな選挙であった」とする共同声明を公表した。なお、CISAは、国内の選挙を支える選挙インフラストラクチャー（有権者登録、投票結果の集計・監査・表示、選挙結果の認証・確認に用いられるITインフラストラクチャーおよびシステム、投票システム、投票所を含む）を外部からのハッキングや改ざんから保護する「選挙セキュリティ」を担当している。11月12日の声明は、連邦・州政府の選挙管理責任者の協議体である選挙インフラストラクチャー政府調整評議会（GCC）執行委員会と、有権者登録・投票・票集計用機器の製造販売を行う民間事業者の協議体である選挙インフラストラクチャーセクター調整評議会（SCC）によるものであり、選挙管理に関わる官民関係者の合意を反映したものと見ることができる。

また、バー司法長官は、連邦検事やFBIに対し11月9日付覚書で「投票および集計の不正行為に関する実体のある訴えについて訴追を行うことを許可」していたが、12月1日にはAP通信とのインタビューで「現時点では、選挙の結果を変えるような規模の不正を確認していない」と述べていた。また、今回の選挙に選挙監視団を派遣した欧州安全保障協力機構（OSCE）は、11月4日付の報告で「不在者投票に関係した、不正が疑われる、また不正と報告された事例の数と規模は、無視できる程度にとどまった」と結論付けた。同様に米州機構（OAS）も、11月6日付の報告において、トランプ大統領が主張するような「不正行為を目撃していない」と指摘した。

郵便投票は2020年の選挙で初めて導入されたものではなく、過去の選挙でも実施されてきた。レイFBI長官が「歴史的に見ても、郵便投票その他の手段によるかは問わず、主要な選挙において、いかなる種類の、連携された全国レベルの投票不正の動きも確認していない」（2020年9月24日、上院国土安全保障・政府問題委員会公聴会）と述べるように、一般に郵便投票での不正の余地は大きいものではない。むしろ、これまでの専門機関が実施してきた調査によると、投票不正の可能性は極めて小さい[34]。『ワシントンポスト』

が、電子投票登録情報センターの協力を得て行った調査によると、2016年の大統領選挙と2018年の中間選挙の、3つの州における郵便投票1,460万票のうち、各州の選挙管理当局が投票不正（二重投票およびなりすまし投票）として特定したのは0.0025%の372票であったという。ニューヨーク大学ロースクール・ブレナン司法センターは、郵便投票の際の署名照合、投票用紙を入れる封筒につけたバーコードによる投票用紙の追跡・管理と有権者による確認、投票用紙回収箱の設置、投票不正に対する重い刑罰（不正行為1件について最高5年の懲役など）、選挙後の監査実施などの複数の要因により、不正が起きにくくなっていると説明する[35]。

また、今回の選挙では、米国各州に投票・集計装置を納品しているドミニオン投票システムズが、ベネズエラにおける住民投票の結果を操作するためにウゴ・チャベス元大統領の指示で設置された「極左の会社」であり、今回の選挙でも同社の票集計装置には一定の割合でトランプ大統領に対して投じられた票をバイデン元副大統領に対する票に転換する「アルゴリズム」が組み込まれていたという陰謀論が展開された。これは、トランプ陣営の弁護人、シドニー・パウエル弁護士が、2020年11月16日の記者会見で唱え、トランプ大統領も繰り返し言及した説である（1月8日、ドミニオンはパウエル弁護士を名誉棄損でコロンビア特別区合衆国地方裁判所に提訴）。

選挙インフラストラクチャーを外部からのハッキングから防護することは、CISA発足時以来の重要な任務であり、重点的な取り組みを行ってきた。その1つが、投票装置の更新である。かつては、紙による投票の記録を残さないタイプの投票装置を9つの州が全州的あるいは大規模に導入していたが、こうした投票装置は、万が一ハッキングが起きてデータが書き換えられた場合に投票結果を事後的に確認することができなくなる可能性がある。そのため、2018会計年度から2020会計年度にかけて連邦政府から各州政府に対して、選挙セキュリティ向上を目的に行われた助成により、完全ペーパーレスの投票装置は退役し、有権者が投票用紙に記入してからスキャンする、あるいはタッチスクリーンで候補を選択した上でプリントアウトするなど、紙の記録を必ず残す投票装置への切り替えが進められた。その結果、2020年選挙においては、紙の投票記録の事後的確認が可能な票の割合は2016年の80%から、92〜95%まで増えていた。すなわち、ハッキングによって万が一投票結果が書き換えられたとしても、92〜95%の票については、事後的に改ざんの有無を突き止めて、正しい投票結果に修正することが可能である。11月中旬、ジョージア州で行われたすべての票についての手作業での監査が可能であったのは、同州政府が、2020年大統領選挙に合わせて、紙の記録を残すタイプの投票装置に切り替えたためであった。

こうした状況において、大統領選挙の結果に影響を及ぼし得るような規模の投票不正を実行するためには、投票不正を防ぐために講じられた様々な措置を逐一無効にすることが必要になり、そのためには多くの関係者を巻き込んだ大規模な工作を、しかも秘密裏に行うことが必要になる。ジョージ・W・ブッシュ大統領の上級アドバイザーで、2004年選挙でのブッシュ再選の「立役者」、カール・ローブが「数十万人分の票を盗むというのはジェームズ・ボンド映画張りの共謀が必要になる。そんなことは、起こりはしない」(『ウォール・ストリート・ジャーナル』11月4日付、下線部筆者）と指摘したのも、こうした大規模な投票不正を仕掛けることの本質的な難しさを踏まえた発言であった。こうした指摘や報告を踏まえれば、トランプ陣営やトランプ大統領の協力者らが、投票結果を覆すような不正の存在を、政治宣伝を意図した発言として主張するのはともかく、法廷の場において、具体的な者による、具体的な犯罪行為として告発することを避けたのはむしろ当然であったといえよう。

(2) 連邦議会議事堂襲撃事件の衝撃

トランプ大統領側の敗訴が連続し、ジョージア州での選挙結果を覆そうとする試みが不発に終わる一方、12月14日には、各州において選挙人投票が行われ、306票を獲得したバイデン元副大統領・ハリス上院議員の勝利が確認された。これを受けて、これまでバイデン元副大統領の当選を認めてこなかったミッチ・マコーネル上院共和党院内総務は、12月15日の上院本会議で、バイデン元副大統領とハリス上院議員を正式に次期大統領、次期副大統領と認め、祝意を表明した。

こうした状況において、トランプ大統領側が活路を見出そうとしたのが、1月6日に予定される両院合同会議であった。両院合同会議においては、選挙人による投票を州ごとに開票・集計するが、その際、投票結果に対し、上院議員と下院議員それぞれ1名以上の署名を付した書面によって異議を申し立てることができる。その場合、両院合同会議を一時停止し上下院に分かれて異議の審査が行われるが、両院で異議が認められれば、当該州の票を集計から除外することになる。

今回についても異議申し立てを画策する動きが共和党下院議員に見られたため、マコーネル院内総務はこれに加担しないよう共和党上院議員に対して警告した。下院議員から異議申し立てがあっても上院議員から賛同者が出なければ、その場で議長が動議を却下し混乱を最小限に抑えることが可能になるためである。しかし、その後、ジョシュ・ホーリー上院議員（ミズーリ州）が異議申し立てを行う意向を表明すると、テッド・クルーズ上院議員（テキサス州）を中心とする共和党の上院議員が追随する動きが生じ、異議申し立てが上下院での審議の対象になる見込みが生じた。

こうした中、トランプ大統領の支持者の間で高まったのが、ハッシュタグ「ペンスカード」に象徴される、両院合同会議で議長を務めるペンス副大統領が一部の州の投票結果を無効として選挙結果を覆すことができるという、法律上の根拠を持たない期待である。12月27日には、共和党のルイ・ゴーマート下院議員らは、前述の、両院合同会議における異議申し立ての手続き・条件を規定した連邦法の規定を憲法違反と主張し、議長である副大統領に「各州のいずれの選挙人の票を数えるべきか決定する排他的権限と唯一の裁量」を認めるよう求める訴えを、テキサス東部地区合衆国地方裁判所タイラー支部に対して起こした（「ゴーマート対ペンス」事件）。ゴーマート議員らの求めは、ペンス副大統領に、法律の定めを無視して、選挙の結果を自由に無効にする権限を付与することを意味していた。これに対して、12月31日、ペンス副大統領は、原告の訴えを退けることを求める意見書を提出、同支部は1月1日にゴーマート議員らの訴えを棄却した。一方で、トランプ大統領は、「副大統領には不正に選出された選挙人を除外する権限がある」(1月5日付ツイート)、「我らの偉大な副大統領が我々を助けに来てくれる」(1月4日、ジョージア州での演説）と述べるなど、ペンス副大統領に対して、議長を務める両院合同会議において一部の票を無効とし選挙結果を覆すよう要求していた。これに対して、ペンス副大統領は、副大統領にはそのような権限はない旨、トランプ大統領に伝えていたと報じられた。最終的に、両院合同会議の当日、ペンス副大統領は各議員に宛てた書簡において、議長としての副大統領の役割は「基本的には儀典上」のものであり、「大統領選挙の結果を決定する一方的な権限」は持たないという認識を示していた。

一方、12月19日の時点ですでに、両院合同会議が行われる1月6日にトランプ大統領の支持団体が開く大規模集会の予定が公表されており、同日のツイートで、トランプ大統領は「1月6日にDCで大規模抗議がある。参加して、大暴れしろ！」と述べて、支持者に参加を呼び掛けた。その後も、同集会の開始時刻や場所などの詳細を含む参加呼び掛けを繰り返し、1月3日にはツイッター上で自身も参加することを明らかにしていた。また、トランプ陣営が、この時期、支持団体に対して、「至急であなた方の助力を必要とするようになるかもしれない」として、大規模の抗議集会を組織し「旗を振って大統領の名前と支持を叫ぶ」支持者を動員するよう依頼していたと報道されている[36]。すなわち、法的手段や各州の認証プロセスへの介入のいずれもが奏功していなかったことから、これらのプロセスの外部から、直接圧力をかける手段を志向したものと考えられる。なお、1月6日の集会は、予定する規模を5,000人から3万人に拡大し、会場もホワイトハウスの南側に隣接するエリプス広場に変更されるなど、トランプ大統領の出席を前提としたものに変更された。

1月6日の集会では、予定通りトランプ大統領が登場し、1時間以上にわたり演説を行った。そこでトランプ大統領は、「我々は地滑り的に勝利」したのに「極左の民主党」によりその「勝利」が「盗まれた」との主張を繰り返し、「議会が正しいこと、法律にのっとり選出された選挙人のみを集計すること」を求めた。これは、バイデン元副大統領が勝利した激戦州の選挙人投票を「法律にのっとり選出」されていないとして無効を宣言することで選挙結果を覆すことを意味した。そして、トランプ大統領は参加者に「命がけで戦え、さもないと祖国を失う」、「弱さをもって祖国を取り戻すことはできない」とし、最後に「ペンシルベニア通りを進もう」と訴えたのは、連邦議会議事堂（以下、議事堂）に向かい、議員たちに異議に賛同するよう直接圧力をかけることを促したものであった。

より直接的には、トランプ大統領のレトリックはペンス副大統領に向けられた。すなわち、「マイクが正しいことをなすことを望む」、「マイク・ペンスが正しいことをなせば、我々は選挙に勝利する」、「マイク・ペンスは我々のためにやり抜いてくれる。もし、そうならなければ祖国にとって悲しい日となるだろう」と繰り返し、ペンス副大統領が両院合同会議議長の立場を利用して、選挙結果を覆すことを求めた。トランプ大統領が、ここでペンス副大統領が「正しいこと」をしない可能性に言及したのは、トランプ大統領の要求を拒否する意向をすでに明確にしていた同副大統領の翻意を求めたためであろう。

さらに、トランプ大統領は両院合同会議に出席する共和党議員に対しても集会参加者の群衆による圧力を仕向けようとした。すなわち、「我々は議事堂に向かい、我々の勇敢な上院議員や下院議員らを応援する」、しかし「あまり応援できない者もいる」とし、「我々は、我らの共和党員、特に弱い者たち」に対して「彼らが祖国を取り戻すのに必要な誇りと大胆さを与える」と述べたのである。これは、トランプ大統領が「弱い者たち」と呼ぶ、異議申し立てに賛同していない共和党の議員に、「誇りと大胆さを与える」、すなわち、異議申し立てに応じざるを得ないよう直接的な圧力をかけることを求めたものと解釈できる。大統領の前に登壇したドナルド・トランプ・ジュニアの発言はより直截で、共和党の議員に対して「旗幟を鮮明にせよ」、「君たちは英雄になれるかもしれないし、ゼロになるかもしれない。君たちの選択にかかっている。我々は注視している」として、選挙人投票への異議申し立てに参加するよう要求し、それに従わない場合は「君たちを追い詰める」と述べた。

「ペンシルベニア通りを進め」と訴えたトランプ大統領の呼び掛けに応じて、

ペンシルベニア通りを進んだ集会参加者はあらかじめ議事堂周辺に集結していた別のグループと合流した。その後、議事堂を包囲、暴徒と化してバリケードを突破、建物の窓や扉を破壊して侵入した。内部において議事堂警察を圧倒した彼らは約4時間にわたり議事堂を占拠、破壊行為を働いた。暴徒には「大統領は我々にここに来るように命じた」、「我々は待機し、大統領からの命令を受けた」として、大統領の呼び掛けに応じたことを示す者もいた[37]。

2021年1月6日、両院合同会議において各州の選挙人投票の開票・集計を進行するペンス副大統領（UPI／ニューズコム／共同通信イメージズ）

一部の集会参加者は、1月6日の集会に合わせて議事堂を襲撃して議員を拘束し、両院合同会議における審議を妨害する計画を、インターネットフォーラムやソーシャル・ネットワーキング・サービス（SNS）などオンラインのオープンな場で議論をしていたと報じられている[38]。襲撃当日も、迷彩服に身を包み、(警察が容疑者を拘束するためにしばしば使用する）大型の結束バンドを持った暴徒の姿も記録されており、襲撃の計画性をうかがわせた[39]。

一方、両院合同会議は1月6日13時5分に開会し、暴徒が議事堂に侵入したことによる中断はあったものの所定の議事を済ませ、バイデン元副大統領とハリス上院議員の当選を宣して翌7日3時44分に散会した。両院合同会議においては、ポール・ゴーサー下院議員（アリゾナ州）とクルーズ上院議員が、上院議員7人、下院議員58人の賛同者を得て、アリゾナ州での投票結果に異議を申し立てた。また、スコット・ペリー下院議員（ペンシルベニア州）とホーリー上院議員は、下院で79人の賛同者を得て、ペンシルベニア州の投票結果に対して異議を申し立てた。アリゾナ州に関する異議については上院で賛成6、反対93、下院で賛成121、反対303人、ペンシルベニア州に関する異議については上院で賛成7、反対92、下院で賛成138、反対282で、いずれも否決された。なお、2件の異議について決を採ったのは、議事堂を占拠していた暴徒を排除してからであり、当初異議に賛同する意向を示していた議員には、暴徒のもたらした「暴力、無法、議会の殿堂の包囲」を挙げ、「良心に省みて」異議に賛同する意向を撤回したジョージア州のケリー・ロフラー上院議員など、異議に対して反対に転じた者もいた。

連邦議会議事堂襲撃事件（以下、議事堂襲撃事件）に対してレイFBI長官は、1月7日の声明において「憲法第1修正条項で保障された活動を装って、暴力を扇動し、大惨事を引き起こす暴力的な扇動者や過激派を容認しない」として事件に参加した暴徒を犯罪捜査の対象とすることを明らかにした。また、1月12日、マイケル・シャーウィン・コロンビア特別区連邦検事代行は、事件に関連して起訴された者は70人を超え、今後「幾何級数的に増える」見通しであると述べた。さらに同検事は、煽動罪および共謀罪に関する訴追を行うための特別組織を編成したことを明らかにした。これは、議事堂襲撃事件が、単なる不法侵入や器物損壊ではなく、政府を転覆するための共同謀議を含むものであったとの認識を示すものである。すなわち、事件は、建物を破壊し、人を傷つけ、殺めただけではなく、憲法と法律の定めにのっとり、平和的な権力の移行を進めるという憲法体制そのものへの暴力的な攻撃と受け止められたのである。

議事堂襲撃事件については、バイデン次期大統領が「私は彼らを抗議者とは呼ばない」、彼らは「反乱者であり、国内テロリストである」と述べ（1月7日）、6日夜の上院本会議において、それまでトランプ大統領の支援をしてきたことに触れ「ご免被る。もう十分」と述べたグラハム上院議員も、7日の記者会見で「議事堂が、愛国者ではない、国内テロリストによって占拠された」と、暴徒の行為が国内テロであるとの認識を示した。この事件は、国土安全保障省の報告「国土脅威評価」（2020年10月）の「DVE［国内暴力的過激主義者］のうち、人種的、民族的な動機を持つ暴力的過激主義者、特に白人至上主義者（WSE）が、米国土において、今後も最も持続的で、危険な脅威であり続ける」との指摘の正しさを示す事件であった。

しかしながら、暴徒によって議事堂が襲撃を受け、その様子がリアルタイムで報じられても、トランプ大統領がただちに暴徒を非難することはなかった。むしろ、暴徒が議事堂への侵入を開始した直後の6日14時24分、「マイク・ペンスは祖国と憲法を守るためになすべきことをなす勇気を持っていなかった」とツイートし、これを受けて、暴徒の間ではSNS上でペンス副大統領の居場所を求めるメッセージが交換され、議事堂に押し掛けた暴徒の集団が「マイク・ペンスを吊るせ」と叫ぶ姿が見られた。その後、14時38分のツイートでは「議事堂警察と法執行機関」は「祖国の側にある」と述べ、「平穏に！」と訴えた。さらに、15時13分のツイートでは「議事堂にいる誰もが平安にあることを願う」とし「暴力」をやめるよう述べたものの、その後18時1分のツイートでは「地滑り的な勝利」が「剥奪」されたとの自説を繰り返し、暴徒を「ひどく不公正な扱いを長年受けてきた偉大な愛国者」と呼んだ。同日、議事堂を占拠する暴徒に宛てたビデオメッセージにおいて「地滑り的な選挙」が「我々から盗まれた」とこれまでの主張を繰り返した後、「君たちを愛している。君たちは特別だ」と述べつつ帰宅を促した。結局、トランプ大統領が連邦議会議事堂に対する「憎むべき攻撃」として議事堂襲撃事件を明確に非難したのは、事件の翌日7日夜にツイッターに投稿したビデオメッセージにおいてであった。

このように、トランプ大統領が、自身の支持層が暴力行為を働いた場合、これに対する直接的批判を回避し、むしろ同情を示す反応は以前からのものである。たとえば、2017年8月12日、シャーロッツビルで行われていた極右団体の集会に対して抗議していたグループが、集会参加者の運転する車両で攻撃され、1人が死亡した際、攻撃を行った極右団体を含めて「非常に善良な人々」と呼び、「責任は双方にある」とした発言にも見られる。

周囲からの働き掛けやメディアや元閣僚からの批判にもかかわらず、トランプ大統領が議事堂襲撃事件を批判するのに1日以上を要したのは、事件に加わった者を含む、広範なトランプ大統領の支持層の、自身に対する支持を損ねないための配慮であったといわれる。こうした支持層の大統領に対する忠誠心を喚起し、維持することへの配意は一般投票後のトランプ大統領の対応にも色濃く反映されているように見受けられる。アン・アップルボームは、一般投票直後に公表された論考で、トランプ陣営による訴訟も過激なレトリックも「選挙不正が行われたとの誤った印象を奥深くに作り出す」ことを意図したものであり、また敗訴が続き、バイデン元副大統領の勝利が確定しても「選挙が盗まれたという虚構を維持」し続けることこそが、トランプ大統領が自身の支持基盤を動員する上で重要であると述べた[40]。

アップルボームの指摘を踏まえれば、トランプ陣営、トランプ大統領の協力者、大統領本人が、2カ月間にわたり切れ目なく法廷闘争を続けたのも「諦めるには早すぎる。共和党は戦うことを学ぶ必要がある。人々は怒っている！」（選挙人投票の2日後、12月16日付ツイート）といったメッセージを出し続けるためであり、それによって、支持層の動員を図ったものと解釈できる。実際に、トランプ陣営においては法廷闘争を開始した当初から訴訟が成功するとは考えておらず、むしろ、それによって支持層の忠誠心をつなぎとめることの方が重要であると考えられていたと報じられている[41]。そうした観点からは、「極左の民主党」に「我らの選挙の勝利を盗まれた」、「あなた方から選挙が盗まれた」（下線部筆者）というトランプ大統領のレトリックは支持者との間で共通の「被害者意識」を醸成し、支持者がトランプ大統領に対して感じる精神的紐帯を強める上で効果的である。そして、「選挙が盗まれた」とのトランプ大統領が支持者に宛てたメッセージングの効果は、一般投票後に実施された世論調査において、共和党支持者の72％が11月3日の選挙結果を信用しないと回答していることからもうかがえる。アップルボームが「逆説的であるが、トランプの敗北が、彼が不公正にも彼の正統な役割を奪われたと信じる最も熱心なファンの忠誠心を増進」することになると述べたのも、被害者意識が強まるほどトランプ大統領への紐帯が強まるという力学の存在を指摘したものであった[42]。そして、1月6日の大規模集会でトランプ大統領の「命がけで戦え」という呼び掛けに、参加者が「トランプのために戦う」、「我らはトランプを愛する」、「あなたを愛している」と連呼して応えたのは、トランプ大統領による支持者を動員するための取り組みが奏効していたことを示していよう。

トランプ大統領が共和党内部で大きな影響力を持ち得ていたのはこうした巨大な支持層の存在があったためである。暴徒による議事堂占拠の恐怖を味わったはずの共和党議員の中でも、元々持っていた異議申し立てに参加する方針を反対に転じたのは上院で7人、下院で2人に過ぎなかった。全体として、上院で8人、下院で139人が、アリゾナ州かペンシルベニア州のいずれかの異議申し立てに参加したのは[43]、2005年1月6日の両院合同会議で異議申し立てがなされた際の賛成が上院で1人、下院で31人に過ぎなかったことと比べても、大きいといえよう。また、民主党のナンシー・ペロシ下院議長が主導した、下院によるトランプ大統領に対する弾劾訴追に賛同した共和党下院議員は10人にとどまり、共和党関係者が、事件から間もない段階で行った大統領の責任を問う発言をしばらくして修正するなど、退任した後も同大統領との関係を維持しようという動きが共和党内には見られる。こうした展開に、共和党は「依然としてトランプの党である」との指摘もなされているが、それは、トランプ大統領の支持層の強固さを見てのことであるという[44]。

1月7日のビデオメッセージにおいてトランプ大統領は、「円滑で、秩序立った、そしてシームレスな権力移行」に注力すると述べたが、その政権移行はすでに、議事堂襲撃事件により、かつてない混乱したものとなった。米国においては、政権交代後、新政権の体制が固まるまで時間を要することが、その間隙を衝こうとする敵対勢力による挑発行為を誘発しがちであることから「政権移行には本質的に危険を伴う」ものと考えられている[45]。しかし、今回の政権移行については、新政権よりむしろ、現政権の側により多くの混乱の要素があったことは否めず、困難が格段に増した、かつてない政権移行を経験したのだといえよう。バイデン政権が、米国の国際的なリーダーシップを回復しようとする一方で、2020年の大統領選挙の結果を受け入れない大きな勢力が依然として存在する。これは、上下院でのわずかな優位に依存する現政権の政権運営を制約するものであることはもちろんのこと、民主主義の危機の再発の可能性をはらむものであるだけに、米国の国内情勢の展開に一層の注意を払うことが必要となることは言を俟たないであろう。

注

1) 10 U.S.C. § 4302 (a)(3).

2) Confucius Institute (Hanban), "Constitution and By-Laws of the Confucius Institutes," Confucius Institute website.

3) U.S. Senate Permanent Subcommittee on Investigations, Committee on Homeland Security and Government Affairs, *China's Impact on the U.S. Education System* (2019), 5.

4) American Association of University Professors, "On Partnerships with Foreign Governments: The Case of Confucius Institutes" (June 2014).

5) Rachelle Peterson, *Outsourced to China: Confucius Institutes and Soft Power in American Higher Education* (New York: National Association of Scholars), 9, 10, 11.

6) Permanent Subcommittee on Investigations, *China's Impact*, 1, 5, 6, 7.

7) Marco Rubio et al., letter to Mike Pompeo and Steven T. Mnuchin, August 28, 2018.

8) Marco Rubio et al., letter to Mike Pompeo, Steven T. Mnuchin, Wilbur Ross, December 12, 2019.

9) Export Administration Regulations, Part 744, § 744.11; Export Administration Regulations, Supplement No. 4 to Part 744, 1.

10) Export Administration Regulations, Part 734, § 734.3.

11) Joseph Bosco, "To Confront China, Let Trump Be Reagan," *Hill*, August 7, 2019.

12) 菊地茂雄「米陸軍・マルチドメイン作戦（MDO）コンセプト――『21世紀の諸兵科連合』と新たな戦い方の模索」『防衛研究所紀要』第22巻第1号（2019年11月）15–58頁；菊地茂雄「沿海域作戦に関する米海兵隊作戦コンセプトの展開――『前方海軍基地』の『防衛』と『海軍・海兵隊統合（Naval Integration）』」『安全保障戦略研究』第1巻第1号（2020年8月）67–81頁。

13) Tom Greenwood and Pat Savage, "In Search of a 21st-Century Joint Warfighting Concept," *War on the Rocks*, September 12, 2019.

14) Curtis E. LeMay Center for Doctrine Development and Education, *Annex 3-99 Department of the Air Force Role in Joint All Domain Operations* (October 8, 2020), 5, 16, 17.

15) Kimberly Underwood, "The Army Shapes Joint All-Domain Operations," *Signal*, August 1, 2020.

16) Chief of Staff of the Air Force, *Enhancing Multi-Domain Command and Control... Tying It All Together* (March 2017), 1, 2.

17) John A. Tirpak, "The Goldfein Years: Chief 21's Legacy Is His Vision for the Future; A Highly Connected Joint Force," *Air Force Magazine* 103, no. 7/8 (July/August 2020): 37.

18) Rachel S. Cohen, "USAF, Army Move Forward under New Command and Control

Agreement," *Air Force Magazine*, October 19, 2020.

19) 菊地茂雄、新垣拓「第 8 章　米国――厳しさ増す戦略環境への対応」『東アジア戦略概観 2016』（防衛研究所、2016 年）251 頁。

20) Peter Layton, "Discontinued: America's Continuous Bomber Presence," *Interpreter*, May 6, 2020.

21) Joseph Trevithick, "The Air Force Abruptly Ends Its Continuous Bomber Presence on Guam after 16 Years," *Drive*, April 17, 2020.

22) Nick Corasaniti and Danny Hakim, "Facing Gap in Pennsylvania, Trump Camp Tries to Make Voting Harder," *New York Times*, November 3, 2020.

23) Matthew Yglesias, "Trump's Plan to Win by Invalidating Votes, Explained," *Vox*, November 1, 2020.

24) 個々の訴訟については、Democracy Docket ウェブサイト（https://www.democracydocket.com/states）に掲載された訴状、申立書、判決文を参照した。

25) Marc Caputo, "'One of the Nuttier Things I've Seen': MAGA Civil War Erupts in Georgia," *Politico*, December 3, 2020.

26) Rick Rojas and Richard Fausset, "Georgia Senators Ask Election Official to Resign in G.O.P. Squabble," *New York Times*, November 9, 2020.

27) Secretary of State, State of Georgia, "Risk-Limiting Audit Report, Georgia Presidential Contest, November 2020" (November 19, 2020).

28) Amy Gardner, "Ga. Secretary of State Says Fellow Republicans Are Pressuring Him to Find Ways to Exclude Ballots," *Washington Post*, November 16, 2020.

29) Ga. Const. of 1983 art. II, § 1; Jonathan Raymond, "Signature Matching Can't Be Done during Georgia's Audit: Here's Why," *11 Alive*, last updated December 4, 2020.

30) Andrew Higgins, "Trump Embraces 'Enemy of the People,' a Phrase with a Fraught History," *New York Times*, February 26, 2017; David Remnick, "Trump and the Enemies of the People," *New Yorker*, August 15, 2018.

31) Amy Gardner, "'I Just Want to Find 11,780 Votes': In Extraordinary Hour-Long Call, Trump Pressures Georgia Secretary of State to Recalculate the Vote in His Favor," *Washington Post*, January 3, 2021; Amy Gardner and Paulina Firozi, "Here's the Full Transcript and Audio of the Call Between Trump and Raffensperger," *Washington Post*, January 5, 2021; Zeynep Tufekci, "This Isn't Just Political Theater," *Atlantic*, January 6, 2021.

32) Jon Ward (@jonward11), Twitter, November 19, 2020, 7:42 p.m., EST, https://twitter.com/jonward11/status/1329585966051446789.

33) Alan Feuer, "In Harsh Rebuke, Appeals Court Rejects Trump's Election Challenge in Pennsylvania," *New York Times*, November 27, 2020.

34) Max Feldman, "10 Voter Fraud Lies Debunked," Brennan Center for Justice (May 27, 2020); Lorraine C. Minnite, *The Politics of Voter Fraud* (Washington, DC: Project Vote, 2010).

35) Wendy R. Weiser and Harold Ekeh, "The False Narrative of Vote-by-Mail Fraud," Brennan Center for Justice (April 10, 2020).

36) Will Steakin, John Santucci, and Katherine Faulders, "Trump Allies Helped Plan, Promote Rally That Led to Capitol Attack," ABC News, January 9, 2021.

37) Dan Barry, Mike McIntire, and Matthew Rosenberg, "'Our President Wants Us Here': The Mob That Stormed the Capitol," *New York Times*, January 9, 2021.

38) Sheera Frenkel, "The Storming of Capitol Hill Was Organized on Social Media," *New York Times*, January 6, 2021; Craig Timberg, Drew Harwell, and Marissa J. Lang, "Capitol Siege Was Planned Online. Trump Supporters Now Planning the Next One," *Washington Post*, January 9, 2021.

39) Alexander Mallin and Ivan Pereira, "Capitol Riot Suspects Who Allegedly Brought Zip Ties, Wore Tactical Gear Arrested," ABC News, January 11, 2021.

40) Anne Applebaum, "Trump Won't Accept Defeat. Ever.," *Atlantic*, November 7, 2020.

41) Colleen Long and Zeke Miller, "Fraud Claims Aimed in Part at Keeping Trump Base Loyal," AP News, November 9, 2020.

42) Applebaum, "Trump Won't Accept Defeat. Ever."

43) Harry Stevens et al., "How Members of Congress Voted on Counting the Electoral College Vote," *Washington Post*, January 7, 2021.

44) James Downie, "It's Still Donald Trump's Party," *Washington Post*, January 11, 2021.

45) Kurt M. Campbell and James B. Steinberg, *Difficult Transitions: Foreign Policy Troubles at the Outset of Presidential Power* (Washington, DC: Brookings Institution, 2008), 23, 24.

第7章
日本
ポスト・コロナの安全保障に向けて

執筆者

塚本勝也

日米豪印共同訓練（マラバール2020）の様子（海上自衛隊）（海上自衛隊公式HPより）

Summary

新型コロナウイルス感染症が中国において拡大していることが明らかになると、防衛省・自衛隊は、1月29日にチャーター機で帰国する邦人の検疫を支援する要員を派遣したことを皮切りに各地で災害派遣を実施し、そのインフラを中心とした支援を提供している。自衛隊では当該任務に関連した二次感染を起こしておらず、その感染対策は非常に高い評価を受けており、こうしたノウハウを各自治体などに教育支援している。今後も、コロナウイルスの感染拡大の防止が重要な課題である限り、防衛省・自衛隊がそのユニークな能力を活用したさらなる貢献が期待されるであろう。

2020年は、日本の安全保障の基軸を成す日米安全保障条約が改定されてから60年の節目に当たる。日米安保条約の条文自体に変化はないものの、「日米防衛協力のための指針」（ガイドライン）の策定とその改定を通じて防衛協力は深化してきた。日本が日米同盟を重視する姿勢は新政権においても継承されると予想されるが、日米同盟による対処力や抑止力をより向上させるためにも、米国との2国間の同盟協力を、米国の同盟国間の協力も含めた重層的な安全保障協力へと深化させていくであろう。特に、2000年代以降に日米豪、日米韓、日米印の3カ国間協力が強化されてきたが、それらをさらに拡大する形で日米豪印の協力が追求されている。

2018年12月に公表された防衛計画の大綱で示された「多次元統合防衛力」の構築においては、厳しさを増す安全保障環境に対応するため、宇宙・サイバー・電磁波といった新たな領域をフォース・マルチプライヤーとする「領域横断作戦」という概念の下、さまざまな施策が行われている。新領域では部隊の新編などを通じて能力向上が図られているが、領域横断作戦が従来の戦闘様相とは大きく異なる一方、そうした作戦能力を持続可能な形で発展させる長期的な方策が必要であろう。

1　新型コロナウイルス感染症対策における防衛省・自衛隊の役割

(1) 自衛隊による支援

新型コロナウイルス感染症への対応において、各国の国防当局はさまざまな役割を担っている。その背景として、全国に広がる指揮統制システムや高度な訓練を受けた人的資源を短期間で派遣可能なことが指摘されている[1]。これまでのところ、その主な役割は輸送支援、医療スタッフやインフラの提供などが中心とされ、それは日本も例外ではない。

防衛省・自衛隊は、中国におけるコロナウイルスの感染拡大を受け、1月29日にチャーター機で帰国する邦人の検疫を支援する要員を派遣したことを皮切りに、1月31日には災害派遣を実施し、帰国邦人等の輸送や生活支援などの任務に当たった。横浜港に寄港したクルーズ船ダイヤモンド・プリンセスでの集団感染に対しても、船内の乗客・乗員に対する医療・輸送・緊急支援を実施している。

さらに、3月28日にはコロナウイルスに対する水際対策の強化に係る災害派遣を実施し、①自衛隊医官等による空港における検疫支援、②PCR検査の結果が出るまで宿泊施設に滞在する帰国者・入国者の空港から宿泊施設への輸送支援、③宿泊施設に滞在する帰国者・入国者への支援を行っている[2]。さらに、4月以降に日本国内での市中感染者が増加すると、自衛隊は都道府県知事等からの要請を受けて災害派遣等を実施している。その支援の内容は主として、①医療支援、②宿泊療養者に対する緊急支援、③輸送支援、④教育支援に分けられる。

まず、医療支援については、PCR検査に必要な検体の採取や地方の医療機関に対する看護師等の派遣などの協力が含まれる。検体の採取については、2020年4月に自衛隊仙台病院の医官および看護官等の約70人により、仙台市で検体採取支援を実施し、長崎県に寄港したクルーズ船の船員に対しても検体採取の支援を行っている[3]。また、看護師等の派遣については、8月18〜31日までの間、沖縄県における市中感染の拡大とそれに伴う医療体制の逼迫により、沖縄県内の医療機関において医療支援を実施している。これは、沖縄県から看護師の派遣の要請を受けたもので、陸上自衛隊西部方面隊、第15旅団および自衛隊那覇病院から看護官・准看護師15人、後方支援16人、合計31人を派遣している[4]。これ以外にも、天幕を展張して野外でのPCR検査を可能にしたり、CT診断車による診断を行ったりするなど、自衛隊が保有する装備品による協力も実施している。

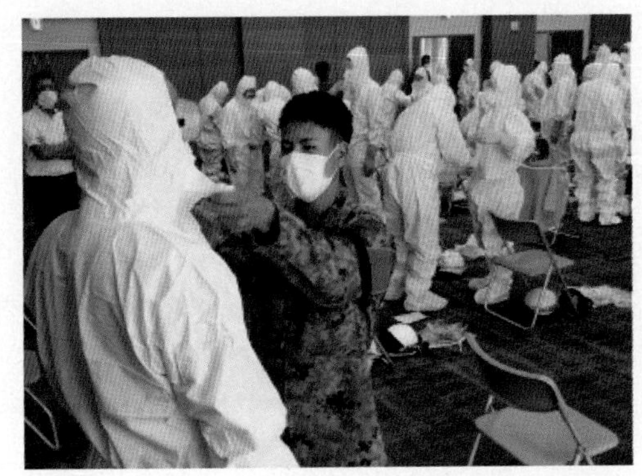

自衛隊員による自治体職員に対する教育支援（統合幕僚監部／陸上自衛隊第10師団）

宿泊療養者に対する緊急支援については、各地方自治体が借り上げた民間施設に収容されている無症状・軽症の陽性患者に対する食事の配膳などの支援が中心となっている。具体的には、第1師団の隊員のべ約60人により、民間ホテルに滞在する陽性患者（無症状・軽症）に対する緊急支援をはじめ、計8都道県のべ約760人を対象に支援を行った[5]。

輸送支援に関しては、病院から民間宿泊施設への患者輸送に加え、離島で発生した陽性患者を自衛隊の航空機によって輸送することが主体となっている。離島からの空輸については、4月3日に長崎県から災害派遣要請を受け、壱岐市から海上自衛隊の大村基地まで患者を搬送したのを皮切りに、これまで5道県でのべ約80人を対象に行っている[6]。

最後に、教育支援については、主に自治体職員等を対象とした感染防止教育である。自衛隊の感染対策は非常に高い評価を受けており、こうしたノウハウを各自治体などに教育支援している。例えば、ダイヤモンド・プリンセス船内での集団感染への対応に加え、水際対策強化や市中感染拡大防止のための取り組みを通じて得られた経験を踏まえ、施設のゾーニング（区分け）や廃棄物の処理基準の作成などの感染防止対策などの知見を防衛省のホームページなどに公開するとともに、地方自治体の職員などを対象に感染防止対策の教育支援を行っている。4月8日という比較的早い段階で、中部方面総監部の隊員ら5人により、大阪拘置所職員約20人に対して感染防止などについての教育支援を実施している。また、4月13日には大阪府職員および民間宿泊施設従業員ら約70人に対しても同様に教育支援を実施している。こうした教育支援は、35都道府県に及び、教育者数はのべ約2,300人となっている（2021年1月22日時点）。

自衛隊の感染対策が高い評価を受けている理由の1つは、のべ約2,700人が参加したダイヤモンド・プリンセスでの活動をはじめ、コロナウイルス関連の災害派遣において、自衛隊員の二次感染者を全く出さなかったことにある（2020年5月31日時点）[7]。これは自衛隊が日頃行っている生物兵器や感染症対策の訓練や教育などの成果であり、その防護能力の高さを示すものであるといえよう。

(2) 感染症対策における自衛隊の役割

感染症対策は生物兵器への対処と共通する部分も多く、未知のウイルスへの対応という点でも防衛省・自衛隊は専門的な対処能力を構築してきた。国際社会では、テロリストや拡散懸念国が核・生物・化学兵器といった大量破壊兵器を入手し、それらをテロリズムに用いる可能性が強く懸念されてきた。とりわけ、生物兵器は「貧者の核兵器」と呼ばれ、その使用される蓋然性や危険性は核兵器や化学兵器を上回るとする指摘もある[8]。例えば、1995年3月に地下鉄サリン事件を起こしたオウム真理教は生物兵器を開発し、実際に使用したといわれている。また、米国では2001年9〜10月に、粉末状の炭疽菌を手紙に封入してテレビ局や上院議員などに送り付けるテロも発生するなど、その脅威は現実のものとなっている。

さらに、人為的に感染症を引き起こすテロだけでなく、自然発生的な感染症の世界的大流行（パンデミック）も重大な脅威となっている。2002年に中国南部で発生した重症急性呼吸器症候群（SARS）や、2009年の新型インフルエンザによるパンデミックはその代表例であり、そうした感染症への対応では政府一体としての取り組みが不可欠であった。

それらを受けて防衛省・自衛隊が構築してきた能力の1つは、2008年3月に陸上自衛隊で創設された対特殊武器衛生隊である。この部隊は、生物兵器が使用された場合の感染者の一時的な隔離収容・応急治療に加え、使用された兵器の同定を行うことが可能となっている。同部隊は、医官、看護官、衛生科隊員を中心に編成されており、このための装備として、衛生検査ユニットや陰圧病室ユニットを保有している。2009年4月から6月にかけて防衛省は羽田空港および成田空港で新型インフルエンザの検疫支援を行ったが、同部隊もこれに派遣されている。

また、自衛隊では各種事態や国内外における多様な任務を適切に遂行できるよう衛生機能の充実を図ってきた。例えば、自衛隊の医療機関である自衛隊中央病院と防衛医科大学校病院は、第一種感染症指定医療機関に指定されており、常時、感染症患者を受け入れられる態勢を整えている[9]。さらに、自衛隊中央病院では、一類感染症患者が発生したとの想定に基づき、感染症患者受入訓練を実施し、患者発生時の関係機関との連携強化を図っている。2019年7月には、感染症患者受入訓練の一環で東京都や関係機関と合同で初の実動訓練が実施され、こうした訓練の経験が、コロナウイルス感染拡大を受けた活動でも活かされたという[10]。従って自衛隊の病院が有する能力は、コロナウイルスの感染が再び拡大する事態や、今後も発生することが予想される新型感染症への対応でも活かされる可能性が高い。

また、防衛省ではこれまで行ってきた防衛交流・安保対話で構築したチャンネルを活かし、コロナウイルスの感染拡大防止について各国の防衛当局と情報共有を行っている。例えば、河野太郎前防衛相および岸信夫防衛相は、コロナ禍においても電話・テレビ会談で諸外国との意志疎通を行ってきており、こうした国の数は2020年4月から12月までで24カ国・機関、38回にわたる。防衛省では、コロナウイルスが拡大する状況だからこそ、諸外国との間で意志疎通を行うことを重視している。また、コロナウイルスの感染拡大が終息しても、これまでの世界の平和と繁栄を支えてきた自由で開かれた国際秩序が揺らぐことがないよう、価値や利益を共有する諸外国との間でさらなる連携が必要との立場を取っている[11]。この点で、コロナウイルス対策における国際貢献を通じ、戦略的に自国に有利な国際秩序・地域秩序の形成を目指しているとみられる中国とは一線を画しているともいえる。

各国の国防当局はその持てる能力を活用してコロナウイルスの対応に当たっているが、それによって主要任務である国防のための能力や即応態勢が低下する懸念もある[12]。また、コロナウイルスの感染拡大への対応がさらに長期に及び、また自衛官にも感染が大規模に広がるようであれば、自衛隊の即応態勢にも影響が出ることも否定できない。それゆえ、今後の活動は、国防をはじめとするほかの本来任務に重大な影響が出ないよう最大限の注意を払うことが必要であろう。だが、防衛省・自衛隊は簡単には代替できないユニークな能力を有していることも事実であり、コロナウイルスの感染拡大の防止が当面の重要課題である限り、引き続き貢献が期待されると考えられる。

2　署名から60周年を迎えた日米安保条約

(1) 共有する価値に基づく同盟

1951年9月8日、サンフランシスコ平和条約と同時に締結された日米安全保障条約（旧安保条約）は、第二次世界大戦以降、冷戦期を通じて日本の安全保障の基軸を成してきた。その基調は冷戦終結から30年を経た現在でも変化していない。2013年に公表された「国家安全保障戦略」では、「日米安全保障体制を中核とする日米同盟は、過去60年余にわたり、我が国の平和と安全及びアジア太平洋地域の平和と安定に不可欠な役割」と、「近年では、国際社会の平和と安定及び繁栄にもより重要な役割」を果たしてきたと指摘し、日米同盟を「国家安全保障の基軸」と位置付けている。

また、「平成31年度以降に係る防衛計画の大綱」（以下、30大綱）においても、国家安全保障戦略に示された位置付けを踏まえ、「国家間の競争が顕在化する中、普遍的価値と戦略的利益を共有する米国との一層の関係強化は、我が国の安全保障にとってこれまで以上に重要」との認識が示されている。

こうした認識を裏打ちするように、安倍晋三首相は2020年1月19日、日米安保条約が「いつの時代にも増して不滅の柱。アジアと、インド・太平洋、世界の平和を守り、繁栄を保証する不動の柱」であり、「希望の同盟」であると評価している[13]。

だが、日米同盟が「希望の同盟」へと発展するまでの道程は必ずしも単調なものではなかった。まず、1951年に締結された旧安保条約は、軍備を持たない日本の安全を達成するために、米軍の継続的な駐留を認めることを主目的として生まれた。だが、この時に旧安保条約では、日本の防衛義務は明確にされず、米国に基地を提供することによってそれを担保する、「基地と兵隊の交換」のような性格を持っていたと指摘される[14]。

それから9年を経て、1960年1月19日に改定された日米安保条約（新安保条約）は、こうした片務的な性格を多少なりとも解消することが目指された。まず、新安保条約の第5条で米国の日本に対する防衛義務が明記された。また、第6条が規定する米国による施設・区域の使用に関して、米国から日本への事前協議の主題とする旨定める「岸・ハーター交換公文」が署名された。その結果、在日米軍基地が日米両国の共同の意思の下で運用されるようになり、日米の安全保障協力が制度的に強化されたのである[15]。

1960年以降、新安保条約の条文自体に変化はない。だが、日米同盟に基づく防衛協力は飛躍的に強化されており、1978年に策定された「日米防衛協力のための指針」（ガイドライン）と、その2度にわたる見直し作業を通じた協力の具体化によって深化してきた。

最初のガイドラインでは、日米安保条約の第5条で明記されている日本の防衛に関する日米防衛協力が促進された。このガイドラインを契機に、日米防衛当局のトップによる定期的な会談が始まり、1980年代に入って日米共同訓練も活発化することになった。

次にガイドラインが改定されたのは、冷戦終結後の1997年であった。1978年のガイドラインでは日本有事を想定した協力が促進されたものの、それに比べると日本以外の有事における対応や協力の検討は進んでいなかった。しかしながら、1993〜1994年に北朝鮮の核・ミサイル問題が深刻化し、また

1996年には台湾総統選挙への圧力を目的とした中国の軍事演習による台湾海峡危機が発生すると、いわゆる周辺事態への対応と協力を拡大させる必要性が認識され、1997年のガイドラインの見直しにつながった。

さらにガイドラインが改定されたのは2015年であり、その背景には1997年の改定以降の国際環境の変化が挙げられる。河野防衛相は、2020年1月16日の米国の政策シンクタンクである戦略国際問題研究所（CSIS）における講演で、国際環境における不確実性が増し、安全保障環境の変化に対応する必要があったことが、ガイドラインの大幅な見直しにつながったと指摘している。そうした変化の代表的なものとして、1998年の北朝鮮による弾道ミサイルの発射、2001年9月11日の米国における同時多発テロ、アフガニスタンにおける武力行使とイラク戦争、そして2010年9月の尖閣諸島周辺領海内における中国の漁船による海上保安庁巡視船への衝突事件などを挙げている[16]。

2015年に策定された新ガイドラインは、平時から緊急事態までのあらゆる段階における抑止力および対処力を強化しており、地域およびグローバルな平和と安全のための協力を含めている。また、新たな戦略領域である宇宙領域やサイバー領域における協力も含んでおり、日米防衛当局間の運用協力や政策調整の深化を促す役割も果たしている。さらに、新ガイドラインの大きな特徴として、日本の平和と安全に影響を与える状況をはじめ、あらゆる状況に、切れ目のない形で実効的に対処するため、同盟調整メカニズム（ACM）を設置した点がある。このACMは平時から利用可能であり、日本国内における大規模災害や地域およびグローバルな協力においても活用でき、さらに日米のすべての関係機関を含む政府全体による調整が可能となった[17]。このACMの設置により、2016年の熊本地震への対応や、2016〜2017年にかけての北朝鮮の弾道ミサイル発射や核実験などについて、日米でより緊密な連携を取ることが可能になった。

また、2015年9月に成立した平和安全法制も同盟協力の深化を促した。例えば、自衛隊法第95条の2の規定に基づき、自衛隊と連携して日本の防衛に資する活動に現に従事している米軍の艦艇や航空機などを防護できるようになった。さらに、平和安全法制により、自衛隊から米軍に対して実施し得る物品役務提供の内容が拡大され、日米物品役務相互提供協定（ACSA）が2017年4月に改定された。このACSAの改定により、重要影響事態や存立危機事態に際して行う活動だけでなく、自衛隊および米軍の双方が参加する多国間訓練などの際も物品役務の円滑な提供が可能となり、提供の対象となる物品に弾薬が含まれるなど、日米安全保障協力の実効性が高まった。

10月6日、ポンペオ国務長官の表敬を受ける菅首相（首相官邸HPより）

こうした同盟協力の深化を踏まえ、2020年1月15日、河野防衛相はマーク・エスパー国防長官と会談し、日米同盟が最も強固な関係にあることを歓迎するとともに、引き続き日米間で緊密に連携し、日米同盟の抑止力・対処力の一層の強化に取り組むことで一致した[18]。また、1月17日、日米両国は新安保条約の署名60周年に際する共同発表を行い、日米同盟が「地域における安全保障協力等を通じて自由で開かれたインド太平洋という両国が共有するビジョンを実現しつつ、日米両国の平和と安全を確保するに際して不可欠な役割を果たして」おり[19]、今後もその役割を果たし続けることを明らかにしている。

ただし、日米同盟にも当面の懸案がないわけではない。同盟関係の維持のためには、米軍のプレゼンスの安定的な確保が不可欠であるが、米国は同盟国に対してさらなる防衛負担を求めており、各国の防衛費の増額だけでなく、米軍の駐留経費を負担する割合を高めることを要求してきている。だが、日本の厳しい財政状況を踏まえ、同盟としての抑止力や対処力を高めつつ、日米両国が受け入れ可能な形で負担を分担していくことが重要となろう。

日本では2020年9月16日に新内閣が発足し、米国でもジョセフ・バイデン大統領率いる新政権の下で新たなスタートを切ることになるが、日米同盟が日本の安全保障の基軸となる点は今後も変化がないと予想される。9月16日に就任した菅義偉首相も就任会見で、外交および安全保障の分野については、「機能する日米同盟を基軸とした政策を展開」[20]する考えを明らかにしている。また、11月12日に実施されたバイデン次期大統領との電話会談でも、菅首相は、日米同盟が「厳しさを増す我が国周辺地域、そして国際社会の平和と繁栄にとって不可欠であり、一層の強化が必要」とし、「『自由で開かれたインド太平洋』の実現に向けて、日米で共に連携」する旨を表明しており、前政権の日米同盟重視の立場は継承されるものと考えられる[21]。

(2) 日米同盟を中心とする安保協力の深化

日米同盟をはじめとする米国の同盟ネットワークは、冷戦期から米国を中心に放射状に伸びる車輪のような「ハブ・アンド・スポーク」の形で発展を遂げてきた。こうした形状のネットワークは、個々の同盟国が米国と共同で目前の脅威に対応すればよく、各同盟間の協力をそれほど必要としない場合には効果的であった。しかし、東西冷戦が終結し、ソ連という明確な脅威が消滅すると、米国を含む各国が直面する脅威は多様化するようになった。例えば、1990年代には北朝鮮の核・ミサイル問題や台湾海峡をめぐる危機が高まる一方、21世紀に入ると国際的テロやゲリラといった非伝統的な脅威にも対応する必要性も生じてきた。こうした脅威の多様化に対応するために、2000年代初めから、米国だけでなく、その同盟国間でも協力を拡大する「ウェブ」型の安全保障協力へと強化する試みが意識されてきた[22]。

こうした認識を受け、2013年に公表された国家安全保障戦略は、日本を取り巻く安全保障環境の改善のため、日米同盟の強化に加え、アジア太平洋地域内外のパートナーとの信頼・協力関係の強化をうたっている。30大綱でも、「日米同盟を基軸として、普遍的価値や安全保障上の利益を共有する国々との緊密な連携を図る」とされており、米国のほかの同盟国やパートナー国との協力を進める方針を明らかにしている。また、米国との間でも、日米ガイドラインにおいて、両政府が「地域の及びグローバルな平和と安全のための協力」の一環として、「三か国及び多国間の安全保障及び防衛協力を推進し及び強化」することで合意している[23]。このうち、3カ国の協力では同じ米国の同盟国であるオーストラリアや韓国に加え、地域大国として影響力を増しつつあるインドとの連携が特に重視されている。

まず、オーストラリアは同じ米国の同盟国であるだけでなく、自由、民主主義、基本的人権の尊重、法の支配といった基本的価値や安全保障上の戦略的利益を共有しており、インド太平洋地域の「特別な戦略的パートナー」とみなされている。日豪間では、災害救援や人道支援活動などの分野を中心とした相互協力や、能力構築支援に関する協力が強化されてきた。また、日豪両国の防衛協力・交流の拡大に伴い、オーストラリア軍と共に活動するケースが増えていることを踏まえ、日豪ACSAの適用範囲を拡大するなど、2国間の協力は深化してきた。特に、2020年10月19日の日豪防衛相会談では、自衛隊法第95条の2に係る自衛官による豪軍の武器等の警護任務の実施に向けた体制構築に必要な調整を開始するよう、事務当局に対して指示があった。その他にも、11月17日の日豪首脳会談では、両首脳が、日豪間の円滑化協定(「日豪円滑化協定」)について、大枠合意(agreement in principle)に至っており、両国間の戦略的協力のさらなる強化のための基盤の構築が進んでいる。

他方、日米豪の安全保障協力は2000年代初頭に3カ国の局長級の戦略対話(TSD)が発足したことを契機として急速に強化されてきた。2006年3月にはTSDが格上げされ、3カ国の外相による初の閣僚級会合が開催されている。一方、国防当局間の協議としては、2007年4月に局長級の日米豪安全保障・防衛協力会合が東京で実施され、同年6月にはシンガポールで日米豪防衛相会談も開催された。こうした動きは、米国の地域・グローバルな役割を日豪が共同で補完し、「ハブ・アンド・スポーク」体制に基づく米国の地域におけるプレゼンスを維持・強化することを目的としていたと指摘される[24]。

日米豪のハイレベルでの協議が深まるにつれ、防衛協力・交流も進展した。日米豪の軍種間の主な交流としては、海上自衛隊が2019年11月、日向灘において、米豪の掃海艦艇と共に日米豪共同訓練(掃海特別訓練)を実施している。また、航空自衛隊は、ミクロネシア連邦などにおいて人道支援・災害救援(HA/DR)共同訓練である「クリスマス・ドロップ」を実施しており、

2020年2～3月にかけて共同訓練および人道支援・災害救援共同訓練である「コープ・ノース」を共催している[25]。さらに、陸上自衛隊も、2019年5～6月にかけて、オーストラリアにおいて米豪軍との実動訓練である「サザン・ジャッカル」を実施した[26]。これらの機会は日米豪3カ国の相互理解や相互運用性の向上に寄与しており、その協力の分野は平和維持活動や非伝統的安全保障領域のみならず、対潜水艦戦や強襲揚陸作戦といった伝統的な安全保障領域にまで拡大しつつある[27]。

韓国も米国の同盟国であり、とりわけ北朝鮮の核・ミサイル問題への対応では日韓・日米韓の協力・連携が重要である。しかしながら、2018年10月の韓国大法院（日本における最高裁判所に相当）による「旧朝鮮半島出身労働者」への慰謝料支払い判決以降、日韓関係は悪化している。日本の世論においても韓国に対する親近感は低下しており、2019年10月に実施した内閣府の世論調査では2018年の同時期に比べ、韓国に「親しみを感じる」（39.4%→26.7%）とする者の割合が低下し、「親しみを感じない」（58.0%→71.5%）とする者の割合が上昇している[28]。また、2018年10月の韓国主催国際観艦式における海上自衛隊の自衛艦旗をめぐる韓国側の対応や、同年12月の韓国海軍駆逐艦による自衛隊機への火器管制レーダー照射事案などの両国間の懸案により、両国の防衛当局間においても非常に厳しい状況が続いている。

他方で、米国を加えた日米韓の3カ国協力については、国家安全保障戦略では、「東アジアの平和と安定を実現する上で鍵」となる枠組みであるとし、北朝鮮の核・ミサイル問題での協力を含め、これを強化するとされている。日米韓では、実務レベルでは防衛実務者協議（DTT）の枠組みにおける局長級・課長級の協議や、日米韓参謀総長級会談などが行われ、ハイレベルな協議についても、アジア安全保障会議（シャングリラ会合）や拡大ASEAN国防相会議（ADMMプラス）の機会を利用して日米韓防衛相会談を実施するのが定例となっている。2020年のシャングリラ会合は中止になったものの、日韓関係が厳しい状況にあっても、2020年5月にはDTTの局長級の本会合がテレビ会議形式で実施され、北朝鮮情勢を含む地域における安全保障上の課題について議論していることは評価される[29]。こうした枠組みは、北朝鮮の核・

ミサイル問題を中心とした情報共有で重要な役割を果たし、3カ国の協力を対外的に示すことにより、抑止力の強化にも寄与している。

日米韓の防衛協力では、日韓関係や米韓関係において難しい局面も見られるが、運用面での連携強化に向けた取り組みが続けられてきた。例えば、2016年6月、日米韓のイージス艦が参加して、ハワイ周辺海域で弾道ミサイルを探知・追尾する演習である「パシフィック・ドラゴン」を初めて実施した。また、2016年11月、2017年1月、3月、10月、12月にも、日本周辺海域で弾道ミサイル情報共有訓練を実施するなど、情報共有の面でも連携強化が図られている[30]。ミサイル防衛システムのセンサーや迎撃ミサイルは極めて高い性能が求められ、一般的にコストは高くなる傾向にあるため、多数のシステムを一国で保有することは難しい。それゆえ、ミサイル防衛における連携を強化することで各国が保有するアセットを有効利用して、相乗効果を上げることは非常に効果的であると考えられる。

北朝鮮情勢をめぐる情報共有やミサイル防衛における協力などにおいて重要なのは、秘密情報を円滑に共有できる枠組みである。2014年12月には、日米韓情報共有に関する防衛当局間取り決め（TISA）が締結されており、米国を介した形で、北朝鮮の核・ミサイル脅威に関する秘密情報の共有は可能になっている。しかし、3カ国間の情報共有をより円滑に行うためには、日韓間でも幅広い秘密情報の共有を可能にする日韓秘密軍事情報保護協定（GSOMIA）を安定的に維持することが不可欠である。

最後にインドは米国の同盟国ではないが、世界第2位の人口と高い経済力を持つ大国であり、東アジアと中東、アフリカを結ぶシーレーン上の中央に位置するなど、日本にとってその重要性は極めて高い。また、基本的価値を共有するとともに、アジアおよび世界の平和と安定、繁栄に共通の利益を有していると考えられている。従って、インドとの戦略的な連携を強化する観点から、2国間での共同訓練や防衛装備・技術協力を中心とする協力が進められており、2020年9月9日には日印間でACSAが署名された。このACSAにより、自衛隊およびインド軍の双方が参加する訓練や国連の平和維持活動などにおいて、食料、水、燃料、被服などの物品や、輸送、施設の利用、修理、整備などの役務の提供を円滑に行うことが可能となる。

他方、日米印3国間では、2011年から局長級の会合が続けられてきたが、2015年7月ニューヨークで初の外相会談が開かれ、2018年11月には、初の日米印首脳会談が開催されるなど、協議のレベルが高まっている。また、2019年6月に大阪で開かれたG20のサイドラインで実施された日米印首脳会談では、複雑化する安全保障環境について認識を共有し、海洋安全保障、宇宙・サイバー空間を含むさまざまな分野で協力を推進することで一致している[31]。さらに、日米印の軍種間の交流については、海上自衛隊と米・印海軍との共同演習などを中心に連携が強化されている。2017年には、海上自衛隊の戦術技量の向上と、米印海軍との連携・協力の強化を目的に、日米印共同訓練「マラバール」を実施しており、2019年には同訓練を日本近海で主催するなど、日米印での協力は深まっている[32]。

こうした米国の同盟国や友好国を中心とした網状に広がる重層的ネットワーク拡大の動きで重要なのは、日米豪や日米印の枠組みをさらに発展させ、4カ国による協力に強化するという試みであろう。すでに、外交面では、2019年9月26日に、日米豪印閣僚級協議がニューヨークで実施されている。また、2020年10月6日には第2回日米豪印外相会合が開かれ、その場で外相会合が定例化されることが決まった。こうした枠組みが注目される理由は、米中対立の激化や、南シナ海などにおける中国の一方的かつ高圧的な行動を踏まえ、日米豪印の4カ国が将来の不確実な事態に備えたヘッジに動いているととらえられるからであろう。

現時点では外交当局間の協議である日米豪印協力が、将来的に防衛当局間の協議や連携へと発展していく可能性も否定できない。岸防衛相は日米防衛相電話会談後の会見で、日米豪印の防衛当局での4カ国の連携について、「自由で開かれたインド太平洋」の関係でも重要であり、防衛面でも意見交換の場があるのは有意義との考えを示している[33]。また、この4カ国では具体的な防衛協力の動きも進みつつある。例えば、11月3日からベンガル湾において、また、同月17日からアラビア海北部において、海上自衛隊と米豪印の海軍の間で共同訓練「マラバール2020」を実施した。岸防衛相は、同訓練を含め、4

カ国の防衛当局間での協力をさらに追求していくことを明らかにしている[34]。

もちろん、日米豪印の間では、中国に対する脅威認識や対中政策、あるいは米国が主導する国際秩序に対する認識という面でこれまでも足並みが完全に揃っていたわけではなく、高いレベルでの協力は時期尚早との見方もある[35]。ただし、中国が一方的な現状変更を含め、国際社会から懸念される行動を今後も取り続けるのであれば、4カ国の防衛当局間の協力を後押しする可能性は高いと考えられる。

3　多次元統合防衛力の実現への課題

(1)「領域横断作戦」能力向上への取り組み

2018年12月に公表された30大綱では、日本が直面する安全保障環境は厳しさを増しているという認識が示されているが、その主たる要因の1つは中国の軍事力が一層高まっているという評価にあろう。河野防衛相は9月9日に開かれたCSIS主催のウェブ会議において、中国の国防費が日本の4倍に及んでおり、戦闘機や潜水艦を毎年のように増勢し、日本と中国の間の能力に巨大な格差が生じていると指摘している[36]。

また、30大綱は、中国は核・ミサイル戦力や海上・航空戦力を中心に、軍事力の質・量を広範かつ急速に強化している点を指摘している。とりわけ、指揮系統の混乱などを可能とするサイバー領域や電磁波領域における能力を急速に発展させ、対衛星兵器の開発・実験をはじめとする宇宙領域における能力も強化しているなど、新たな領域における優位も目指しているとも評価している。こうした中国の質・量両面における軍事力の強化を含む我が国を取り巻く安全保障環境の変化に対応するため、日本にとっても新たな領域における優位性の獲得が一層重要になっていると考えられる。

質・量に優れる軍事力に対応するには、まず個別の領域における能力の質・量を高めていく必要があることは当然である。だが、日本における急速な少子高齢化や厳しい財政状況を踏まえれば、既存の防衛力を増強していくだけ

宇宙作戦隊が発足し、隊旗を手渡す河野防衛相（航空幕僚監部広報室）

では周辺国の急速な軍事力の向上に追随できない可能性が高い。それゆえ、宇宙、サイバー、電磁波を含めたすべての領域における能力を有機的に融合し、フォース・マルチプライヤーとして活用する領域横断作戦により、個別の領域における能力が劣勢である場合でもこれを克服できる能力が目指されている。

また、宇宙・サイバー・電磁波の領域では、平時の段階から自衛隊の行動を妨害するための活動が行われると考えられ、それらの行為を未然に防止するために常時継続的に監視を行い、平時から有事までのあらゆる段階で柔軟に対応する能力が必要とされているのである。

まず、人工衛星を活用した情報収集、通信、測位など、近代戦を遂行する上で宇宙領域の重要性は高まっている。他方で、宇宙の安定的利用に対する脅威は高まっており、急激に増加する宇宙ゴミに加え、人工衛星に接近して妨害・攻撃・捕獲するキラー衛星の開発が進んでいるといわれている。従って、自衛隊でも宇宙を監視し、正確に状況を把握する宇宙状況監視（SSA）の体制を構築することが必要となっている。

その中心となる宇宙作戦隊は、航空自衛隊において2020年5月18日に創設された。同隊は、府中基地において約20人で発足し、SSAシステムを運用するなど、宇宙空間の安定的利用の確保に向けた活動を実施する予定となっている[37]。さらに、2021年度からは、宇宙領域における指揮統制を担う部隊を新編し、当該部隊および宇宙作戦隊を隷下部隊に持つ宇宙作戦群（仮称）を新編する計画である[38]。宇宙作戦隊をはじめとする体制強化を踏まえ、安倍首相は2019年9月17日の自衛隊高級幹部会同の訓示において、「航空宇宙自衛隊」へと進化していくのももはや夢物語ではないと述べている[39]。

また、自衛隊の任務において情報収集、通信、測位などで宇宙への依存が高まっていることを踏まえ、超小型衛星や民間衛星の利用を拡大するとともに、さまざまなセンサーを搭載して情報収集能力を向上させ、通信能力の強化も図っている。また、衛星の抗たん性を高める措置や、電磁波領域と連携して、相手方の指揮統制・情報通信を妨げる能力を構築することも検討されている。

次に、サイバー領域については、同領域を活用した情報通信ネットワークは自衛隊の活動の基盤を成しており、これに対する攻撃は、自衛隊の組織的活動に多大なる影響を及ぼす。それゆえ、サイバー防衛能力の抜本的強化を図るための体制整備や人材の確保・育成などを行っている。

まず、体制整備の面では、サイバー防衛能力の抜本的強化を図るために自衛隊サイバー防衛隊（仮称）を設置することになっている[40]。自衛隊ではこれまでも、2013年度に陸・海・空自衛隊の共同の部隊である自衛隊指揮通信システム隊の隷下にサイバー防衛隊を編成し、防衛省・自衛隊の共通ネットワークである防衛情報通信基盤（DII）の監視・防護を行ってきており、2020年度には約70人を増員し、約290人に拡充されることになっている[41]。また、各自衛隊においても、陸上自衛隊システム防護隊、海上自衛隊保全監査隊、航空自衛隊システム監査隊等がそれぞれの情報システムを監視・防護してきた。新編される自衛隊サイバー防衛隊（仮称）は、自衛隊指揮通信システム隊を廃止し、サイバー防衛隊や陸海空自衛隊のサイバー関連部隊から要員を移管して、より効果的・効率的な任務遂行が可能となるようサイバー防護機能の一元化を狙ったものである。

さらに、人材の確保・育成の面でも、陸上自衛隊通信学校におけるサイバー共通課程の拡充や、米国におけるサイバー戦指揮官要員の教育に加え、2021年度からは高度サイバー人材の採用や、サイバーセキュリティに関する高度な知識・技能を有するハイスキル人材を、部外の教育機関を活用して教育することを計画している[42]。

最後に、電磁波領域については、これまでも指揮通信や警戒監視などで使用されてきたが、その活用範囲や用途が拡大しつつある。新たな戦闘の様相では、敵対する勢力の双方が自らによる電磁波の利用とその効果を確保しつつ、敵による電磁波の利用を妨げようとし、これまで軍用には不適とされていた電磁波の周波数を含めて活用していくと見込まれている[43]。それゆえ、自衛隊も電磁波領域における優越を確保する能力を獲得・強化することが急務となっている。

体制面では、平素から電磁波に関する情報収集・分析を行うために、現在、陸上自衛隊は北海道に第1電子隊を配置しているところ、現行の中期防衛力整備計画において、陸上総隊隷下に電子戦部隊を新編する計画となっており、2020年度中に熊本県に80人規模の電子戦部隊を新設し、2021年度には、さらに全国6カ所の駐屯地等に電子戦部隊を新編する予定となっている[44]。

能力面では、スタンド・オフ電子戦機の開発や、ネットワーク電子戦システムの取得に加え、艦艇用の電波探知妨害装置の能力向上に向けた研究が実施されている。また、電磁波領域では、多数の無人機（ドローン）などを低コストかつ低リアクションタイムで瞬間的に無力化できる高出力マイクロ波や、高出力レーザーなどがゲーム・チェンジャー技術の候補とみなされており、こうした能力の研究開発も重視されている[45]。

(2) 新たな戦闘様相に向けた課題

30大綱に示された新たな戦闘様相に向けた能力の構築については、次期大綱でもあらためて検討されることになろう。防衛計画の大綱はおおむね10年程度の期間を見据えて策定されるものであり、それに基づく中期防衛力整備計画によって5年間の具体的な装備品の整備規模と防衛費の総額の規模が決定される。1976年に定められた最初の大綱と1995年に閣議決定された07大綱はほぼ20年、その次の16大綱までは9年を経て見直しが行われた。それ以降の大綱については、22大綱、25大綱、そして30大綱と見直しの期間は10年を大きく下回っている。

見直しのペースが短くなっているのは、先述のように日本を取り巻く安全保障環境が急激に変化、厳しさを増しており、防衛戦略の不断の調整が必要となっていることの証左であろう。30大綱についても、そうした情勢の変化が見直しへの機運を高めていることは明らかである。他方で、防衛力整備は構想から装備の調達、戦力化まで10年以上の期間を要し、それゆえに大綱のような戦略文書が策定されていることを考えると、相次ぐ見直しにおいても長期的課題を意識しておくことが必要となろう。

新たな戦闘様相への対応で重要な長期的課題の1つは、いわゆる「ゲーム・チェンジャー」と呼ばれる革新的な技術開発への取り組みである。30大綱でも、ゲーム・チェンジャーとなり得る最先端技術をはじめとする重要技術に対し、選択と集中による重点的な投資を行うとしており、その一例として人工知能(AI)が示唆されている。

こうしたゲーム・チェンジャー技術が必要とされるのは、とりわけ日本の周辺諸国が保有する弾道・巡航ミサイルの脅威がより深刻化していることが1つの要因となっている。ミサイルの脅威に対処するために、日本ではペトリオットやイージス艦を中心にミサイル防衛の整備を進めてきた。しかし、各種ミサイルの著しい能力の向上や費用対効果において攻撃側が上回っている現状などを踏まえると、今後、さらなるミサイル脅威の増大に対応することが難しくなる事態も想定される。

こうした懸念が、安倍前首相が9月11日に発表した談話で、「ミサイル阻止に関する安全保障政策の新たな方針」の検討を促した背景にあると考えられる[46]。12月18日、「新たなミサイル防衛システムの整備等及びスタンド・オフ防衛能力の強化について」が閣議決定され、「抑止力の強化について、引き続き政府において検討を行う」という方針が示された。そうした方針には、当然ながら、迎撃能力以外にミサイル発射を抑止する手段の検討も含まれるべきであるが、ミサイルの攻撃と防御の費用対効果を一変させる技術開発も排除されるべきではない。この点で、先述した高出力マイクロ波や高出力レーザーといった先進技術は、迎撃のコストを抑えながら、多数のミサイルに対処可能となる潜在能力があり、実用化できればミサイル防衛におけるゲーム・チェンジャーとなる可能性が高い。それゆえ、こうした有望技術を発掘し、長期的に開発を継続できるかが重要な課題となろう。

次に重要な課題は、長期的な人材育成への取り組みである。この点は30大綱でも当然意識されており、人的基盤の強化を重視し、「防衛力の中核は自衛隊員である」との考え方を踏まえて、人材確保と能力・士気向上に力を入れることを明らかにしている。例えば、大卒者等を含む採用層の拡大や、女性の登用促進、自衛官の定年引き上げや退職自衛官の活用、予備自衛官の活用や充足率向上等の取り組みを打ち出している。

また、領域横断作戦を可能にするためには、自衛隊の既存能力を高めるだけでなく、宇宙作戦隊の新編のように、宇宙、サイバー、電磁波という新しい領域に取り組む上で、自衛隊を担っていく新たな人材の確保・育成が不可欠であり、現中期防衛力整備計画で取り組むこととしている。

自衛隊では必要な教育課程を設置し、また、米国を中心とする諸外国とも連携しながら、新領域を専門とする人材の育成に着手している。だが、軍事技術の進歩や装備品の高度化に伴い、自衛官には高い専門性が期待されており、国内外の高等教育機関等への積極的な派遣や人材育成に係る協力推進、専門性を高める人事管理の実施等が求められる。このほか専門性の高い分野における退職自衛官の技能等の活用も重要であり、定年引き上げや再任用の活用も必要となってこよう。

そして、新規の職種という面で、専門的な人材の育成を部内で一貫して行うのか、あるいは外部の人材をより積極的に活用するのかの検討も必要であろう。自衛隊では、隊員は若年で採用し、それを長期間かけて育成するのが基本的なモデルであるが、非常勤職員や任期付職員の採用など専門性を持つ人材の採用にあたってのメニューは豊富にあることから、これらの柔軟な採用施策を拡大し、部外の優れた知見を活用しつつ、優秀な人材を計画的に育成することが必要となる。

さらに、宇宙作戦隊、自衛隊サイバー防衛隊（仮称）、電子隊などの新領域を担当する部隊は、将来的にはさらに増員され、また、重要性が低下した既存の組織を見直すこととされていることから、一定程度の人員が新領域へ移動することは必要になろう。一方、新たな領域で必要とされる高度な専門性を部内教育のみで獲得させることには困難が伴うため、他職種から人員を移動させるのは必ずしも容易ではなく、限界があると考えられる。

また、自衛隊が育成した高度な人材を定着させることも重要となる。それゆえ、新領域の専門家の処遇改善に配慮する必要がある。加えて欠員が出た場合に、それをどのように補完するかも検討課題であり、上述したような任期付職員・非常勤職員の採用などの制度を活用しつつ、柔軟な人事管理が求められる。

これらの点で、防衛省では事務官等の任期付職員の採用や中途採用を行っているなど既に実行に移されており、同様の処置を講ずることも有益であると考えられる。2020年、防衛省は、宇宙・海洋政策やAI・サイバーセキュリティに関する職について任期付職員を募集するとともに、サイバーセキュリティに係る職について中途採用の募集を行っている[47]。防衛省がこうした採用に積極的に乗り出したのは、新領域に関わる専門的な知識経験を有する人材を外部から求めることが急務との認識があると考えられる。キャリアパスの問題はあるにせよ、任期付職員や非常勤職員などの拡大と併せ、すでに実施されている技術幹部・曹の中途採用だけでなく、その対象となる職域をさらに拡大することも検討する余地はある。

いずれにせよ、領域横断作戦を可能にする新領域は、自衛隊に新たな機会とともに課題ももたらしている。特に、人材育成や人的資源の再配分については、少子化の影響で有能な人材の採用がますます困難となることがトレンドとして明らかであり、これを受けた抜本的な見直しの契機となることを期待したい。

注

1) Euan Graham, "The Armed Forces and COVID-19," International Institute for Strategic Studies (IISS) (April 8, 2020).

2) 防衛省「新型コロナウイルス感染症に対する水際対策強化に係る災害派遣の実施について」2020年3月28日。

3) 防衛省「新型コロナウイルス感染症に対する市中感染対応に係る災害派遣等について」2020年11月20日。

4) 防衛省「防衛大臣記者会見」2020年9月1日。

5) 防衛省「新型コロナウイルス感染症に対する市中感染対応に係る災害派遣等について」。

6) 同上。

7) 防衛省「新型コロナウイルス感染拡大を受けた防衛省・自衛隊の取組」2020年10月30日。

8) 例えば、Richard K. Betts, "The New Threat of Mass Destruction," *Foreign Affairs* 77, no. 1 (January/February 1998): 26–41など。

9) 第一種感染症指定医療機関とは、一類感染症（エボラ出血熱、クリミア・コンゴ出血熱、痘そう、南米出血熱、ペスト、マールブルグ病、ラッサ熱）、二類感染症（急性灰白髄炎、結核、ジフテリア、重症急性呼吸器症候群、中東呼吸器症候群、鳥インフルエンザ）または新型インフルエンザの感染症の患者等の入院を担当する医療機関で、都道府県知事が指定する病院。

10) 防衛省『令和2年版　防衛白書』（2020年）454頁。

11) 防衛省『令和2年版　防衛白書』281頁。

12) Graham, "The Armed Forces and COVID-19."

13) 首相官邸「日米安全保障条約60周年記念レセプション」2020年1月19日。

14) 佐道明広『戦後政治と自衛隊』（吉川弘文館、2006年）29頁。

15) 楠綾子「日米同盟の成立から沖縄返還まで」竹内俊隆編著『日米同盟論――歴史・機能・周辺諸国の視点』（ミネルヴァ書房、2011年）85頁。

16) 防衛省「戦略国際問題研究所（CSIS）における河野防衛大臣講演」2020年1月14日。

17) 日米間のシームレスな調整を行う枠組みとしてのACMの意義については、高橋杉雄「日本――安全保障政策のアップグレード」防衛研究所編『東アジア戦略概観2016』（防衛研究所、2016年）299–302頁を参照。

18) 防衛省「日米防衛相会談の概要」2020年1月15日。

19) 防衛省「日本国とアメリカ合衆国との間の相互協力及び安全保障条約（日米安全保障条約）の署名60周年に際する共同発表（仮訳）」2020年1月17日。

20) 首相官邸「菅内閣総理大臣記者会見」2020年9月16日。

21) 首相官邸「バイデン次期米国大統領との電話会談についての会見」2020年11月12日。

22) その代表例としては、米太平洋軍（現インド太平洋軍）司令官であったデニス・ブレアによる以下の論考などがある。Dennis C. Blair and John T. Hanley, Jr., "From Wheels to Webs: Reconstructing Asia-Pacific Security Arrangements," *Washington Quarterly* 24, no. 1 (Winter 2001): 7–17.

23) 防衛省「日米防衛協力のための指針」2015年4月27日。

24) 佐竹知彦「中国の台頭と日米豪安全保障協力の強化――2000年代を中心に」『防衛研究所紀要』第21巻第2号（2019年3月）78頁。

25) 防衛省『令和2年版　防衛白書』347頁。

26)　陸上幕僚監部広報室「令和元年度豪州における米豪軍との実動訓練について」2019年5月9日。

27)　佐竹「中国の台頭と日米豪安全保障協力の強化」61–62頁。

28)　内閣府「外交に関する世論調査――日本と諸外国・地域との関係」2019年12月20日。

29)　防衛省「防衛実務者協議（DTT）結果概要について」2020年5月13日。

30)　防衛省『令和2年版　防衛白書』359頁。

31)　外務省「日米印首脳会談」2019年6月28日。

32)　防衛省『令和2年版　防衛白書』349頁。

33)　防衛省「防衛大臣臨時記者会見」2020年10月7日。

34)　防衛省「防衛大臣記者会見」2020年10月20日。

35)　佐竹知彦「日米豪印の安全保障協力は実現するのか？――異なる秩序認識と日本への含意」『ブリーフィング・メモ』防衛研究所（2018年7月）。

36)　CSIS, “Online Event: Mt. Fuji DC Event; The U.S.-Japan Alliance at 60” (September 9, 2020).

37)　航空自衛隊「宇宙作戦隊の新編について」2020年5月18日。

38)　防衛省「我が国の防衛と予算（案）――令和3年度概算要求の概要」2020年12月18日、5頁。

39)　首相官邸「第53回自衛隊高級幹部会同　安倍内閣総理大臣訓示」2019年9月17日。

40)　防衛省「我が国の防衛と予算（案）――令和3年度概算要求の概要」6頁。

41)　防衛省『令和2年版　防衛白書』272頁。

42)　防衛省「我が国の防衛と予算（案）――令和3年度概算要求の概要」6頁。

43)　Bryan Clark and Mark Gunzinger, *Winning the Airwaves: Regaining America's Dominance in the Electromagnetic Spectrum* (Washington, DC: Center for Strategic and Budgetary Assessments, 2015), 30–32.

44)　NHK、2020年10月2日。

45)　防衛省「我が国の防衛と予算（案）――令和3年度概算要求の概要」8頁。

46)　首相官邸「内閣総理大臣の談話」2020年9月11日。

47)　防衛省「採用情報：中途採用（選考採用）」2020年12月28日更新。

執筆者紹介（肩書きは執筆時点）

石原　雄介	特別研究官（政策シミュレーション）付 政策シミュレーション室主任研究官	第1章
田中　亮佑	地域研究部米欧ロシア研究室研究員	第1章
飯田　将史	地域研究部米欧ロシア研究室長	第2章
渡邊　　武	地域研究部アジア・アフリカ研究室主任研究官	第3章
松浦　吉秀	理論研究部政治・法制研究室長	第4章
富川　英生	理論研究部社会・経済研究室主任研究官	第4章
長谷川雄之	地域研究部米欧ロシア研究室研究員	第5章
坂口　賀朗	地域研究部米欧ロシア研究室主任研究官	第5章
菊地　茂雄	地域研究部中国研究室長	第6章
塚本　勝也	理論研究部社会・経済研究室長	第7章

東アジア戦略概観2021

令和3年4月1日発行

編集　防衛研究所

〒162-8808　東京都新宿区市谷本村町5番1号
www.nids.mod.go.jp

制作・発行　株式会社インターブックス
〒102-0073　東京都千代田区九段北1-5-10　九段クレストビル6F
Tel: 03-5212-4652
https://www.interbooks.co.jp
books@interbooks.co.jp

ISBN978-4-924914-68-1　Printed in Japan